111 GRÜNDE, FRANKREICH ZU LIEBEN

Daniela Kahls & Evi Seibert

111 GRÜNDE, FRANKREICH ZU LIEBEN

Eine Liebeserklärung an das schönste Land der Welt

SCHWARZKOPF & SCHWARZKOPF

INHALT

VORWORT

Liebe Leserin, lieber Leser,

dies wird ein kurzes Vorwort. Denn alles, was wir Ihnen gern erzählen möchten, kommt ja gleich in 111 Punkten. Wir haben dabei das Asterix-Gen der Franzosen erforscht, wissen um die Backstage-Geheimnisse des Filmfestivals in Cannes und haben herausgefunden, warum die Pariserinnen so schlank sind. Aber auch, warum der Gemüsehändler einen immer in politische Diskussionen verstrickt.

Als ARD-Korrespondentinnen hatten wir das große Glück, hinter viele Türen schauen zu können – und haben dabei jede Menge erstaunliche Entdeckungen gemacht. Auch dank unserer Kinder. Wir sind ja beide mit Familie nach Frankreich gezogen und wissen jetzt zum Beispiel auch, warum die Franzosen so viel Nachwuchs in die Welt setzen. Abseits von *amour* und *oh là là* ...

Ach ja – hier muss natürlich auch noch eine unserer wichtigsten Erkenntnisse vorangestellt werden, nämlich: Die Franzosen sind ganz anders.

Auch wenn wir glauben, sie gut zu kennen, weil wir da so oft in Urlaub hinfahren oder weil wir in Europa direkte Nachbarn sind – wenn man dort wohnt, erlebt man jeden Tag neue Überraschungen. Wir haben uns dadurch auch selbst weiterentwickelt. Zum Beispiel zum Feinschmecker. Zwangsläufig.

Für alle Frankreich-Fans und die, die es werden wollen, ein Blick hinter die Kulissen. Mit vielen Tipps, einem liebevollen Augenzwinkern – und nicht zuletzt einem guten Schuss Lebenshilfe, um typisch französische Fettnäpfchen zu umgehen. Und Vorsicht: Bei Frankreich besteht hohe Suchtgefahr. Wir sind dem Land und seinen Menschen schon völlig verfallen.

*

Die Geschichten und Texte in diesem Buch haben wir vor den Pariser Terroranschlägen im Januar und im November 2015 geschrieben. Deswegen haben wir das ursprüngliche Vorwort hier noch ergänzt, weil vielleicht doch die Frage im Raum steht, ob man nach diesen Anschlägen weiterhin unbeschwert die französische Lebenslust feiern kann, wie wir es in diesem Buch tun. Unsere Antwort lautet eindeutig: Ja!

Als am 13. November die Stadt und ihre Menschen so schwer getroffen wurden, haben Menschen auf der ganzen Welt mitgetrauert und ihre Solidarität gezeigt. In den sozialen Netzwerken war plötzlich alles blau-weiß-rot, weltweit strahlten Wahrzeichen und Monumente in den französischen Nationalfarben. Man hatte das Gefühl, als sei ein Anschlag auf die ganze Welt verübt worden, so tief ging die Trauer und das Mitgefühl in vielen Ländern der Erde.

Die Menschen fühlten, dass das es auch ein Angriff gewesen war auf all das, was wir an Frankreich, den Franzosen und ganz besonders an Paris lieben. Diese Leichtigkeit des Seins, die Kunst, das Leben zu feiern, Schönheit mit allen Sinnen zu genießen. Würden diese Angriffe Paris so verändern, dass sie dieses Lebensgefühl der Stadt ins Mark treffen und dauerhaft verändern würden?

Äußerlich ist tatsächlich einiges anders, es sind noch mehr Polizisten unterwegs, überall gibt es Kontrollen. Innere Sicherheit ist das alles bestimmende Thema.

Die wahre Antwort auf diese Frage hat aber eine Pariserin schon am Tag nach den Attentaten gegeben. Sie stand weinend vor dem Blumenmeer an einem der Anschlagsorte. Und dann sagte sie einem Fernsehreporter in die Kamera, während ihr weiter die Tränen übers Gesicht liefen: »Wir werden mit erhobenem Haupt an diesem Wochenende durch Paris gehen. Wir werden uns unsere Art zu leben niemals und von niemandem nehmen lassen«.

Diese Haltung ist im Prinzip der »Ur-Grund«, warum wir Frankreich lieben.

Daniela Kahls & Evi Seibert

KAPITEL 1

FRANZOSEN MUSS MAN EINFACH LIEBEN

1. GRUND

Weil Termine bei ihnen so flexibel sind

Wenn Sie in Frankreich zum Essen eingeladen sind, kommen Sie um Himmels willen nicht pünktlich. Sonst macht Ihnen die Gastgeberin unter Umständen in Unterwäsche die Tür auf, weil sie noch nicht fertig ist. Umgekehrt gilt: Wenn Sie in Frankreich einladen, kochen Sie etwas, was sich lange hält, weil die Gäste erst nach und nach eintrudeln. Dann wird erst mal ausgiebig Apéritiv getrunken, und irgendwann heißt es dann: »A table«. Dann hängt einem der Magen schon ziemlich durch, macht aber nix – wenn es erst mal losgeht, wird die nächsten Stunden durchgetafelt.

Bei Verabredungen mit Freundinnen in der Stadt ist es etwas komplizierter. Manche kommen superpünktlich – gerade arbeitende Mütter sind sehr eng getaktet –, andere schlendern gemütlich und ohne den Hauch eines schlechten Gewissens mit 30 Minuten Verspätung zum Treffen herbei. Das muss man mit ein bisschen Küchenpsychologie je nach Person einzuschätzen lernen.

Schwierig ist es aber immer noch, wenn der französische und der deutsche Zeitbegriff im Beruf aufeinanderprallen. Wenn man zum Beispiel bei großen Staatsbesuchen in Paris als Journalistin im Élyséepalast anruft und fragt, wie denn das Besuchsprogramm der Bundeskanzlerin aussieht und wann es Pressekonferenzen gibt. Dann bekommt man zur Auskunft: »Aber Madame, nicht so eilig, das ist doch erst morgen.« Die deutschen Journalisten in Paris rufen dann oft einfach in Berlin beim Kanzleramt an. Die haben das Programm nämlich schon seit einer Woche parat. Ähnlich läuft das bei vielen Terminen. Alles auf den letzten Drücker. Wie durch ein Wunder klappt es trotzdem fast immer. Ich habe mir letzten Endes versucht anzugewöhnen, einfach locker zu bleiben – was für eine durchorganisierte Deutsche keine einfache Übung ist. Aber da müssen alle durch, die mit Franzosen arbeiten. Das geht schon beim Business-Mittagessen los.

Wenn sich zum Beispiel deutsche und französische Mitarbeiter einer internationalen Firma treffen, startet das in der Regel mit solch einem gemeinsamen Mittagessen. Pierre Yves Le Borgn', der vielleicht germanophilste Abgeordnete der Assemblée Nationale, des französischen Parlaments, kann darüber jede Menge Geschichten erzählen. Er hat sieben Jahre lang mit deutschen und französischen Kollegen zusammengearbeitet. Seine Standardbeobachtung:

Die deutschen Kollegen werden nach 30 Minuten schon ganz nervös, wenn die Mittagspause sich immer weiter hinzieht – weil sie sich einfach nicht vorstellen können, dass das Essen ein besonderer Teil der gemeinsamen Arbeitszeit ist. Die Franzosen finden aber genau das wichtig: In einer entspannten Atmosphäre zu reden, ohne am offiziellen Verhandlungstisch zu sitzen.

Solche Missverständnisse gibt es ständig. Penibel bereitet man sich auf Geschäftspartner aus China oder Indien vor, aber bei den Franzosen – oder den Deutschen – scheint das nicht nötig zu sein, man kennt sich ja. Glauben viele und sitzen einem gewaltigen Irrtum auf. Jeder 5. Vertrag platzt aufgrund solcher interkulturellen Probleme, so die Deutsch-Französische Industrie- und Handelskammer.

Der Unternehmensberater Pierre de Bartha coacht deswegen Führungskräfte aus beiden Ländern für die Zusammenarbeit. Er findet immer dieselben Vorurteile und Missverständnisse. Auch hier spielt der unterschiedliche Zeitbegriff eine große Rolle. (Monsieur de Bartha war zu unserem Treffen übrigens pünktlich – ich, die Deutsche, kam zu spät. Was ihn sehr amüsiert hat.)

Seine Thesen: Deutschland gehört zu den Kulturen, wo man die Zeit genau einteilt. Deshalb ist Pünktlichkeit eine Frage des Respektes vor dem anderen. Man fühlt sich schuldig, wenn man ein bisschen zu spät dran ist. In Frankreich läuft das häufig anders. Wenn der Kollege da eine Viertelstunde zu spät kommt, so Pierre de Bartha, freut man sich eher, weil man noch Zeit hat, um schnell mal zu telefonieren oder Mails abzuarbeiten.

Bestellt man bei den Franzosen einen Auftrag bis zum 15. März, dann kommt der in der Regel am 15. März abends um sechs. Aus französischer Sicht völlig okay – ist ja noch 15. März. Die Deutschen warten dagegen seit acht Uhr morgens darauf und sind dementsprechend angespannt.

Auch bei Meetings reisen die Deutschen häufig mit einem exakt ausgearbeiteten Tagungs- und Terminplan an. Den einzuhalten hat oberste Priorität. Und dann bringen die Franzosen mit ihren spontanen Ideen alles durcheinander. Kann sein. Kann aber auch sein, dass durch die starre Terminvorgabe der Deutschen eine mögliche bessere Alternative der Franzosen verloren geht. Weil sie im Ablauf nicht vorgesehen war und die Franzosen jetzt den Mund halten, da sie sich von den Deutschen bevormundet fühlen aufgrund der peniblen einseitigen Vorabplanerei.

Im Job müssen sich Deutsche und Franzosen also auch in puncto Zeitgefühl noch besser verstehen lernen.

Nur im Urlaub klappt das ohne Probleme. Da lieben wir es plötzlich, dass in Frankreich die Uhren immer noch ein bisschen anders gehen. Jetzt bezeichnen wir das Phänomen gern mit einem Glas Rotwein in der Hand als »Leben wie Gott in Frankreich«. Ist ja auch richtig. Von »Arbeiten wie Gott in Frankreich« war noch nie die Rede. *(ES)*

2. GRUND

Weil Französinnen das Geheimnis kennen, wie man nicht dick wird

Mittagspause in Paris. Woran erkennt man die Touristin? Sie beißt herzhaft in ein Schinken-Käse-Croissant vom Schnellimbiss, während sie flott weitermarschiert. So was macht keine Französin. Und damit meine ich nicht unbedingt nur das fettige Croissant, sondern vor allem das Essen im Gehen. Niemals würde eine Pariserin aus einer Tüte auf dem Gehweg schnell was herunterschlingen. Gegessen wird nicht nebenbei, man setzt sich hin. Und wenn es nur die Parkbank ist.

Das hat viele Vorteile. Für die schlanke Linie zählt vor allem: Man nimmt viel bewusster wahr, was und wie viel man isst. In den Bürogegenden sieht man sie jeden Tag. Angestellte, die sich nicht unbedingt den Mittagstisch in einem der 1.000 Restaurants leisten können, setzen sich an einen schönen Ort – an dem es in Paris ja zum Glück nicht mangelt – und packen Schüsselchen mit Selbstgekochtem oder fertig Gekauftem aus. Man kann eben auch kleine Mahlzeiten zelebrieren. Dasselbe gilt für zu Hause. Aus dem Kühlschrank im Stehen futtern geht gar nicht. Zwischendurch-Häppchen fallen flach. Morgens, mittags, abends wird gegessen – dazwischen gibt's nichts. Französinnen haben sich außerdem offenbar antrainiert, jeden Bissen doppelt zu genießen. Manchmal dauert es endlos, bis sie mit einem kleinen Teller fertig sind. Dafür sind sie danach so gut wie satt. Trotzdem essen sie noch ein kleines Dessert und trinken danach einen kleinen *café*.

Sie merken es: Das Wort »klein« spielt eine große Rolle. Das wird übrigens auch so genannt: *un petit dessert* und *un petit café*. Letztlich isst die Französin so, wie Miniaturpralinenpackungen bestückt sind. Man bekommt von jedem Geschmack etwas, aber nur in einer winzigen Portion. Wobei Pralinen bei der Französin eher selten auf den Tisch kommen. Das gilt auch für das anfangs beschriebene Schinken-Käse-Croissant. Diese fettigen, ineinander verklebten Pappgebilde, die deutsche Bäcker überall verkaufen, würde keine Frau in Paris anrühren. Die lieben pure Sachen. Ein Stückchen gutes Fleisch, daneben etwas frisches Gemüse. Danach ein bisschen Salat. Ein Eckchen Käse. Als Dessert Naturjoghurt und ein bisschen Obst. Vor allem: Alles schön nacheinander. Dadurch hat man das Gefühl, endlos gegessen zu haben – was ja auch stimmt. Von den Kalorien her hat man aber wahrscheinlich weniger zu sich genommen als mit einem einzelnen Schinken-Käse-Croissant.

Qualität spielt eine große Rolle beim Gewichthalten. Die Französin macht ein Riesentheater beim Einkaufen. Metzger bekommen den Braten auch schon mal zurück auf die Theke geknallt, mit der Bemerkung: »Julien, das war eine Katastrophe.« Und der Gemüsehändler muss sich endlose Litaneien anhören, wenn die Früchte letztes Mal nicht okay waren. Vieles ist unglaublich teuer. Das Budget fürs gute Essen würde deswegen aber wohl zuallerletzt gekürzt werden. Dann eben lieber ein bisschen weniger, dafür keine Abstriche bei der Qualität. Meine französischen Freundinnen fallen jedes Mal fast in Ohnmacht, wenn sie sehen, wie billig Fleisch in Deutschland verkauft wird und wie viel wir aus irgendwelchen Tüten zusammenrühren und drübergießen. »Davon muss man ja dick werden«, seufzen sie dann. Die Französin macht ihr Essen gern von vorn bis hinten selbst. Ich habe mir mehrere Verweise meiner Freundin Christine aus Marseille eingehandelt, weil ich Mayonnaise und Frischteig im Supermarkt gekauft habe: »Das rührt man selbst an.« Okay, beim Rühren verbraucht man natürlich auch Kalorien.

Fazit: Das Geheimnis der schlanken Französin besteht zu einem großen Teil aus bewusstem Essen, langsamem Genießen, vielen kleinen Portionen, guter, frischer Qualität. Und jetzt noch das Unangenehme: Disziplin. Wer als Frau in Frankreich zu viele Kilos mit sich rumträgt, bekommt das zu spüren. »Hast du gesehen, wie moppelig sie geworden ist« ist das Todesurteil unter Kolleginnen. Besonders gute Freundinnen nehmen dabei auch kein Blatt vor den Mund. Als ich mal im Restaurant auf ein Dessert verzichten wollte, sagte meine Pariser Freundin Antoinette: »Sehr gute Idee. Du bist ganz schön dick geworden in letzter Zeit.« Und dann hat sie mir vieles von dem erklärt, was Sie gerade gelesen haben. *(ES)*

Weil sie die eigentlichen Picknicker sind

Wohnraum ist knapp und teuer in Paris. Die meisten Kinder teilen sich ihr Zimmer mit den Geschwistern, die Eltern haben oft eine Ecke des Wohn- oder Schlafzimmers noch als Büro abgezweigt. Das ist auf Dauer natürlich ganz schön eng. Deswegen springen alle beim ersten Frühlingssonnenstrahl nach draußen. Bepackt mit Körben voll mit selbst gemachten Salaten, gebratenen Hühnchen, Pâté, Baguette, Käse, Kuchen und Schokolade und dem obligatorischen Roséwein. Jeder, der schon mal einen französischen Film mit einer Landpartie gesehen hat, kennt diese Bilder.

In Paris funktioniert das genauso gut wie in der Campagne, dem Land-Begriff für alles, was nicht Hauptstadt ist. Jung und Alt strömt in den schönen Bois de Boulogne am westlichen Stadtrand, den riesigen Bois de Vincennes im Osten oder ans Seine-Ufer, rollt die Decken aus und lässt sich nieder. Für Touristen auf den Seine-Inseln rund um Notre-Dame ist manchmal kaum noch ein Durchkommen, weil alles voll mit picknickenden Hauptstadtbewohnern ist. Abends geht der Spaß dann nahtlos ins Open-Air-Tanzen über. An den Quais hinter Notre-Dame sind große Gartenanlagen mit kleinen runden Terrassen über der Seine angelegt worden. Dort wird den ganzen Sommer über abends Salsa und Tango getanzt. Manchmal geht dann ein Hut rum, um Geld für eine Tankfüllung für den Stromgenerator zu sammeln – damit die Musik durchhält.

Gegenüber richtet die Stadt im Juli und August den Stadtstrand »Paris Plage« ein. Alle, die nicht in Urlaub fahren können, machen es sich hier nett. Überall stehen Tische und Bänke für Picknicker, daneben Liegestühle für das anschließende Nickerchen. Ein Stückchen weiter flussaufwärts Richtung Eiffelturm ist auf der *Rive Gauche* eine neue Fußgängerzone entstanden. Die hässliche zweispurige Stadtautobahn direkt am Seine-Ufer hat der frühere sozialistische Bürgermeister Bertrand Delanoë 2012 gesperrt – nach jahrelangem Kampf gegen die Autolobby und die konservative Partei. Jetzt sitzen alle, die damals »Weltuntergang« geschrien haben und kilometerlange neue Staus auf den anderen Straßen vorhersagten, einträchtig neben den übrigen Parisern an der Seine und genießen die neue Ruhe im Herzen der Stadt. Tausende Angestellte haben es sich angewöhnt, im Sommer ihren Apéritiv nach Büroschluss auf einem der vielen dicken Holzklötze zu trinken, die die Stadt dort überall kreuz und quer am Ufer aufgestellt hat. Dann wird der gekühlte Rosé aus dem Aktenkoffer geholt und entkorkt und das Apéro-Gebäck der Kollegin verspeist. Vive Monsieur Delanoë: Der Bürgermeister kannte offenbar seine Pariser Picknicker. *(ES)*

4. GRUND

Weil sie Flirtmeister sind

Wann hat Ihnen eigentlich zum letzten Mal ein wildfremder Mann auf der Straße ein Kompliment gemacht? Zu lange her? Dann ab nach Frankreich. Nirgendwo sonst beherrschen Männer diese Kunst besser. Während deutsche Männer unter Umständen befürchten, wegen blöder Anmache beschimpft zu werden, traut sich der Franzose noch immer, öffentlich Komplimente zu machen.

Im Idealfall sind sie unaufdringlich, höflich, quasi im Vorbeigehen. »Madame, was für ein schönes Lächeln«, werfen sie einem zu. Oder »Ihre Schulter sieht ganz hinreißend aus«. Ist mir passiert, als ich nach einem Pressetermin durch die Straßen zum Studio zurück hetzte. Dabei verrutschte mein T-Shirt, und ein bestickter Träger blitzte raus. Bevor ich mir überlegen konnte, ob der Typ mich grade anmacht, war er einfach winkend und lachend weitergegangen.

Solche Szenen passieren Frauen in Frankreich ziemlich oft – so weiblich wie in Paris fühlt man sich als Frau deswegen nirgendwo sonst auf der Welt. Vielleicht ist das auch einer der Gründe, warum sich Pariserinnen so weiblich kleiden. Auch das habe ich selbst erfahren. Nach einem halben Jahr in der Stadt stellte ich plötzlich fest, dass ich nur noch Kleider und Röcke trug. Die vielen praktischen Hosenanzüge, die ich in Deutschland auf allen offiziellen Terminen getragen hatte, begannen ein jahrelanges Stiefmütterchen-Dasein im Kleiderschrank. Ist auch irgendwie schwer vorstellbar, das Kompliment: »Toller praktischer Businessanzug, Madame ….« *(ES)*

5. GRUND

Weil sie noch wissen, wie man sich korrekt anspricht

Franzosen sind so höflich und befolgen dabei so viele geheime Codes, dass man am Anfang ständig ins Fettnäpfchen tritt. Den netten Polizisten einfach anzusprechen mit »Entschuldigen Sie bitte, wo ist denn die nächste Métro?« geht gar nicht. Die Antwort ist dann erst mal »Bonjour, Madame«. Pause. Bis man »Oh, Bonjour, Monsieur« antwortet, »Guten Tag, mein Herr«. Dann kommt von ihm auch die Antwort mit der Métro. Man fühlt sich dabei wie ein ertapptes Schulkind, und am Anfang geht einem dieses Getue auch ziemlich auf den Wecker. Im Prinzip beginnt wirklich jede Konversation in Frankreich mit demselben Wort. »Bonjour«. Gefolgt von »Madame«, »Mademoiselle« oder »Monsieur«. Egal ob man in den Bus steigt, im Supermarkt an die Kasse kommt oder nach dem Weg fragt. Irgendwann gewöhnt man sich diesen »Guten Tag die Dame«-, »Guten Tag, der Herr«-Automatismus aber so an, dass man hinterher alle Deutschen unheimlich unhöflich findet, wenn sie einfach so loslegen, ohne ordentlich »Guten Tag« zu sagen.

Bei Frauen kommt noch dazu, dass man sich genau überlegen sollte, ob man »Madame« oder »Mademoiselle« sagt. Also »Frau« oder »Fräulein«. Für Deutsche klingt das wie ein Rückfall in die

50er-Jahre. Als »Fräulein« wird so gut wie niemand mehr angesprochen. Ganz anders in Frankreich. Egal ob Mietvertrag, Handy-Abo oder Bankformular: Vor dem Namen stehen immer drei Kästchen: Herr, Frau oder Fräulein. Wer nicht verheiratet ist, muss »Fräulein« ankreuzen. Auch wenn die betreffende Frau Mitte 40 ist und drei Kinder hat. Das ist seit jeher Tradition. Es gibt aber immer mehr Französinnen, die das altmodisch finden. So läuft seit einigen Jahren die Anti-Mademoiselle-Kampagne, die fordert, alle erwachsenen Frauen, wie in Deutschland schon seit den 70er-Jahren üblich, mit »Frau«, also mit »Madame«, anzusprechen. Die Mitglieder dieser Kampagne finden, dass es keinen was angeht, ob die Frau verheiratet oder ledig ist. Bei Männern fordere man diese Auskunft schließlich auch nicht. Die Ansprache sei diskriminierend und sexistisch.

Deswegen verschicken sie immer wieder Protestbriefe ans Parlament und an die Regierung und fordern, dass das Wort »Mademoiselle« aus allen offiziellen Formularen gestrichen wird. Geteilt wird diese Meinung allerdings nicht von allen Französinnen. Fragt man auf der Straße oder im Bekanntenkreis herum, wünschen sich die Damen, quer durch alle Altersgruppen, mal dies, mal das, munter durcheinander.

Offensichtlich gibt es dazu also keine einhellige Meinung. Das hat aber auch viel mit der französischen Gesellschaft zu tun. »Mademoiselle« gilt eben auch als Kompliment, gerade wenn die Betreffende nicht mehr 16 ist. Gestandene Frauen wie die Sängerin Vanessa Paradis lassen sich in der Öffentlichkeit gern mit »Mademoiselle« ansprechen. Obwohl Frau Paradis jahrelang mit Hollywoodstar Johnny Depp liiert war und mit ihm eine Familie mit mehreren Kindern gegründet hat. Das Gleiche gilt für die immer schöne Filmdiva Catherine Deneuve. Die ist nun wirklich nicht mehr 25, hat aber auch nichts gegen den Titel »Mademoiselle«. Eine französische Tradition, nicht erst seit der berühmtesten Mademoiselle Frankreichs. Die legendäre Coco Chanel ließ sich nämlich bis ins hohe Alter mit »Fräulein« anreden.

Mittlerweile bröckelt die Mademoiselle-Front aber immer stärker bei den Französinnen. Die modernen Frauen, die beruflich international unterwegs sind, finden die Fräulein-Sitte zu Hause zunehmend altmodisch.

Die Behörden haben diesen Trend erkannt und auf den amtlichen Formularen das »Mademoiselle« gestrichen. Da sind die Franzosen jetzt allerdings manchmal vollkommen geschlechtsneutral – gefragt wird nur noch nach Vor und Nachnamen. Was dazu führt, dass Frauen mit ungewöhnlichen Vornamen bei persönlichen Nachfragen schon mal mit »Monsieur« angeschrieben werden ...

Noch schrulliger wird es, wenn sich die Höflichkeits-Ansprache-Codes auf die Familienebene verlagern. Ich kenne zum Beispiel keine Französin, die ihre Schwiegermutter duzt. Ganz moderne Familien machen es jetzt amerikanisch, also Vorname der Schwiegermutter mit »Sie«. Meine sehr aufgeklärte und viel reisende Pariser Freundin Antoinette fiel aus allen Wolken, als ich sie fragte, wieso sie sich von der Frau ihres Sohnes siezen lässt – sie selbst die junge Frau aber selbstverständlich duzt. Was für eine Frage!

In der Kernfamilie sind die Ansprache-Regeln mittlerweile eher locker geworden. Nur noch selten lassen sich Eltern von ihren Kindern siezen. Es hält sich allerdings hartnäckig das Gerücht, dass es im noblen Pariser 16. Arrondissement noch herrschaftliche Familien gibt, die diese alte Sitte aufrechterhalten. Das gilt auch für Ehepaare. Der frühere Präsident Jacques Chirac und seine Ehefrau Bernadette siezten sich zum Beispiel öffentlichkeitswirksam und erhöhten damit noch ein bisschen den präsidialen Pomp. Dass der Präsident andere Damen – außerhalb der Öffentlichkeit – gerne duzte, ist eine andere Geschichte ... *(ES)*

Weil nur das Beste gut genug ist

Es muss Champagner sein. Damit könnte man dieses Kapitel eigentlich auch schon beenden, weil die Regel so einfach ist. Und sie gilt für alle. Selbst Familien, die wirklich nicht reich sind, legen immer wieder mal was zurück, für die besonderen Gelegenheiten: An Weihnachten oder bei einem wichtigen Familienfest steht dann die Flasche Champagner auf dem Tisch. Nicht der Crémant, der Sekt. Dabei gibt es wirklich guten Crémant, aus vielen Anbauregionen wie der Loire oder dem Elsass. Der kommt dann mal mit zum Picknick. Aber sowie es auch nur ansatzweise feierlich ist, muss es eben doch Champagner sein.

Das ist wie ein ungeschriebenes Gesetz, das aber auf einer langen Tradition beruht – mit unendlich vielen Anekdoten, nicht nur aus Frankreich. Sarah Bernhardt, die große Schauspielerin, ließ angeblich ihre Tiere gern mal Champagner schlürfen, Marilyn Monroe badete in der Bubblebrause. Winston Churchill pflegte zu sagen »let's have bubbly«, wenn er seine tägliche Flasche Pol Roger entkorkte. Und Geheimagent James Bond machte die Marke Dom Pérignon weltberühmt, als er in *Goldfinger* erklärte, dass man einen 53er Dom Pérignon niemals über acht Grad Trinktemperatur genießen dürfe. Dass die beiden letzten Beispiele Engländer betreffen, ist kein Zufall – und wahrscheinlich der Teil der Champagnergeschichte, den die Franzosen am wenigsten gern hören. Denn es waren wohl tatsächlich die Engländer, die dem Champagner zum Siegeszug verhalfen.

Die Franzosen erzählen sich lieber die Geschichte des Benediktinermönchs Dom Pérignon, der Anfang des 18. Jahrhunderts Kellermeister in der Abtei von Hautevillers war. Er soll den Champagner erfunden haben. Tatsächlich hat er sich wohl eher um die Perfektionierung stiller Weine verdient gemacht. Das Prickeln und Moussieren war ihm nämlich ein Graus. Die Engländer auf der Insel gegenüber entwickelten aber genau dafür eine Vorliebe. Ein typisch englischer Spleen war das damals, den die Franzosen aber geschäftstüchtig bedienten, die ihren stillen Wein nun mit allen möglichen Zutaten zum Perlen brachten. Weil englische Marotten damals in Europa gern imitiert wurden, kam der Champagner-Trend über London nach Frankreich zurück. So zumindest beschrieb der französische Champagnerhistoriker François Bonal die Geschichte. Aber es gibt natürlich viele andere Legenden. Völlig klar und unwidersprochen ist nur, dass kein Volk der Welt so innig mit dem Edelsprudel verbunden ist wie die Franzosen.

Und dass ein Fest erst dann ein richtiges Fest ist, wenn man mit Champagner darauf anstößt. Prost, *santé*! *(ES)*

7. GRUND

Weil es La Boum wirklich gibt

Wenn man in Frankreich eine private Party gibt, dann sollte man nicht nur sicherstellen, dass der Champagner gekühlt ist (wobei danach auch deutsches Bier vor allem aus einem kleinen Fass gut ankommt), sondern auch, dass die Musikanlage funktioniert. Denn im privaten Rahmen sind die Franzosen trotz aller sonstigen Prüderie herrlich tanzfreudig. In Deutschland habe ich es allzu oft erlebt, dass Partys in der Regel Stehpartys sind. Da wird gepflegt herumgestanden, getrunken und gequatscht. Auch mal nett, aber doch eigentlich ziemlich langweilig. Bei den Franzosen dagegen wird am späteren Abend gerne die Couch beiseitegeschoben, und alle tanzen ausgelassen zusammen, verklemmte Am-Rand-Steher gibt es kaum. Und das ist nicht nur im reiferen Alter ab 35 zu erleben, wo dann eben auch die Kinder bis zum Umfallen mittanzen, sondern sogar bei pubertierenden Jugendlichen und ihren Partys.

Doch die Franzosen wären nicht Franzosen, hätten sie nicht auch beim Tanzen einen Widerspruch auf Lager, denn in Discos oder Clubs sieht das mit der Tanzerei dann schon wieder anders aus. Unvergessen ist für mich ein Abend in einer Disco im angesagten Pariser Marais-Viertel. Als wir gegen Mitternacht ankamen, stand noch Paartanz auf dem Programm. Voller Freude drehten alle Discofox-ähnlich zu zweit ihre Runden, und tatsächlich gab es auch Stehblues-Episoden à la Boum. Das Publikum war übrigens sehr gemischt, jüngere Hipster, ältere Bobos (die Abkürzung für *bourgeois-bohème*, eine deutsche Übersetzung gibt es nicht wirklich, gemeint ist so eine Art betuchter Prenzlauer-Berg-Intellektueller auf Französisch), und auch ein paar ältere Semester waren dabei. Dann plötzlich Musikwechsel, der DJ legte die Hits vergangener Zeiten auf, und der Paartanz war vorüber. Stattdessen stürmten die Franzosen nun sofort die Tanzfläche und bewegten sich (im besten Falle) rhythmisch tippend von rechts nach links, manchmal war vielleicht sogar ein exaltierter Armschlenkerer dabei. Doch individuelle Tanzstile mit ausladenden Bewegungen, wie sie in deutschen Clubs zu sehen sind, gab es nicht. Versuchten wir uns gar in solchen Bewegungen, wurden wir etwas schräg angeschaut. Will sagen: Auf öffentlichen Tanzveranstaltungen ist in Frankreich eher Uniformität statt Individualität gefragt. Das wurde am besagten Abend noch einmal überdeutlich auf die Spitze getrieben, als bei einem bestimmten Lied (das ich leider nicht kannte, kann also diesbezüglich nicht mit Details dienen) plötzlich ein Aufschrei über die Tanzfläche hallte und sich alle in Reih und Glied in Formation aufstellten und eine bestimmte Abfolge von Schritten, Drehungen und Hopsern gruppensynchron abspulten. Ähnlich dem amerikanischen Square Dance. Solche Gruppentänze scheinen im gemeinsamen Tanzgedächtnis der Franzosen verankert und schwer gefragt. Irgendwie niedlich, aber auch kein Wunder, dass die jungen Pariser so gerne übers Wochenende nach Berlin düsen, wenn sie partymäßig mal so richtig die Sau rauslassen wollen. *(DK)*

Weil sie High-Heel-Kurse anbieten

Sexy, langbeinig, locker, elegant – so soll es aussehen, wenn man die Schuhe mit den hohen Hacken rausholt. Das ist auch das Klischeebild, das man von den schönen Pariserinnen hat. Und die Wirklichkeit? Können Frauen gut auf High Heels laufen? Eine zufällige Umfrage in Paris unter Männern bringt folgende Erkenntnisse: »Meistens nicht«, »Oh nein, oft sieht es aus, als gingen sie auf Stelzen«. Bei den Frauen klingt es nicht viel besser: »Ich merke, dass ich kleine Trippelschritte mache, weil ich Angst habe umzuknicken« oder »Ich lasse meine High Heels im Schrank, weil ich darin wie eine Ente watschele« – so lauten die Kommentare.

Da geht es den Französinnen also offensichtlich nicht viel besser als den deutschen Frauen. Da die Pariserinnen aber in der Regel viel zierlicher sind, sieht es trotzdem eleganter aus, wenn sie durch die Straßen staksen. Wobei High Heels im Straßenbild – ganz anders als das Klischee – erstaunlich wenig auftauchen. Die arbeitende Französin ist im Winter Fan von Stiefeln mit flachen Absätzen, im Frühjahr und Herbst trägt sie Ballerinas und im Sommer die sogenannten *Tropeziennes*, eine flache Sandale, die nur aus einer dünnen Sohle besteht, mit Riemchen in einer Million Varianten. Trotzdem hat natürlich jede Französin, die etwas auf sich hält, mindestens drei Paar *Escarpins*, wie die Stilettos hier heißen, im Schuhschrank. Männlein wie Weiblein finden die hohen Hacken attraktiv – zumindest ab und zu.

Höchste Zeit also für einen Besuch bei der *Talons Academy* – der Schule für hohe Absätze. Diese Kurse kann man im Internet buchen. Die Idee dazu hatte die junge Pariserin Marine, als sie vor dem Schuhschrank stand und feststellte, dass sie zwar jede Menge sexy Pumps hatte, aber nicht darin laufen konnte. Sie hat dann auf einer Party ihre Freundin Eugenie um Hilfe gebeten. Die arbeitet als Model bei den Pariser Modeschauen. Eugenies Tipps und Tricks kamen so gut an, dass sie beschlossen, daraus eine kleine Start-up-Idee zu verwirklichen, die Pariser High-Heel-Schule.

Sonntags, wenn die Läden dicht haben, mieten sie ein kleines Pariser Geschäft für ein paar Stunden an und veranstalten dort ihre Kurse. Manchmal gehen sie damit auch in Wohnungen von Freunden – das verschafft den Teilnehmern ungewohnte Einblicke hinter Pariser Haustüren.

Eine Stunde kostet zehn Euro. Man bringt seine eigenen hohen Schuhe mit – »die, die man zähmen will«, wie Marine sich ausdrückt, und dann geht's los, mit Musik und Videokamera und den Kommentaren von Lehrmeisterin und Model Eugenie: »Nicht runtergucken, hoch den Kopf, haltet das Becken gerade, und locker werden, zieht den Bauch ein, Schultern zurück, haltet euch aufrecht, seid stolz – ihr wisst ja, in Paris kann man an jeder Ecke Filmstars begegnen – echter Stil hat keinen Feierabend …«

Und so geht das weiter. Erst die langsame Gangart, dann der schnelle Businesstrab. Anschließend bekommt man Koffer, Einkaufstaschen und Pakete in die Hand gedrückt und muss trotzdem sexy vorwärtsschweben. Eugenie verteilt auch kleine Extratipps für die Stiefelsaison: »Große Schritte. Selbst wenn euch das übertrieben vorkommt, es wirkt Wunder. Macht große Schritte, und ihr habt längere Beine, und jeder achtet auf eure schönen Stiefel …«

Nach einer Stunde wird alles auf Video noch mal angeschaut. Die Pariser Stiletto-Schülerinnen sind meistens mit Freundinnen in kleinen Grüppchen gekommen und lachen und kichern über sich selbst und die anderen. Am Ende bekommt jede einen kleinen Orden und stakst wieder nach Hause. Die meisten sind zufrieden, mit dem was sie gelernt haben, und lustig war's auch. Mal sehen, wie sich das auf Dauer auf das Pariser Straßenbild auswirkt … *(ES)*

9. GRUND

Weil sie eine Bibliothek für Düfte haben

Die Franzosen haben einfach eine Gabe dafür, die schönen Dinge des Lebens – manch einer würde vielleicht auch sagen: die überflüssigen Dinge – mit Stil zu zelebrieren. Deshalb ist es gewiss kein Zufall, dass es ausgerechnet in Frankreich die einzige Duftbibliothek der Welt gibt. Und wer sich darunter jetzt einen verstaubten Keller vollgestopft mit ranzigen Fläschchen vorstellt, der liegt völlig falsch, na ja zumindest fast. Denn die Osmothèque findet sich zwar zum Teil tatsächlich in einem Keller, aber von verstaubt kann gewiss keine Rede sein. Das sieht man schon von außen. Denn die Gebäude drum herum sind der Campus der Internationalen Schule der Parfümeure in Versailles, eine Eliteschmiede für zukünftige Parfümdesigner. Der Campus besteht aus einem modernen Flachbau mit großen Glasfronten und dunkler Holzverkleidung und einer niedlichen kleinen Villa aus Backstein. Die Räume der Osmothèque darinnen sehen zum Teil wie ein moderner Parfümtempel aus. Historische Flakons in beleuchteten Glasvitrinen, Glasflaschen, in denen liebevoll besondere Grundstoffe präsentiert werden, aus denen die Duftstoffe für Parfüm hergestellt werden. Die Keller dann muten wie ein Safe aus einem Science-Fiction-Roman an. Ordentlich aufgereiht stehen Hunderte kleine dunkle Glasbehälter in raumhohen Regalen, luftdicht und lichtgeschützt bei konstant zwölf Grad Raumtemperatur gelagert, zum Teil gibt ein spezielles blaues Licht dem Ganzen eine fast mystische Atmosphäre.

Seit 1990 gibt es diese Duftbibliothek in Versailles. Gegründet hat sie Jean Kerléo, einer der großen Parfümeure Frankreichs, der damals der Ehrenpräsident der französischen Gesellschaft der Parfümeure war. Er hatte die Idee, die Formeln und Duftproben eines so vergänglichen Kunstwerkes wie Parfüm zu archivieren und auch historische Parfüms wieder zu rekonstruieren. Denn schließlich werden ständig neue Parfüms kreiert, andere verschwanden aus dem Handel und drohen so vergessen zu werden. Anfangs musste aber der duftbegeisterte Monsieur Kerléo trotz seiner eigentlich logischen Idee dicke Bretter bohren, denn die Parfümeure der sogenannten großen Häuser wie Chanel, Dior oder Guerlain wollten die wie Staatsgeheimnisse gehüteten Formeln ihrer berühmten Parfüms ungern preisgeben. Doch mittlerweile haben alle eingesehen, dass sie mit dieser einzigartigen Duftbibliothek in gewisser Weise ja auch ihrer Zunft huldigen. Und so ist die Osmothèque im Laufe der Jahre immer reicher an Düften geworden – mehr als 3.000 Düfte sind mittlerweile archiviert –, sodass man hier eine regelrechte olfaktorische Zeitreise antreten kann.

Denn gemeinsam haben die »Osmothekare« bisher auch mehr als 400 nicht mehr gehandelte Parfüms rekonstruiert. Darunter sind solche Raritäten wie das Eau de Toilette Napoléons, mit dem dieser sich im Exil auf St. Helena fläschchenweise getröstet haben soll. Und das älteste Parfüm der Osmothèque stammt sogar aus römischer Zeit. Plinius der Ältere hat das Rezept des »Parfum Royale« vor 2.000 Jahren notiert, Kerléo hat es wieder zum Leben erweckt.

Rund zwei Mal im Monat öffnet die Osmothèque ihre Tore auch für das normale Publikum. Dann finden jeweils zweieinhalbstündige Konferenzen statt, zu denen man sich anmelden kann. Zu den Konferenzen gehören natürlich auch ausgiebige Duftproben. Der Renner unter den Vorträgen ist derjenige, der sich der Geschichte der Parfümerie von der Antike bis heute widmet. Dabei kann die Duftbibliothek ihre in mehr als 25 Jahren angesammelten Schätze so richtig zur Geltung und zu Geruch bringen. Denn wie die heutige Präsidentin der Osmothèque Patricia de Nicolai sagt, sind Geschichte und Düfte eng miteinander verwoben, ein oft verkannter Zusammenhang: »Wir sind auch ein Archiv der Erinnerung, weil jeder Duft Geschichten aus der Vergangenheit erzählt.« *(DK)*

10. GRUND

Weil kleine Männer hier ganz groß sind

Als normalwüchsige deutsche Frau in der Pariser Métro unterwegs zu sein, kann ein erhebendes Gefühl sein. Denn in der gedrängten Enge, wo man sich die zwei Quadratmeter Stehplatz manchmal mit 20 fremden Menschen teilen darf, kann man nicht nur anhand der Düfte feststellen, was der Nebenstehende wohl zu Mittag gegessen hat, sondern auch ganz einfach Größenvergleiche anstellen. Und siehe da: Mit 1,70 Meter kann man vielen Geschlechtsgenossinnen auf den Scheitel schauen, und auch vielen Männern begegnet man mindestens auf Augenhöhe. Ein ungewöhnliches Gefühl!

Statistik fühlbar gemacht. Denn laut Statistik ist der durchschnittliche Franzose heute 1,73 Meter groß, der durchschnittliche Deutsche 1,80 Meter.

Kein Wunder also, dass in Frankreich oft kleine Männer ganz groß sind. Nicolas Sarkozy beispielsweise ist nur 1,65 Meter groß, seine Frau Carla Bruni muss deshalb meistens flache Schuhe tragen, und Nicolas hat Absatzschuhe im Schuhschrank stehen. Als er Präsident war, soll er Gerüchten zufolge sogar die Durchschnittsgröße der Bodyguards per Anordnung heruntergesetzt haben. Schließlich soll das umherstehende Personal ja nicht dem Präsidenten auf den Kopf spucken können. Und auch Sarkozys Nachfolger François Hollande ist nicht wesentlich größer, er misst nur rund 1,70 Meter. Sprich: Wenn ich ihn in der Métro treffen würde, würde ich auch ihm auf Augenhöhe begegnen. Aber das ist ja eher unwahrscheinlich, Hollande ist meistens in Dienstkarossen oder allerhöchstens mal auf dem Moped mit schwarzem Integralhelm unterwegs. Apropos: Ihre eher geringe Körpergröße hindert die französischen Männer nicht daran, Geliebte zu finden. Auch Dominique Strauss-Kahn ist nämlich nur 1,70 Meter groß und ja bekanntlich ein Frauenheld. Er hat seine Körpermaße mal dahin gehend kommentiert, dass sein Körper zeige, wie bodenständig er sei. Na ja, wie man es nimmt …

An dieser Stelle sei noch hinzugefügt, dass der bekannteste aller vermeintlich kleinen Staatslenker Frankreichs gar nicht so klein war. Von Napoléon Bonaparte heißt es ja hartnäckig, dass auch er kleinwüchsig gewesen sein soll. Ein Psychologe hat deshalb sogar einen sogenannten »Napoléon-Komplex« ins Leben gerufen, nachdem kleinere Männer versuchen sollen, ihre geringe Körpergröße durch von außen sichtbare Erfolge und Statussymbole zu kompensieren. Aber laut Totenschein war Napoléon 1,66 Meter groß und für die damalige Zeit kein Erdnuckel! Denn der durchschnittliche Rekrut maß 1835 nur 1,62 Meter, Napoléon war also deutlich größer als die meisten seiner Soldaten. *(DK)*

11. GRUND

Weil sie so herrlich prüde sind

Oh là là und *amour* und überhaupt: Den Franzosen wird ja immer schnell unterstellt, sie seien so locker, libertär und tolerant. Tatsächlich sind sie im Alltag eher prüde.

An französischen Stränden liegen zwar immer noch erstaunlich viele Frauen oben ohne in der Sonne. Damit endet die Freizügigkeit aber auch schon. Umziehen am Strand geht gar nicht. Jedenfalls wenn es sich um nasse Badehosen handelt. Sich ein Handtuch um die Hüften zu schwingen und unten drunter mit großen Verrenkungen die Hose wechseln, treibt Franzosen allein beim Zusehen die Schamesröte ins Gesicht.

Auch Gemeinschaftsaktionen, bei denen einer dem anderen ein Handtuch vorhält und so ein kleines Umkleidezelt improvisiert, sind für Franzosen der Gipfel der Peinlichkeit. Sie gehen lieber mit der nassen Hose ins Hotel, als sich am Strand so unelegant bloßzustellen.

Dafür beherrschen Französinnen das »Unterm-Handtuch-Verrenken« perfekt in den Fitness-Studios. Nach dem Duschen (selbstverständlich in Einzelkabinen) einfach alles hinfallen lassen und eincremen würde ihnen im Traum nicht einfallen. Sie haben deswegen wahre Meisterschaft darin entwickelt, wie man sich stückweise einschmiert und den Rest jeweils mit einem Handtuchwickeltrick bedeckt. Besonders prekäre Zonen werden sogar unter dem Handtuch unter Aufbietung von akrobatischen Höchstleistungen vercremt.

Genauso prüde geht es in der Sauna zu. Bloß nicht nackt – immer schön im Badeanzug schwitzen. Dass Männlein und Weiblein einträchtig nebeneinander nackig in der Sauna sitzen, halten die Franzosen wahrscheinlich für nordische Steinzeitrituale. Dafür graust es deutsche Hygienefans, wenn die schwitzenden Franzosen sich direkt ohne Unterlage aufs Holz setzen – diese Form von Handtuchritualen ist in Frankreich eher nicht so wichtig. *(ES)*

12. GRUND

Weil Kinder in Frankreich noch wissen, wo ihr Platz ist

Mit diesem Satz habe ich es mir bei unserem Sohn ordentlich verscherzt. Meine Theorie: In Deutschland wird mit der Geburt des ersten Babys das Kind Kern und Mittelpunkt der Familie, um das sich fortan alles dreht. Nicht so in Frankreich. Hier bleibt das Paar der Mittelpunkt. Und die Kinder kreisen drum herum. Das beginnt schon gleich nach der Geburt. Niemals würden Franzosen die Wiege ins Elternschlafzimmer stellen, geschweige denn das Baby bei sich im Bett schlafen lassen. Das Kind gehört ins Kinderzimmer. Für die Paarbeziehung ist das mit Sicherheit keine schlechte Sache.

Die Eltern rennen auch nicht bei jedem Mucks des Kindes los, das Kind wird nicht unablässig beobachtet, kommentiert und bespielt.

Und es gibt in der Regel klare Ansagen. Jedes Kind lernt, höflich *bonjour* zu sagen, im Restaurant auf dem Stuhl sitzen zu bleiben und sich nicht dauernd in den Mittelpunkt zu spielen oder rumzuquengeln.

Das hat viele Vorteile.

Die Zahl der unerträglichen kleinen Prinzen und Prinzessinen, die lautstark durch das Restaurant rennen und ansonsten nichts von all dem essen, was auf der Karte steht, ist in Frankreich extrem niedrig. Völlig ungerührt essen die kleinen Franzosen Muscheln, Schnecken und anderes Getier, bei dem deutsche Kinder mit ziemlicher Sicherheit streiken würden. Gemüse, Naturjoghurt, Wasser statt Limo oder Saft – schon die Kleinen verlangen nach gesunden Sachen. Natürlich hauen sie sich auch mal einen Hamburger oder Fritten rein, aber in den meisten Familien essen Kinder von klein auf, was auch die Großen essen. Nämlich mehrere Gänge, von allem ein bisschen. Keine extra Kindermatschepampe. Im Skiurlaub besuchte uns eine Freundin mit ihrer Tochter. Das kleine Mädchen wäre in Deutschland mit Sicherheit noch aus dem Gläschen oder mit selbst gekochtem Brei versorgt worden. Stattdessen hat das Kind Eier-Vorspeise, ein Stück gekochten Fisch mit Gemüse, Käse und Joghurt verspeist, alles in kleinsten Mini-Portionen, und immer schön nacheinander. Ansonsten wurde erfrischend wenig Theater um das Kind gemacht – es wurde einfach zu den anderen spielenden Kindern gesetzt und Feierabend. Die Mutter konnte sich wieder mit den anderen Erwachsenen unterhalten.

Vielleicht ist das auch eine Erklärung, warum die Franzosen in Europa am meisten Kinder auf die Welt bringen: Sie machen einfach nicht soviel Bohei – und warten auch nicht endlos auf den richtigen Zeitpunkt. Das Kind kommt – und läuft dann einfach mit. Natürlich auch dank der vielen Betreuungsmöglichkeiten und steuerlichen Vorteile, die Kinderkriegen in Frankreich leichter machen. Aber Geld und Betreuung ist nicht alles. Wenn man nicht dauernd versucht, die perfekte Mutter oder der perfekte Vater zu sein, sein ganzes Leben nur nach dem Wohl des Kindes ausrichtet, sondern den Kindern ihren Platz in der Familie zuweist (nicht den Thron), kann das die Sache sehr viel entspannter machen. Nur mein Sohn findet das bis heute keine gute Idee. *(ES)*

13. GRUND

Weil man als Eltern immer was zu tun hat

Als Mutter ist man mit seinem Kind in Frankreich Dauergast beim Kinderarzt. Nicht etwa weil der Sohn so oft krank wäre. Nein, man braucht für alles und jedes ein Attest und füllt ohne Ende Formulare aus. Basketball-AG? Klar, aber erst mal muss der Onkel Doktor bescheinigen, dass das Kind ballsporttauglich ist. Schwimmverein? Kein Problem. Aber nur mit aktueller Bescheinigung, dass das Kind wasserfest ist. Jedes Jahr aufs Neue.

Die Anmeldung in diesen Vereinen ist ein Kapitel für sich. Im August bekommt man die Auskunft, das sei viel zu früh – und außerdem seien Ferien und keiner da. Deswegen wisse man auch nicht, wann und wo die Kurse ab September stattfinden. Anfang September setzt dann ein kollektives Wettrennen ein. Man darf mit Attest und ausführlichem Bewerberbogen die knappe Einschreibfrist auf keinen Fall verpassen – sonst ist alles schon wieder besetzt. Freunde sind deswegen schon mal kurz vor Mitternacht noch zum Schwimmbad gefahren, um ihren Sohn ja noch auf die Teilnehmerliste zu bekommen.

Ähnliches gilt für die berühmten *Colonies de vacances*. Diese Sommerfreizeiten sind sehr beliebt, weil die Kinder ja mehr als zwei Monate Sommerferien haben und nicht alle Familien gütige Omas auf dem Land haben, die die Kinder so lange hüten. Hier gilt ebenfalls: Attest mitbringen und sieben Seiten Formulare ausfüllen, über jedes kleine Detail.

Auch mit der Schule hat man als Eltern regen Schriftverkehr. Abgesehen von einem Riesen-Ordner zu Beginn des Schuljahres, der locker 20 unterschiedliche Formulare enthält, bekommt man regelmäßig offiziell Auskunft über die Leistungen des Sprösslings.

Dreimal normale Zeugnisse plus dreimal einen Bilan, eine Übersicht über jede einzelne bisherige Bewertung. Von 1 bis 20 gehen die Noten, je höher die Zahl, desto besser die Leistung.

Da wird penibelst ausgerechnet, wie im jeweiligen Fach der Notendurchschnitt der Klasse ist. Außerdem die beste und die schlechteste Note pro Fach und Klasse im Bewertungszeitraum. Das ist für die Kinder ganz besonders ärgerlich. Wenn sie nämlich mit einer miesen Note nach Hause kommen und behaupten, die ganze Klasse hätte schlecht abgeschnitten, dann können die Eltern das mit diesen Schreiben locker widerlegen. Aber auch Streber finden diese Übersichten nicht so toll. Wenn sie mit ihrer 17 prahlen und Mama dann sagt: »*Voilà*, schau hier, ein anderes Kind hatte aber sogar eine 19.«

Die allerhöchste und beste Note ist in Frankreich die 20. Ich halte sie für ein Phantom, jedenfalls bin ich ihr bisher noch nie begegnet. Das mit den 20 möglichen Noten ist für Deutsche sowieso erst mal schwer zu begreifen. Was ist denn nun noch gut und was nicht? Mittlerweile habe ich gelernt, dass Zahlen oberhalb von 18 extrem selten sind und alles über 10 im Prinzip okay ist. Darunter wird's kritisch. Wobei dann ja immer noch neun Noten zur Verfügung stehen. Ich finde das ziemlich unübersichtlich.

Sobald ein Schüler unter die *moyenne*, also den Klassendurchschnitt, rutscht, schreiben die Lehrer auf die Zeugnisse häufig: »Attention!«, Achtung! Sie kommentieren offenbar alle gern. Von der Mathe- bis zur Französischlehrerin verfasst jeder persönliche handschriftliche Bemerkungen in seiner Spalte. Ganz am Schluss gibt der Klassenlehrer noch seinen Senf dazu. (Bei uns steht da oft: »Er könnte besser sein, wenn er mehr lernen würde« …)

Bei jedem Schriftverkehr müssen übrigens auch die Eltern ihre Hausaufgaben machen, mit der sogenannten *fiche de dialogue* – einem vierseitigen Papier. Da schreibt der Klassenrat, ob nach bisherigem Stand eine Versetzung absehbar oder wackelig ist und ob man mit diesen Entscheidungen für die nächsten Monate – also bis zum nächsten Schriftverkehr – einverstanden ist.

Das muss man dann innerhalb einer Frist ausfüllen und übers Kind zurückschicken. Wenn die Eltern den Termin verbaseln, kann es schon mal sein, dass die Kinder deswegen nachsitzen müssen. »Dann passen die Kinder beim nächsten Mal besser auf ihre Eltern auf«, erklärt der General dazu völlig ungerührt den entsetzten deutschen Eltern auf dem Elternabend. »Der General«, so nannte mein Sohn die zuständige Unterstufenleiterin.

Bis etwa zur vorletzten Klasse lassen die französischen Schulen noch mit sich reden, wenn's ums Sitzenbleiben geht. Danach ist Feierabend. Die Schulen stehen nämlich selbst in einem nationalen Wettbewerb bei den Abiturnoten. Und Schüler, die den Schnitt der eigenen Schule vermasseln könnten, haben schlechte Karten, in die Abschlussklassen versetzt zu werden. Oft wechseln sie deshalb kurz vorher noch die Schule. Dafür gibt's dann wieder viele Extra-Formulare … *(ES)*

14. GRUND

Weil Frankreich die besten Komödien macht

Man braucht nur die Sachbuchabteilung einer französischen Buchhandlung zu betreten, um den derzeitigen Gemütszustand der *Grande Nation* auf einen Blick zu erfassen: reihenweise Buchtitel widmen sich dem Niedergang Frankreichs im Allgemeinen und im Speziellen und diagnostizieren den Franzosen eine große Depression. Kein Wunder, von so vielen Seiten prasseln in den letzten Jahren die negativen Nachrichten auf die Franzosen ein: Die OECD (Organisation für wirtschaftliche Zusammenarbeit und Entwicklung) bescheinigt Frankreich in einem Gutachten nichts weniger als die Notwendigkeit einer Totalsanierung, die Terrorismusgefahr im und aus dem eigenen Land ist nach den Anschlägen auf Charlie Hebdo und auf das Bataclan laut Premierminister Manuel Valls so groß wie noch nie, und die Arbeitslosigkeit steigt und steigt. Jeden Tag verlieren rund 1.000 Franzosen ihre Arbeit, und alle anderen können es auch noch unmittelbar mitverfolgen. Im Fernsehen wird ständig live übertragen, wie verzweifelte Arbeiter wütend vor der Fabrik demonstrieren, in der sie zehn, 15 oder 20 Jahre lang gearbeitet haben und die nun geschlossen wird. Solche Bilder gab es von der Tee-Fabrik von Fralib an der Rhône, vor dem Stahlwerk in Florange, vor dem Pharmalabor von Sanofi in Toulouse, vor der Reifenfabrik von Goodyear in Amiens – und so weiter und so fort. Und fast jedes Mal können die Zuschauer sehen, wie manche Arbeiter vor laufender Kamera vor Wut und Verzweiflung regelrecht zusammenbrechen. Die Arbeitslosigkeit in Frankreich ist wie das Nichts in der *Unendlichen Geschichte*, das sich scheinbar unaufhörlich ausbreitet.

Langer Rede, kurzer Sinn: Man könnte also meinen, dass die Franzosen derzeit nicht viel zu lachen haben. Doch weit gefehlt! Gerade jetzt produzieren die Franzosen überaus erfolgreiche Komödien, die nicht nur im eigenen Land Publikumsrenner sind: 2008 lachten sich über *Willkommen bei den Sch'tis* mehr als 20 Millionen Franzosen schlapp, die überdrehte Geschichte über den aus dem Süden in den Norden strafversetzten Postbeamten kam einfach an. Genauso wie drei Jahre später die Verfilmung der wahren Geschichte, in der ein Schwarzer aus einer Pariser Vorstadt einem gelähmten weißen Großbürger in *Ziemlich beste Freunde* wieder zur Lebensfreude verhilft. Und 2014 kam mit *Monsieur Claude und seine Töchter* schon wieder die nächste erfolgreiche Komödie in die Kinos, die diesmal die rassistischen Vorurteile von verschiedenen Bevölkerungsgruppen in Frankreich auf die Schippe nimmt. (Die Bedenken, die in deutschen Feuilletons diskutiert wurden, dass man mit rassistischen Witzen dem Rassismus Vorschub leiste und dass dieser Satz von Monsieur Claude, »dass doch jeder von uns ein bisschen Rassist sei«, ja gar nicht ginge – die hatten die Franzosen übrigens nicht. Einfach nur lachen war in Frankreich die Devise.)

Oberflächlich betrachtet könnte man also meinen, dass die französischen Filmemacher dem allgemeinen Frust mit Humor begegnen und dass das vom Publikum dankbar angenommen wird. Doch ganz so simpel ist es nicht, denn der Humor funktioniert nicht auf brachiale Art und Weise, sondern durchaus differenziert. Die erfolgreichen Komödien von heute greifen immerhin konfliktbeladene, aktuelle Themen auf, flüchten sich nicht wie noch 2001 Audrey Tatou in *Die zauberhafte Welt der Amélie* in poetisch-verspielte Parallelwelten. Die Regisseure der aktuellen Komödien schaffen es, ernsten Themen wie Rassismus, Ungleichheit in der französischen Gesellschaft oder Vorurteile über die verschiedenen Bevölkerungsgruppen eine Menschlichkeit entgegenzusetzen, die aber nicht kitschig, sondern eben komisch ist.

Hinzu kommt natürlich noch die spezielle französische Prise Mimik und Gestik à la Louis de Funès. Vor allem Christian Clavier, der die Hauptrolle in *Monsieur Claude und seine Töchter* spielt, verkörpert dieses Erbe des großen französischen Komikers de Funès. Genau wie jener in unzähligen Filmen schlüpft Clavier nämlich (nicht nur als Monsieur Claude) in die Rolle des bürgerlich-konservativen Spießers, der sich leicht so schnell erregt, dass man ständig denkt, der Mann bekomme gleich einen Herzinfarkt. Doch weit gefehlt: Er ergeht sich in Wortkaskaden und trotzt den Situationen mit wilder Mimik und weit ausladender Gestik – um am Ende doch noch irgendwie die Menschlichkeit in sich zu entdecken.

Die französischen Komödien von heute haben also die Filmtradition im Lande weiterentwickelt, knüpfen aber nichtsdestotrotz auch an ebendiese Tradition an – und gewinnen zudem den aktuellen Krisen ihre komischen Seiten ab.

Dass die Tradition und die Moderne sich im modernen französischen Film gleichermaßen finden, kommt nicht von ungefähr – ein kleiner kulturpolitischer Exkurs sei an dieser Stelle erlaubt –, denn die Franzosen und ihr Kino, das ist eine Geschichte für sich. In keinem Land in Europa nimmt die Filmkultur eine solche Ausnahmestellung ein wie eben in Frankreich. Französische Filmemacher produzieren pro Jahr zwischen 200 und 270 Filme, entsprechend liegt der Marktanteil der eigenen Produktionen in den rund 5.600 Kinos des Landes (im bevölkerungsreicheren Deutschland gibt es nur rund 4.400 Kinos) bei rund 40 Prozent. Und das funktioniert nur, weil die französische Politik die eigene Filmindustrie schon seit Jahrzehnten bewusst fördert, aus wirtschaftlichen Gründen aber auch wegen des nationalen Prestiges. So werden auf jede Kinokarte elf Prozent aufgeschlagen, mit diesem Geld werden heimische Talente gefördert. Die Fernsehanstalten haben Zwangsquoten an Sendeflächen für französische Filme und müssen außerdem prozentual zu ihrem Umsatz in die Filmproduktion investieren, allein hier kommen erhebliche Summen zusammen. Darüber hinaus fließen jedes Jahr nur aus staatlichen Kassen mehr als 700 Millionen Euro in die nationale Filmförderung, das ist mehr als doppelt so viel wie in Deutschland. Die amerikanische Filmindustrie als Goliath auf dem Markt versucht schon seit vielen Jahren, diesen französischen David zu schwächen. Schon bei den Verhandlungen zum Allgemeinen Zoll- und Handelsabkommen (GATT) Anfang der 90er-Jahre forderten die Amerikaner, dass die Film-Subventionen in Frankreich abgeschafft werden sollten. *Mais non* – massiver Protest seitens der Franzosen. Sogar der damalige französische Präsident Jacques Chirac verteidigte die *exception culturelle*, die kulturelle Ausnahme, und meinte, dass es von tiefer geister Verwirrung zeuge, wenn man Kunst- und Kulturgüter mit gewöhnlichen Handelsgütern gleichsetze. Und auch bei den Verhandlungen zum europäisch-amerikanischen Freihandelsabkommen TTIP war die französische Filmförderung wieder Thema, weil den Amerikanern ein Dorn im Auge. Doch bisher haben die Gallier mithilfe anderer europäischer Länder ihre *exception culturelle* erfolgreich verteidigen können.

Wir können also darauf hoffen, auch in den nächsten Jahren von diesen so besonderen französischen Komödien beglückt und erheitert zu werden. *(DK)*

15. GRUND

Weil sie daran glauben, dass auch Wolken ihre Staatsgrenzen respektieren

Im Frühjahr 1986 nach dem Super-GAU in Tschernobyl war fast ganz Europa in heller Aufregung – bis auf ein kleines unbeugsames Land im Herzen Europas. Während sich beispielsweise Deutsche, Österreicher und Italiener von der radioaktiven Wolke bedroht fühlten, blieben die Franzosen gelassen. Denn schließlich wissen auch Wolken – selbst wenn sie radioaktiv sind –, dass sie an der französischen Grenze haltzumachen haben. Der damalige Pariser Landwirtschaftsminister versicherte seinen Landsleuten, dass Frankreich aufgrund seiner Entfernung von Tschernobyl völlig vom radioaktiven Fallout verschont geblieben sei und dass die unheimliche Wolke Frankreich nicht einmal gestreift habe, zumal auch die Winde günstig geblasen hätten. Um diese Botschaft zu illustrieren, zeigte eine Nachrichtensendung im Fernsehen an der ostfranzösischen Grenze sogar ein rotes Stoppschild. Klar, dass die Regierung keine Empfehlungen für ein geändertes Freizeitverhalten oder eine Ernährungsumstellung aussprach. Die Franzosen glaubten es gerne und schüttelten den Kopf über die Atom-Hysterie der Deutschen.

Dass die Grenze leider doch nicht so wolkendicht war wie ursprünglich gedacht, machte zum ersten Mal 14 Tage nach dem Super-GAU die Runde. Experten mochten nicht recht glauben, dass die radioaktive Belastung in Frankreich tatsächlich so niedrig sei wie von der Regierung angegeben. Eine Biologieprofessorin gründete ein unabhängiges Strahlenmessinstitut, das erschreckende Werte für Thymian, Pilze, Milch und Heu vor allem in Ostfrankreich und auf Korsika offenbarte. Eine Zeitung titelte: *Le Mensonge radioactif*, die radioaktive Lüge. Denn immer mehr Details kamen ans Licht, die klarmachten, dass die offiziellen Stellen die Franzosen hinsichtlich ihrer radioaktiven Belastung gezielt belogen hatten! Die offizielle Bestätigung dieser Staatslüge gab es erst 20 Jahre später. Erst dann teilte das staatliche Institut für Strahlenschutz mit, dass die Belastung damals zum Teil um das Tausendfache höher gewesen war als angegeben.

Natürlich sorgte die Mär von der Wolke, die an der Grenze haltmachte, für Empörung. Doch die Geschichte führte weder zu einem politischen Skandal noch zu einem Umdenken in der Atompolitik. Die französische Regierung verfolgte nach wie vor den Kurs, den sie nach der Ölkrise eingeschlagen hatte: mithilfe der Atomkraft in der Energieversorgung unabhängig zu werden. Innerhalb kurzer Zeit war ein Park von 58 Atomkraftwerken (AKWs) entstanden, der heute 80 Prozent der Elektrizität in Frankreich produziert und der den Franzosen die weltgrößte Reaktordichte pro Einwohner beschert. Überall dort, wo neue AKWs gebaut wurden, gab es sehr wohl regionale Proteste, die jedoch allesamt ins Leere liefen. Und so haben die allermeisten Franzosen sich eben mit dem AKW in ihrer Nachbarschaft arrangiert, was soll man sich über Dinge aufregen, die man ohnehin nicht mehr ändern kann.

Welch entspannten Umgang die Franzosen mittlerweile mit der Kernenergie haben verdeutlichen auch die Krokodile aus dem Rhônetal. In Pierrelatte gibt es eine *Ferme aux crocodiles*, die sogar Hinweisschilder an der Autobahn A 7 bewerben. Hier leben in einer riesigen Glashalle in schwül-warmer Luft mehr als 350 Krokodile, sogar gezüchtet werden die Reptilien hier. Sehr erfolgreich, denn für die tropischen Temperaturen, die die Tiere brauchen, wird ständig gesorgt: Die Krokodilfarm wird mit Abwässern der örtlichen Nuklearanlage Tricastin beheizt. Die Besucher finden es toll: Mittlerweile ist die Nuklear-Krokodilfarm in Südfrankreich die meistbesuchte Touristenattraktion des Départements.

Proteste gegen Atomenergie dagegen sind in der Regel sehr überschaubar. Ein bezeichnendes Erlebnis diesbezüglich hatte ich im Herbst 2011. Durch Informanten der Organisation Sortir du nucléaire war bekannt geworden, dass ein Zug mit hochradioaktivem Müll von Holland aus quer durch Nordfrankreich an Paris vorbei zur Wiederaufbereitungsanlage La Hague rollen sollte. Die Anti-Atom-Aktivisten schlugen Alarm und riefen ihre Anhänger zu Protesten an einem Regionalbahnhof nördlich von Paris auf. Im herbstlichen Nieselregen standen da rund zehn Atomkraftgegner, der Zug mit seinen Spezialbehältern rauschte vorbei, und das war's. Eine Aktivistin aus Holland, die der Liebe wegen nach Frankreich gezogen war, nahm es gelassen: »Als ich vor 20 Jahren in Paris Anti-Atom-Flugblätter verteilt habe, bin ich noch beschimpft worden. Das passiert mir mittlerweile nicht mehr. Und demnächst ist ein großer Atommülltransport von La Hague nach Gorleben geplant, da werden wir dann massivere Proteste organisieren!« Wirklich massiv wird Anti-Atom-Protest in Frankreich aber meist nur dann, wenn deutsche Atomgegner mit von der Partie sind. Nicht selten kann man bei Anti-Atom-Protesten in Frankreich ziemlich viel Deutsch hören, vor allem natürlich bei den nicht abreißenden Protesten gegen das älteste am Netz befindliche AKW Fessenheim an der deutsch-französischen Grenze – aber längst nicht nur da.

Trotzdem: Nach Fukushima hat sich die Stimmung zumindest etwas verändert. Nicht ohne Grund hat Präsident François Hollande versprochen, den Anteil der Kernenergie an der Stromversorgung bis 2025 auf 50 Prozent zu verringern. Das hätte er nicht getan, würde er nicht denken, dass das bei vielen Wählern ankommt. Spannend ist die Frage, ob Hollande tatsächlich zu seinem Wort stehen wird, denn die Stimmung könnte auch angesichts des deutschen Atomausstieges (der derzeit auch einen Anstieg der Kohlekraftnutzung mit sich bringt) wieder kippen. Ein Indiz dafür könnte wieder eine Wolkengeschichte sein, die derzeit in Paris kursiert. Die französische Hauptstadt hat nämlich mehr und mehr mit Luftverschmutzung zu kämpfen, die vielen Bewohnern Gesundheitsprobleme und Fahrverbote beschert. Und da hält sich hartnäckig das Gerücht, dass dies auch mit dem Anstieg der Kohlekraftnutzung in Deutschland zu tun hätte. Unsere nun dreckigere Luft wehe bis nach Paris und mache den Parisern eben das Atmen schwer, so das Gerücht. Die Zeiten, in denen Wolken noch an der französischen Grenze haltgemacht haben, sind wohl doch vorbei … *(DK)*

16. GRUND

Weil die Franzosen mit Spielgeld zahlen

Die Franzosen zahlen am liebsten mit großen, bunten Papieren, auf die sie wunderbar verschnörkelte Unterschriften setzen. Schecks – ein Zahlungsmittel, das in Deutschland so gut wie ausgestorben ist. In Frankreich dagegen druckt jede noch so popelige Bank ihre eigenen Schecks, blaue, grüne, rosafarbene, mit oder ohne goldenes Wappen.

Die meisten Kassen haben Vorrichtungen, die das Papier automatisch einziehen und an den richtigen Stellen mit der Summe bedrucken. Wenn Sie glauben, Sie kommen ohne davon, täuschen Sie sich. Sobald Sie Ihr Kind für einen Schulausflug anmelden, muss es einen Scheck für die Transportkosten mitbringen; wenn sie irgendwas reservieren wollen, müssen Sie häufig einen Scheck als Kaution per Post schicken. So gut wie nie muss man sich zusätzlich noch irgendwie ausweisen, weder Scheckkarte noch Ausweis sind vorgeschrieben. Weil deswegen der Scheckbetrug zum Lieblingssport chronisch klammer Franzosen geworden ist, steht jetzt immer häufiger an Supermarktkassen das Schild: »Wir akzeptieren leider keine Schecks mehr.«

Die Alternative ist die Kreditkarte, die man in Frankreich auch für Kleinstbeträge verwendet. Dass jemand eine Tüte Milch mit der

Karte bezahlt, ist keine Seltenheit. Bar werden im Prinzip nur die Zeitung und der schnelle Kaffee im Bistro bezahlt. (Und oft auch der Arzt, siehe nächstes Kapitel.)

Wer im Laden Papiergeld zückt, bekommt bei 100-Euro-Scheinen oft Probleme, weil in der Kasse kein Wechselgeld ist. Die meisten haben so einen Schein noch nie gesehen und halten ihn eher für Falschgeld. Sein großer Bruder, der 200-Euro-Schein, ist völlig unbekannt. Und der ganz große, der 500er, hat ein fast kriminelles Image. Er wird fast nirgendwo akzeptiert und kann nur in einer einzigen Filiale der offiziellen Banque de France in Paris in kleinere Scheine gewechselt werden. *(ES)*

17. GRUND

Weil Ärzte im Wohnzimmer arbeiten

Als wir mal zum ersten Mal eines der vielen Sport-Atteste beim Kinderarzt holen mussten, machten wir uns auf den Weg nach Chinatown, ins 13. Pariser Arrondissement. Dort hatten wir eine Ärztin empfohlen bekommen. Auf dem Weg von der Métro zur Praxis veränderte sich das Straßenbild. Die Schilder trugen plötzlich zusätzlich chinesische Schriftzeichen. Schließlich standen wir im Treppenhaus eines 13-stöckigen Hochhauses, in dem alle Namen nur noch auf Chinesisch standen. Aber ich wusste ja, 2. Stock, also beschlossen wir, uns einfach auf der Etage durchzufragen. Dort war zwar niemand, aber immerhin stand eine Tür offen, leider ohne Namensschild. Auf zartes Klopfen meldete sich keiner. Auf Räuspern und Rufen auch nicht – also beschloss ich, mit dem Kind an der Hand einfach mal in die Wohnung reinzugehen. Der kleine Flur war leer, aber eine weitere offene Tür führte in ein Zimmer mit ein paar Stühlen und Spielsachen. Sollte das das Wartezimmer sein? Und wo war die Sprechstundenhilfe? Nach fünf Minuten rief jemand durch den Flur: »Kleinen Moment, ich muss nur noch abkassieren«, dann »der Nächste bitte«. Das war die Ärztin. Eine sehr nette und kompetente Frau. Sie hatte eine Waage, die mich an unseren alten Dorfarzt auf dem Land erinnerte, bei dem ich als Kind gewogen wurde. Und die hölzerne Messlatte an der Wand reichte für meinen Sohn nicht ganz aus, darum verlängerte sie sie mit einem Plastiklineal. Das Kind wurde gründlich untersucht, das Attest eigenhändig in Schönschrift verfasst, und dann schrieb sie auch gleich noch die Rechnung dazu: »37 Euro, bar, ich kann rausgeben.« Stempel drauf und fertig. Zwischendurch klingelte noch das Telefon. Auch die Terminvergabe macht Madame le Docteur persönlich. Das Wechselgeld liegt in der Schublade.

Als ich meiner Pariser Freundin diese unglaubliche Geschichte erzählte, verstand sie die Pointe nicht. So wie unsere Kinderärztin arbeiten nämlich fast alle Ärzte in Paris. Der Hals-Nasen-Ohren-Arzt empfing mich in einem Wohnzimmerteil – in dem es ziemlich nach Knoblauch roch –, um mir mit einem langen Metallhaken im Ohr herumzustochern. Moderne Geräte findet er unnötig. Bei unserer Hausärztin um die Ecke macht in der Regel der Ehemann in Strickjacke und Pantoffeln die Tür auf. Manchmal raucht er dabei auch Zigarre. Jeder Arztbesuch endet damit, dass der Doktor seine Schreibtischschublade mit der Kasse rauszieht und sein Honorar abrechnet. Das ist niedriger als in Deutschland – weswegen sich viele in Paris keine eigenen Praxisräume und schon gar keine Sprechstundenhilfe leisten. Nur im noblen 16. Arrondissement wurde ich einmal in einer Praxis empfangen, in der im Flur eine streng blickende Assistentin an einem klitzekleinen Schreibtisch saß, direkt vor den Stühlen der wartenden Patienten. Das war ein bisschen wie in der Schule. Monsieur le Docteur residierte dann nebenan in einem holzgetäfelten Prachtraum und hatte eine Armada von teuren Füllfederhaltern vor sich stehen. Anschließend kassierte die Sprechstundenhilfe das Dreifache des üblichen Honorars. Selbstverständlich in bar. *(ES)*

KAPITEL 2

PARIS MUSS MAN EINFACH LIEBEN

Weil die Modeldichte so hoch ist

Die Französinnen und allen voran die Pariserinnen sind größtenteils rank und schlank und selbst auf dem Weg zum Bäcker um die Ecke durchgestylt. In meiner anfänglichen Pariszeit staunte ich oft nicht schlecht, wie sicher und schnell manche Pariserinnen auf Stöckelschuhen elegant wippend durch die endlosen Gänge der Métro rauschten. Wenn ich wusste, dass ich an einem Tag viel zu Fuß unterwegs sein würde, achtete ich auf zumindest halbwegs bequemes Schuhwerk. Mit anderen Worten: Schon im Vergleich zu den normalen Pariserinnen kam ich mir ziemlich oft wie ein hässliches Entlein vor. Obwohl auch Pariserinnen Ballerinas nicht abgeneigt sind, aber an zarten Pariser Füßen, aufgepeppt mit den richtigen Accessoires, wirken die irgendwie doch anders als an plumpen deutschen Füßen …

Mehrmals im Jahr wird das Ganze jedoch auf die Spitze getrieben. Dann nämlich, wenn die großen Modenschauen stattfinden. Das merkt man sofort, auch wenn man keine Fashionista ist und die Daten der Prêt-à-porter- oder Haute-Couture-Wochen nicht rot im Kalender markiert hat. In den Métros tummeln sich nämlich plötzlich auffallend viele dürre und große Mädchen. Überwältigt von der Schönheit der Models ist man in der Métro jedoch selten, eher überwältigt von Mitleid. Denn in natura sehen die Models noch dünner aus als auf den Fotos, oft haben sie eine ungesunde Hautfarbe, bibbern vor Kälte und wirken ziemlich fertig. Kein Wunder, müssen sie doch am Anfang von Casting zu Casting hetzen, danach dann von Show zu Show.

Man sieht also auf den ersten Blick: Die Modebranche scheint ein hartes Geschäft zu sein. Immerhin versucht die französische Regierung gerade, etwas den Druck herauszunehmen und Agenturen zu bestrafen, die magersüchtige Models auf den Laufsteg schicken.

Defilieren nur noch mit ärztlichem Attest ist die Devise. Mal sehen, ob sich das tatsächlich durchsetzen kann und die Models in der Pariser Métro demnächst weniger frieren müssen.

Nichtsdestotrotz ist es extrem spannend, in einer Stadt, die ohnehin die Begeisterung für Mode atmet, in den Modezirkus einzutauchen. Erst wenn es einem gelungen ist, eine der begehrten Einladungen zu einem *Defilée* zu ergattern (ohne geht leider nichts), bekommt man einen Einblick in diese für das Pariser Selbstverständnis so wichtige Parallelwelt. Denn schließlich wurde die Haute Couture in Paris vor mehr als 150 Jahren erfunden! Damals wurde das erste Modehaus der Geschichte in der Rue de la Paix eröffnet – zwar von einem Engländer, aber darüber sei großzügig hinweggesehen, weil Charles Frederick Worth trotzdem der gehobenen französischen Schneiderkunst zum weltweiten Durchbruch verhalf. Und nach wie vor tingelt die internationale Modewelt zu den Pariser Fashion Weeks, hier darf man einfach nicht fehlen. Während der Modewochen werden viele Gebäude der Stadt kurzfristig zweckentfremdet. Weniger bekannte Designer mieten für ihre Shows angesagte Discos an, etwas arriviertere Labels wie zum Beispiel das Berliner Label Kaviar Gauche hauchen leer stehenden Jugendstilgebäuden am Ostbahnhof mit Unmengen von schwarzen Stoffbahnen für einige Stunden etwas Leben ein, und die ganz großen Namen wie Chanel oder Louis Vuitton bauen ein Zelt im Innenhof des Louvre auf, in dem sie auf einem riesigen weißen Retrokarussell ihre Models für einige Minuten herumfahren lassen (so ausgedacht von Marc Jacobs für Louis Vuitton), oder mieten gleich das Grand Palais. Meistens gestaltet hier Karl Lagerfeld für Chanel eine der aufwendigsten Shows der ganzen Woche: Mal ließ er eine schneeweiße Unterwasserwelt mit meterhohen Muscheln und Seeigeln bauen, aus denen die Models auftauchten, mal verwandelte er das prestigeträchtige Gebäude aus Glas und Stahl in einen riesigen Supermarkt. Und wohlgemerkt: All dieser Aufwand wird für ein *Defilée* betrieben, das in der Regel nicht viel länger als 15 Minuten dauert! In dieser kurzen Zeit wird die Kollektion von den Fachleuten der großen Modezeitschriften und natürlich von den Einkäufern kritisch beäugt – während diese wiederum von dem restlichen Publikum, das in den hinteren Reihen sitzt, beäugt werden. Denn wer bei einer Show im Publikum und vor allem in der ersten Reihe sitzt, ist fast genauso wichtig wie die Show selbst. Manche kleinere Labels sollen sogar Promis extra dafür bezahlen, damit sie zu ihrem Defilee kommen, sagt zumindest die Gerüchteküche. Ich persönlich kann mir das gut vorstellen, glaube jedoch nicht, dass eine Marke wie Chanel das nötig hat. Hier wollen einfach alle sehen und gesehen werden. Aber auch bei den weniger bekannten Namen brezelt sich das Publikum unglaublich auf. Es ist ein Schauspiel schlechthin, einfach nur dieses zuschauende Modevolk zu beobachten! Schwarz ist übrigens die wichtigste Farbe, Understatement, versteht sich von selbst. Aber man ahnt ja nicht, wie viel Kreativität und Individualität man in der Kombination von schwarz mit verschiedenen Stoffen und Schnitten, verrückten Schuhen, Hüten, Frisuren oder sonstigen Accessoires ausdrücken kann. Die Pariser Modewochen und ihr Publikum führen einem das vor Augen.

Wer übrigens als normal-sterblicher Parisbesucher nicht das Glück hat, über Beziehungen eine Einladung zu einem Defilee zu ergattern, kann sich in der 217 Rue Saint-Honoré trotzdem einen Eindruck darüber verschaffen, wie schräg das Modevolk so drauf ist. Hier in der Edelstraße nicht weit weg von der Place Vendôme befindet sich nämlich der Modeladen von Paris schlechthin: der Conceptstore Colette. In diesem Kultladen wird alles verkauft, was hip und teuer ist: Schuhe, Kleidung und Accessoires von verschiedenen angesagten Labels. Während der Modewochen ist der recht übersichtliche Laden immer übervoll, bei Colette will eben jeder Fashion-addicted mal vorbeischauen, um auch keinen Trend zu verpassen. Im Keller gibt es übrigens eine kleine Bar: Hier werden mehr als 100 verschiedene Sorten Wasser kredenzt, und falls man einen kleinen Hunger verspürt, wird man auch nicht hängen gelassen: Ein kleines gekochtes Bio-Ei gibt es schon für acht Euro. *(DK)*

19. GRUND

Weil es teure Cola mit Panoramablick gibt

Wo wir gerade bei den gepfefferten Preisen in Paris sind: Was das angeht, hat die französische Hauptstadt viel Würze zu bieten! Und es ist natürlich klar: Je angesagter die Location, je schöner der Blick, desto teurer wird es. Damit rechnet man ja. Aber irgendwie haben die Pariser es raus, preislich so zuzulangen, dass man doch kurz schlucken muss, auch wenn man sich schon auf hohe Preise gefasst gemacht hat.

Beispiel: die Bar La Vue. Eine Kollegin hatte mir geraten, mir einmal einen Apéro in dieser Bar mit dem unvergleichlichem Ausblick zu gönnen, warnte mich allerdings: Ganz billig sei der Laden nicht. Wohl wahr. Der Ausblick ist wirklich grandios, denn die Bar La Vue liegt in der 34. Etage des Hyatt Regency Hotels an der Porte Maillot. Der Blick kann über ganz Paris schweifen, bei Sonnenuntergang funkelt der Eiffelturm zur Chill-out-Musik der trendigen Bar, an deren Decke Lichtstäbe im Rhythmus der Musik die Farbe wechseln, man selbst lehnt auf ein dickes Kissen gebettet an der Glasscheibe. Wie entspannt man dabei an seinem Cocktail nippt, hängt davon ab, wie locker man die Preise wegsteckt. Denn ein Pfützchen Cocktail kostet nicht weniger als 25 Euro, sogar eine Cola sollte 13 Euro kosten. Nach diesem Erlebnis habe ich für mich einen kleinen Wettbewerb gestartet: Wo gibt es die teuerste Cola von Paris? Ein abschließendes Ergebnis kann ich noch nicht verkünden, denn die Liste der außergewöhnlichen Clubs und Bars in Paris ist lang – und das Testunterfangen natürlich auch etwas kostspielig … Wer selbst in diesem Versuch starten will: Es gibt mehrere Internetseiten, die

die Bars mit Ausblick in Paris auflisten. Aber auch diese warnen: Ein Getränk in diesen Etablissements ist teuer, sogar sehr teuer.

Trotzdem: Die angesagten Bars sind meistens voll. Reservieren oder Schlange stehen ist oft die Devise. Die Pariser sind eben hart im Nehmen (wenn sie es sich leisten können). *(DK)*

20. GRUND

Weil Probeessen nur die Hälfte kosten

Doch nicht alles in Paris muss zwangsläufig extrem teuer sein. Gewusst wie, kann man hier auch außergewöhnliches Essen genießen, ohne sich zu ruinieren. Und dabei soll hier jetzt nicht die Rede davon sein, dass auch in kleinen, unprätentiösen Bistros hervorragende Köche am Werk sein können.

Einmal im Jahr gibt es nämlich seit 2009 eine wunderbare Aktion, die sich *Tous au restaurant* nennt, also »alle ins Restaurant«. Ins Leben gerufen hat sie der französische Megakochunternehmer Alain Ducasse, um den Franzosen mehr Appetit auf die französische Gastronomie zu machen (als wenn das nötig wäre, *mais bon* ...). Das Prinzip ist einfach: Restaurants lassen sich auf einer Internetseite registrieren, wenn sie bereit sind, während des nunmehr zweiwöchigen Aktionszeitraumes zwei Essen zum Preis von einem zu servieren. Das Motto lautet: *Votré invité est notre invité*, Ihr Gast ist unser Gast. Als interessierter Gourmet muss man sich ganz dick im Kalender notieren, ab wann im Internet die Reservierungen freigeschaltet werden, denn um im Rahmen von *Tous au restaurant* einen Tisch und also zwei Essen zum Preis von einem zu ergattern, muss man schnell sein. Gerade die Sternerestaurants, die zum Teil auch an der Aktion teilnehmen, sind schnell ausgebucht. Kein Wunder, hier lohnt sich der Sparpreis ja auch besonders. So bietet beispielsweise Alain Ducasse in seinem Pariser Plaza Athenée ein spezielles Menü für 380 Euro an. Ob man nun zwei Mal 380 Euro für ein Essen zahlt oder 380 Euro durch zwei teilt, das ist schon ein kleiner Unterschied. Aber bei den mittlerweile 1.500 Restaurants in ganz Frankreich, die an dieser Aktion teilnehmen, bewegen sich die wenigsten in diesem Preissegment, nur die sogenannten *tables d'exception*, Ausnahmetische also.

Die Aktion *Tous au restaurant* ist so beliebt bei den Parisern, dass oft gar nicht gefragt wird, ob man teilnimmt, sondern wo man denn noch einen Tisch bekommen hat. Da ist es wieder: das Liebenswerte an den Franzosen, dass fast alle gutem Essen huldigen und dass die kulinarischen Genüsse so etwas wie eine gemeinsame Leidenschaft sind. Das ist natürlich überall in Frankreich so, aber in Paris, wo es die höchste Restaurantdichte gibt und wohin die besten Lebensmittel aus dem ganzen Lande geliefert werden, ist es eben besonders greifbar.

Tous au restaurant findet übrigens immer kurz nach der *rentrée* statt, also Mitte oder Ende September, die Reservierungen sind meistens rund eine Woche vor Aktionsbeginn freigeschaltet. *(DK)*

21. GRUND

Weil Mona Lisa immer noch ein Geheimnis ist

Es gibt für jeden Touristen in Paris ein paar »musts«. Dazu gehört neben dem Eiffelturm natürlich die *Mona Lisa*. Dieses weltberühmte, legendäre Gemälde im Louvre. Das Museum ist ungefähr so groß wie ein ganzes Stadtviertel. Dementsprechend müde sind die meisten, wenn sie endlich bei der *Mona Lisa* angekommen sind. Oft auch ein wenig enttäuscht, denn das Bild ist doch recht klein hinter dem Panzerglas, und man kann es auch nur in gebührendem Abstand bewundern, in der Regel erst, nachdem man lange Schlange gestanden hat. Deshalb zum Zeitvertreib ein paar wissenswerte und auch ein paar echt schräge Geschichten rund um das legendäre Gemälde.

Da Vinci hat zum Beispiel bei *Mona Lisa* das gemacht, was Fotografen bei den Hollywood-Diven von heute auch machen: Er benutzte eine Art Weichzeichner und ließ die Schöne damit noch schöner und ein wenig entrückt erscheinen. Heute geht das per Mausklick, zu da Vincis Zeiten war das echte handwerkliche Kunst, *Sfumato* ist der Fachbegriff dafür. Der Maler legte mehrere Farbschichten und Lasierungen übereinander. Der Effekt: Die Stellen verschwimmen ein bisschen vor dem Auge, was dem Ganzen diese geheimnisvolle Aura verleiht. Seit 500 Jahren fasziniert dieser Effekt die Zuschauer. *Mona Lisa* wurde zum berühmtesten Gemälde der Welt, in Liedern besungen und in dem Bestseller *The Da Vinci Code* auch im neuen Jahrtausend verewigt. Einmal, 1911, wurde das Gemälde gestohlen, von einem früheren Angestellten des Louvre, der es nach Florenz brachte, weil er meinte, das Bild gehöre den Italienern. Im Jahr 1956 musste das Bild zwei Attacken überstehen. Einmal schüttete ein Unbekannter Säure auf das Porträt und beschädigte die untere Hälfte schwer. Ein anderes Mal warf ein Besucher einen Stein, zertrümmerte dabei die Glasplatte und Mona Lisas linken Ellenbogen. Heute wird das Bild strengstens bewacht.

Hinter den Kulissen des Louvre werden die Gemälde immer mal wieder untersucht. Zwei Etagen unter den Ausstellungsräumen sind die Labors. Dort wurde die *Mona Lisa* mit Röntgen und einer Spektralkamera analysiert, ohne sie zu berühren oder zu beschädigen. So eine Kamera kann Millionen Farben in einem Kunstwerk herausfiltern.

Die große Überraschung: Das Bild sah früher ganz anders aus. Wir kennen die *Mona Lisa* in den typisch düsteren Braun-Grau-Tönen. Bei ihrer Farb-Analyse entdeckten die Forscher, dass ursprünglich hinter der *Mona Lisa* ein strahlend blauer Himmel leuchtete und ihr Gesicht frisch rosa strahlte. Diese bunte *Mona Lisa* ließen sie auf Ansichtskarten drucken und verteilten sie an

Touristen im Louvre. Ergebnis: Großes Entsetzen, keiner wollte die *Mona Lisa*, die Leonardo da Vinci ursprünglich gemalt hat.

Das Gemälde ist in den 50er-Jahren zuletzt bearbeitet und aufgefrischt worden. Die Farbe und der Lack werden seither wieder kontinuierlich dunkler.

Mona Lisa hat aber eine »kleine Schwester«, die gerade erst eine rigorose Frischzellenkur durchgemacht hat. Dieses Bild wurde vor Kurzem in Madrid untersucht und restauriert. Dabei wurde entdeckt, dass unter den verschiedenen Farbschichten Motive auftauchten, die vom Maler offenbar wieder verworfen und übermalt worden waren. Bei einem Abgleich mit der *Mona Lisa* aus Paris entdeckten die Forscher, dass es sich um exakt die gleichen Motive handelt. Das heißt, beide Bilder wurden parallel gemalt. Der Meister Leonardo da Vinci entwickelte seine *Mona Lisa*, und ein Schüler in seinem Atelier malte offenbar zeitgleich alles auf einem zweiten Frauenbild nach.

Diese kleine Schwester der *Mona Lisa* hat durch die Restaurierung ihre ursprünglichen Farben zurückbekommen und strahlt in kräftigen Tönen.

Eine Zeit lang wurde sie als Gaststar im Louvre ausgestellt und zog die Zuschauer magisch an. Oft hörte man Kommentare wie: »Diese hier ist sinnlicher, man fühlt sich ihr näher – sie hat nicht dieses distanzierte Lächeln, mit dem die echte *Mona Lisa* niemand an sich ranlässt.« Andere meinten das genaue Gegenteil: »Sie hat nichts von dem Geheimnis der echten.«

Die sensationelle Verjüngungskur hat Top-Restauratorin Cinzia Pasquali vorgenommen. Kleinste Farbpartikelchen hat sie mit komplizierten chemischen Lösungen vom Original abgetupft, in monatelanger Kleinarbeit. Das Schlimmste war dabei für sie der psychische Druck, eventuell einen echten da Vinci in Händen zu halten.

Sie hat mit ihrer Arbeit bewiesen, dass es funktioniert: dass düster gewordene Gemälde wieder in unglaublichen Farben strahlen können. Gibt es im Louvre nun doch Überlegungen, der Original-*Mona Lisa* ebenfalls ihre Originalfarben wiederzugeben? Louvre-Kurator Delieuvin erklärte anlässlich der Ausstellung, das sei technisch überhaupt kein Problem, »das wurde uns durch die Arbeit bestätigt. Der Unterschied ist: Dieses Bild musste gerettet werden, Farbe und Lack waren beschädigt. Für die *Mona Lisa* dagegen besteht überhaupt keine Gefahr – sie wird mit modernsten Methoden im Louvre konserviert, das Gemälde ist völlig intakt.« Deswegen gibt es auch keinerlei Pläne, irgendwelche Eingriffe an der *Mona Lisa* vorzunehmen.

Die geliftete kleine Schwester wurde auch nur im Keller gezeigt – während oben die echte *Mona Lisa* in Würde altert und gleichmütig unzählige Spekulationen und irre Theorien weglächelt. Und davon gibt es mehr als genug.

»Mona Lisa war nicht nur ein Mann, sondern auch noch schwul.« Das ist eine der neueren Verschwörungstheorien. Ein italienischer Renaissance-Forscher namens Silvano Vincenti will das nachgewiesen haben. Zum einen soll Leonardo da Vinci seine Anfangsbuchstaben und die seines Assistenten und Liebhabers Salai im Bild versteckt haben. Zum anderen sehe ein anderes Porträt des Geliebten der Mona Lisa täuschend ähnlich. Das sei eindeutig dieselbe Person. Die Louvre-Direktion in Paris hat sich immerhin die Mühe gemacht, das als eher unwahrscheinlich zu kommentieren.

Einen versteckten Da-Vinci-Buchstaben-Code wie im Bestseller und gleichnamigen Hollywood-Blockbuster gibt es wohl nicht. Die *Mona Lisa* sei 2009 noch mal mit modernsten Analysen durchleuchtet worden, so der Louvre, keine Spur eines Codes. Ein französischer Museumsdirektor behauptete im Jahr 2006, Mona Lisa sei schwanger oder gerade Mutter geworden, als das Bild gemalt wurde. Basis für diese Aussage war eine Scanner-Analyse. Dabei kam heraus, dass in den unteren Farbschichten angeblich ein Schleier gemalt gewesen sei, ein Modell, das üblicherweise nur schwangere Frauen trugen. Das lässt sich natürlich nur sehr schwer mit der eben beschriebenen Theorie des schwulen Freundes vereinbaren. Ebenso wenig wie mit der Spekulation, dass es sich bei Mona Lisa eigentlich um da Vincis Mutter gehandelt habe.

Ein japanischer Forscher hat Körper und Gesicht der Mona Lisa vermessen und daraus berechnet, wie ihre Stimme geklungen haben muss. Angeblich sprach sie eher tief und leise.

Ein britisches Wissenschaftsmagazin legte schließlich auf den Gesichtsausdruck mit dem weltberühmten Lächeln ein psychologisches Muster. Dabei kam heraus, dass sie zu 83 Prozent glücklich, zu neun Prozent angewidert, zu sechs Prozent ängstlich und zu zwei Prozent wütend war, als das Bild gemalt wurde.

Wie sich das Modell wirklich gefühlt hat, wusste vielleicht sogar der Maler selbst am besten: Eine weitere viel diskutierte Theorie besagt nämlich, dass Leonardo da Vinci höchstpersönlich die Mona Lisa war – dass er sich selbst dabei als Frau gemalt hat. Das geheimnisvolle Lächeln wäre dann nichts weiter als – zugegebenermaßen wunderschön anzusehende – diebische Freude über all die zukünftigen irren Spekulationen. *(ES)*

22. GRUND

Weil der Élysée-Palast so viele Geschichten erlebt hat …

Manchmal muss man als Fußgänger in Paris die Straßenseite wechseln. Zum Beispiel vor dem Élysée-Palast in der Rue du Faubourg Saint Honoré. Der Gehsteig an der Palastmauer ist tabu. Die herausgeputzten Jungs der Garde Republicaine mit ihrem Federwisch auf dem Kopf und den goldbetrassten Uniformen stehen in kleinen Häuschen Wache, dazu zu mal mehr, mal weniger zusätzliche Beamte unterschiedlicher Polizeiorganisationen – je nach Anlass. Hinter den hohen Mauern und dem großen Tor sieht man den Vorplatz, auf dem Staatsgäste in ihren Limousinen bis vor die breite

Empfangstreppe gefahren werden, wo sie der Hausherr begrüßt. Wenn der Präsident will, kann er jeden Tag des Jahres in einem anderen Zimmer wohnen, um die 365 Räume hat der Élysée-Palast. Gefüllt mit 380 alten Pendeluhren, unzähligen alten Gemäldeschinken an den Wänden und viel Gold. »So etwas Hässliches habe ich noch nie gesehen«, rief deswegen Präsident Paul Doumer, als er 1931 ins Amt eingeführt wurde. Da hatte der Palast schon viele aufregende Geschichten hinter sich.

Präsident Felix Faure zum Beispiel erlitt beim Sex im Élysée einen Herzinfarkt und starb. Die junge Dame, die er sich für seine amourösen Abenteuer bestellt hatte, vergaß vor Schreck angeblich ihr Korsett im Palast. Oder der Spaziergang von Madame Poincaré. Die Präsidentengattin wurde im Palastgarten von einem Orang Utan angegriffen, der sie auf einen Baum schleppen wollte. Die Première Dame entkam dem Affen, der aus einem Zoo abgehauen war, nur knapp. Die Bewohner des Élysées tragen legendäre Namen: Madame Pompadour und Napoléon I. residierten hier, zwischenzeitlich war der Palast aber auch mal Eissalon, Spielhölle und Tanzlokal.

Das dreistöckige Gebäude wirkt wie ein kleines Stadtschloss, folgerichtig führten sich einige Präsidenten auch wie kleine Sonnenkönige auf. Sozialist Mitterand zum Beispiel verbot allen der knapp 1.000 Bediensteten, Jeans zu tragen. Als der zweite Sozialist im Élysée-Palast, François Hollande, ins Amt eingeführt wurde, erlebte er ein weiteres bizarres Ritual. Es läuft bei jedem Präsidentenwechsel genauso ab. Der Neue fährt in einer schwarzen Staatskarosse im Palasthof vor – Tusch und Säbelrasseln –, dann verschwindet er mit dem alten Staatschef im Keller. Eine halbe Stunde steht alles still. In dieser Zeit übergibt der alte dem neuen Präsidenten den Geheimcode für die französische Atombombe. In einem unterirdischen Bunker mit dem hübschen Namen: »Kommandoposten Jupiter«. Danach tauchen die beiden wieder im Hof auf – nur steigt diesmal der alte Präsident in die Limousine, die ihn nach Hause fährt. Der Élysée-Palast hat nun einen neuen Mieter. *(ES)*

23. GRUND

Weil Les Halles der neue Mittelpunkt der Stadt werden

In den letzten Jahrzehnten fand der »Bauch von Paris« in den Reiseführern eigentlich nur noch im Kapitel »Geschichtliches« statt. Mitten im Stadtzentrum standen früher große Markthallen, eiserne Riesen, die der Architekt Baltard vor 150 Jahren gebaut hatte und die im Modernisierungswahn der 70er-Jahre des letzten Jahrhunderts abgerissen worden waren. Danach entstand auf den Ruinen ein hässliches Einkaufszentrum. Anschließend wurde der riesige Platz mehrere Jahre gesperrt – durch die Bretterzäune konnten die Pariser die neue Riesenbaustelle beäugen. Aber jetzt lohnt es sich wieder, diesen Ort mit seiner langen Geschichte zu besuchen.

Zuerst ein kleiner Rückblick: Die alten Markthallen des letzten Jahrhunderts hatten einen ganz eigenen Zeitablauf. Das Leben begann hier mitten in der Nacht.

Dann rollten frische Waren aus ganz Frankreich in die Hauptstadt. Tausende von Akteuren hatten ihren allnächtlichen Auftritt – Karrenschieber, Ochsenträger, Marktfrauen, Laufboten, Einsortierer, Partyvolk, das sich hier noch mit einer letzten Zwiebelsuppe stärkte. Ein Theater, in dem sich jede Nacht aufs Neue der Vorhang hob mit all seinen hart arbeitenden, völlig unterschiedlichen, manchmal verrückten Darstellern – eine kleine verschworene Gemeinschaft.

Eine Welt, die ursprünglich mal auf einem Friedhof entstanden war. Meterhoch stapelten sich im 18. Jahrhundert die Knochen auf dem größten innerstädtischen Friedhof Saint Inncocents. Irgendwann gingen Friedhof und der danebenliegende Marktplatz ineinander über. Händler verkauften in dem Verwesungsgestank ihre Waren und Huren ihren Körper.

Ein ganz besonderer Ort war das Hallenviertel also schon damals. Nur gab es noch keine Hallen. Die gab Napoléon III. in Auftrag. Er ließ das Gelände einebnen und bestellte bei seinem Architekten Victor Baltard »Eisen, nichts als Eisen«. Baltard baute ihm die prächtigen Pavillons, die umgehend zum Symbol für die Stadt Paris wurden. Eine einzigartige Mischung aus Basar, Bar und Bordell, für die der Schriftsteller Émile Zola den Namen »Bauch von Paris« prägte.

Und dann beging Paris seine größte architektonische Sünde. Die Uhren standen auf Fortschritt, und Staatschef Pompidou ließ 1971 die legendären Hallen abreißen. Er träumte von einem Wolkenkratzer und einem Welthandelszentrum. Stattdessen entstand ein Loch: eine sieben Hektar große Baugrube mitten in Paris. Jahrelang stritten sich die jeweiligen politischen Machthaber darüber, was damit geschehen solle. Das Ergebnis war eine Katastrophe: das Shoppingcenter »Forum des Halles«, das den Charme eines 70er-Jahre-Science-Fictions versprühte. Beton und Glas über mehrere Geschosse, darunter der größte U-Bahnhof der Welt, in dem sich auch heute selbst die Pariser auf langen Laufbändern und Rolltreppen verlaufen.

Anne Hidalgo, die Bürgermeisterin von Paris, sieht das Scheitern des Projekts auch in der Methode, mit der es damals durchgesetzt wurde: »Da wurde eine Vision von oben durchregiert, die niemand geteilt hat. Im Namen einer Städte-Modernität, die heute völlig überholt ist. Mittlerweile geht man so etwas wesentlich behutsamer und sensibler an. Urbane Architektur funktioniert heutzutage subtiler und bezieht die Bevölkerung viel stärker mit ein.«

Unter ihrer Stadtregierung bekommt das Hallenviertel ein neues Antlitz. Ein urbanistisches Großprojekt: Paris wurde sozusagen am Bauch operiert. Das ungeliebte Forum des Halles verwandelte sich ein paar Jahre lang in eine riesige Baustelle. Die mittlerweile leicht gammeligen Aufbauten und Glasröhren wurden abgerissen. Shoppingcenter und unterirdischer Mega-Bahnhof sind aber geblieben.

Weil das, so Hidalgo, zur Tradition der Hallen gehört – hier wurden schon immer Geschäfte betrieben. Der Komplex ist über die

Jahrzehnte zu einem unverzichtbaren vertikalen Stadttor von Paris geworden. Jeden Tag laufen hier 800.000 Menschen durch.

Architekt Patrick Berger, der den Neubau leitete, ist sich dessen bewusst: »Hier gibt es eine enorme Energie – das ist eine der wichtigsten Voraussetzungen, um ein architektonisches Projekt mit Leben zu erfüllen. Wir müssen diese städtische Vitalität in neue Formen leiten und gestalten. Dazu gehören neben den Läden auch neue kulturelle Einrichtungen. Wir wollten diesen Ort sozusagen durchlüften. Er ist gleichermaßen Symbol für eine große Drehscheibe und für ein Tor zur Stadt. Unsere Vision ist es, die Abläufe darin fließender zu gestalten und dem Ganzen eine große Klarheit zu verschaffen.«

Hell und luftig ist es geworden, Ober- und Unterwelt sollten möglichst offen miteinander verbunden werden. Das Glanzstück dieses neuen Stadtzentrums, das die Stadt 800 Millionen Euro kostet, trägt den Namen *Canopée*. Ein Blätterdach aus Glas, größer als ein Fußballfeld, das über allem schwebt und in einen neuen Park führt.

Dieses Glasdach besteht aus geschwungenen Lamellen, es schützt vor Wind, Regen und Sonne – und ist außerdem ein ökologisches Vorzeigeprojekt. Es sammelt Wasser für den Park und verwandelt Sonnenenergie in Strom. Architekt Berger hat sich beim Zeichnen der *Canopée* von der Natur inspirieren lassen: »Ich habe mich nicht an der Silhouette von Paris orientiert, sondern eher an Motiven wie Muscheln, Tierkörpern, Wolkenformationen oder Blumen. Denn all diese Formen haben einen tieferen Sinn. Sie sind nicht zufällig so, wie sie sind, sondern weil sie eine Reihe von Bedingungen optimal erfüllen müssen. Und zwar mit einem Minimum an Energieaufwand. Dadurch entstehen solche Formen.«

Die Pariser selbst sind pragmatischer. Es kann ja nur besser werden, ist ihr gängiger Kommentar. Und Protest gab es, im Gegensatz zu deutschen städtischen Großbauprojekten, nur minimal. Es wurden zwar auch hier Bäume abgeholzt – dafür wurden umso mehr neue gepflanzt. Tatsächlich bekommt das Pariser Stadtzentrum durch diesen Umbau ein neues Gesicht. Es wird vor allem grüner. Vor dem neuen Hallenkomplex mit dem Glasdach lockt ein großer Park, mit Liegewiesen, Spielplätzen und Springbrunnen. Dabei wird auch die Ausrichtung der Achse des Viertels gedreht, vorher hatten die Hallen eine diagonale Achse. Jetzt wird das Ganze in eine Ost-West-Achse umorientiert.

Der alte Bauch von Paris gehört damit wohl endgültig der Vergangenheit an, aber Bürgermeisterin Anne Hildalgo hat darin sowieso schon immer etwas anderes gesehen: »Ich finde, es ist und bleibt das Herz von Paris – hier vibriert das Leben der Stadt.« *(ES)*

24. GRUND

Weil Frauen hier das Tempo machen

Zugegeben, Frauenläufe sind keine Pariser Erfindung. Aber ich wage einmal die Behauptung, dass die Frauen auf kaum einem anderen Lauf so eine Stimmung zu machen verstehen wie bei La Parisienne. Immerhin sorgen sie mittlerweile dafür, dass Paris an einem Tag im September gefühlt ganz in weiblicher Hand ist und dass hier Europas größter Frauenlauf stattfindet.

La Parisienne heißt das Event, das es seit 1997 gibt. Mit seinen nur rund sechs Kilometern Länge ist dieser Lauf von vorneherein nichts für sportlich Ambitionierte, sondern ein reiner Spaßlauf. Alle 500 Meter steht entlang der Strecke eine Band, der Lauf inmitten von kreischenden und lachenden Frauengruppen ist also auch ein bisschen wie ein Disco-Besuch, man wird getragen von den Rhythmen und der guten Laune der Musiker. Kein Wunder, dass von Jahr zu Jahr die Teilnehmerinnenzahlen steigen, 2014 waren es sage und schreibe 40.000 Frauen, die die Panoramastrecke rund um Trocadéro, Grand Palais und Eiffelturm zum Beben gebracht haben. Um die Stimmung noch mehr anzuheizen, ist es mittlerweile zum guten Brauch geworden, dass als Gruppe gemeinsam startende Frauen sich in möglichst kreative Kostüme werfen. So habe ich schon Gruppen von Marilyn Monroes (mit blonder Perücke und aufgeschminktem Leberfleck) oder sogar Meerjungfrauen mit angenähtem Schuppenschwanz starten sehen. Die Organisatoren von La Parisienne haben den Trend erkannt und seit einiger Zeit nun auch einen Preis für das beste Kostüm ausgelobt.

Ohnehin sind die Organisatoren von La Parisienne ziemlich pfiffig. Denn was man allem Spaß zum Trotz nicht verschweigen sollte: Das Ganze ist mittlerweile auch ein riesiges Geschäft geworden. Stolze 50 Euro kostet die Einschreibegebühr, für einen 6-Kilometer-Lauf ziemlich viel. Zudem gibt es natürlich Sponsoren, es werden La-Parisienne-Shopping-Aktionen organisiert, das ganze Jahr über kostenpflichtige Trainings und so weiter und so fort. Gespendet wird von den Startgeldern zudem nichts für einen gemeinnützigen Zweck.

Wo viel Licht ist, ist natürlich auch Schatten. Aber nichtsdestotrotz: Die Frauen in Paris verstehen es so gut, Tempo zu machen, dass sich immer auch verkleidete Männer unter die Tausenden Starterinnen mischen, weil sie die Gaudi quasi einmal von innen heraus miterleben wollen.

Dass ein solches Event in Paris so erfolgreich ist, ist bei näherem Betrachten nicht verwunderlich. Denn viele der schlanken, figurbewussten Pariserinnen (und auch die nicht minder auf ihren Körper achtenden Pariser) machen regelmäßig *footing*, wie der Franzose eine kleine Joggingrunde auch nennt. Mittags sieht man beispielsweise in den Tuilerien, die von vielen Büros umgeben sind, viele Bürohengste und -stuten, die die Mittagspause für ein kleines Workout nutzen. Vergleichbares habe ich in deutschen Bürovierteln noch nicht erlebt. Ich las einmal, dass laut einer Umfrage rund 80 Prozent der französischen Hauptstadtbewohner regelmäßig laufen gehen. Hinzu kommt, dass die Pariserinnen, wie schon ausführlich beschrieben, gerne ihre Weiblichkeit zelebrieren. Insofern verstehen sie es natürlich besonders, einer speziellen Laufveranstaltung nur für sie eine große Portion femininer Vibrations zu verleihen. *(DK)*

25. GRUND

Weil im Bois de Boulogne die schönsten Kerle joggen

Doch in der Stadt der Liebe und des ständigen Flirts machen nicht nur die Frauen beim Laufen eine gute Figur. Wenn man in den frühen Morgenstunden in den größeren Parks von Paris unterwegs ist, passiert es einem oft, dass einem eine Gruppe von auffallend knackigen jungen Männern entgegengejoggt kommt, die allesamt rote Shorts und blaue T-Shirts tragen. Es sind die *Pompiers de Paris*, also Pariser Feuerwehrmänner, die hier gerade ihr tägliches Fitnessprogramm absolvieren. Die Zufahrts- und Rettungswege blockieren sie mit ihren Leiterwagen, mit denen sie vorgefahren sind. Aber es sei ihnen verziehen, schließlich machen sie sich für ihren Job fit. Dazu gehören neben Einsätzen bei Bränden auch Rettungseinsätze bei Unfällen. Aber obwohl die Pompiers in ihrem knappen Joggingdress so unglaublich viril daherkommen, habe ich noch keine Frau erlebt, die im Park einen Schwächeunfall simuliert hat, um von den Herren umsorgt zu werden. Seltsam eigentlich. Liegt vielleicht auch an der leicht elitären Ausstrahlung der joggenden Feuerwehrleute, schließlich sind die Pompiers de Paris Soldaten, die zu einer Armee-Einheit gehören. Und da im Großraum Paris nun mal viele Menschen in vielen Wohnungen leben, gibt es entsprechend viele Pompiers, nämlich 8.500, was aus ihnen die größte Feuerwehrbrigade Europas macht.

Ich habe es in jedem Falle genossen, wenn ich mit dem Fahrrad zur Arbeit quer durch den Bois de Boulogne gefahren bin, mich nicht nur an den Enten auf dem Lac Supérieure zu erfreuen, sondern auch noch einen Blick auf ein paar durchtrainierte Feuerwehrmänner zu werfen. *(DK)*

26. GRUND

Weil Paris Sommerschlaf hält

Der Bäcker, der Zeitungsverkäufer, die Blumenhändlerin, aber auch der Staatspräsident – Ende Juli machen sie alle dasselbe: Koffer packen und Paris verlassen. Die Stadt fällt in einen kollektiven Sommerschlaf. Statt schön dekorierter Schaufenster bestimmen runtergelassene Rollläden das Straßenbild. Dazu gibt es die Sensation in Paris: freie Parkplätze. Das ist der August.

Ferien für alle – eine Tradition, an der niemand zu rütteln wagen würde. In anderen Ländern sorgen komplizierte Urlaubspläne dafür, dass jeder Mitarbeiter zu einem anderen Zeitpunkt Ferien macht und der Betrieb dadurch aufrechterhalten bleibt. In Frankreich drückt man einfach auf die Pausentaste. Die Fließbänder stehen vier Wochen still, Autofirmen wie Renault oder Peugeot stoppen die Produktion zeitweise komplett und schließen die Fabriktore. Das wiederum zwingt die Zulieferbetriebe, ebenfalls dicht zu machen – wen sollten sie auch beliefern. Und dieser Dominoeffekt geht weiter. Wenn alle Arbeiter und Angestellten weg sind – wer kauft dann morgens Baguette? Niemand. Also macht auch der Bäcker dicht. Nur ein paar werden zwangsverpflichtet. Es gilt im August bei den Bäckern so etwas Ähnliches wie ein »Apotheken-Notplan«, der überall aushängt. Pro Viertel muss abwechselnd eine Mindestzahl Bäcker geöffnet haben. Sonst würden die nämlich auch noch Ferien machen.

Im August schließen 40 Prozent aller französischen Unternehmen. Wer trotzdem arbeiten will, hat's schwer – in der Regel findet er keinen Ansprechpartner. Durch die lange Krise sind viele

Konzerne aber gar nicht traurig, einen Monat lang dicht machen zu müssen – so groß ist die Nachfrage zum Beispiel auf dem Autosektor sowieso nicht. Der Ruhemonat wird dazu genutzt, nötige Revisionen und Reparaturen durchzuführen. Die Franzosen haben mehr Urlaub als viele andere Europäer, im Schnitt siebeneinhalb Wochen. Dazu kommen Ausgleichstage für alle, die länger als die gesetzlich vorgeschriebenen 35 Stunden pro Woche arbeiten.

Der Hauptunterschied zu den meisten anderen Ländern ist aber, dass sich die Franzosen kollektiv alle gleichzeitig in die Hängematte legen. Oft auch in die betriebseigene. Die Firmen haben in den Boomjahren nämlich häufig Feriendörfer für ihre Arbeiter gebaut. Viele Städte und Konzerne unterhalten sogenannte *Colonies de vacances*. Eltern, die in einem der wenigen Betriebe arbeiten, die nicht dicht machen, können da ihre Kinder alleine in die Ferien hinschicken oder einen der beiden Schulferienmonate überbrücken. Die Einzigen, die im August die Füße nicht hochlegen, sind die Beschäftigten der Tourismusindustrie. Zusätzlich zu den Landsleuten versorgen sie pro Jahr nämlich noch 80 Millionen Urlaubsgäste aus dem Ausland. Sie schwitzen und rotieren im August auf Hochtouren. Und machen den Stillstand der Fließbänder wieder wett.

Französische Soziologen sind übrigens der festen Überzeugung, dass das Arbeitsjahr durch diesen Ruhemonat die notwendige Struktur bekommt, dass dies für die Arbeitnehmer einen bestimmten wichtigen Rhythmus schafft. Die kollektive Rückkehr aus dem Urlaub von Millionen Parisern Anfang September ist dann auch jedes Jahr ein echter Neustart. Zur sogenannten *rentrée* werden die Kinder neu eingekleidet und sämtliche Schulsachen neu gekauft. Mit diesem eigentlichen Neujahr wacht Paris dann aus seinem Sommer-Dornröschenschlaf wieder auf. *(ES)*

27. GRUND

Weil man Mäntel aus Gorillahaut kaufen kann

In der Weltstadt Paris gibt es nichts, was es nicht gibt. Das ist natürlich so. Aber im Besonderen gilt das für den weltweit größten Trödelmarkt, die Puces (sprich »Püs«) von Saint-Ouen, der im Norden der Stadt liegt. Hier am Rande von Paris, jenseits der Périphérique, wo die Stadt des Lichts schon längst schmuddelig ist, drängen sich in engen Gassen unzählige kleine Buden, davor stehen alte Holztische, Flugzeugteile, kitschige Statuen, Boxen mit alten Schallplatten oder Papiertüten – schlicht alles, was man sich nur vorstellen kann. Gerne sitzen die Händler an den alten Holztischen, die sie eigentlich verkaufen, und essen gemeinsam zu Mittag, entspannen in dem für sie alltäglichen Gewühl. Denn die Puces, französisch für Flöhe, sind ein einziges Labyrinth. Wegweiser und ein Informationsbüro sollen bei der Orientierung in den 15 verschiedenen Märkten, die die Puces insgesamt ausmachen, helfen. Sehr sinnvoll, schließlich sind die Puces wie eine eigene kleine Stadt – und einer der größten Besuchermagneten Frankreichs: Mit mehreren Millionen Besuchern pro Jahr können die Puces fast mit dem Eiffelturm mithalten.

Angefangen hat die Geschichte dieses mittlerweile summenden Bienenschlags, in den sich die Puces von Samstag bis Montag verwandeln, vor mehr als 100 Jahren. Hier im Norden, weit weg vom Prunk der Innenstadt, haben *Clochards*, Obdachlose, angefangen, Dinge, die sie in Paris aufgetrieben haben, weiterzuverkaufen. Die Lumpensammler waren aus Paris vertrieben worden, weil die Stadtoberen so minderwertige Waren nicht am Rande der schicken Boulevards verkauft sehen wollten. Deshalb haben die ersten Händler der Puces sich an den Rand der Stadt bis zur Porte de Clignancourt und der Porte de Saint Ouen zurückgezogen, dahin, wo die bürgerlichen Pariser nie auch nur einen Fuß hingesetzt hätten. Hier haben die Lumpensammler das, was sie in Paris gefunden haben, auf dem Boden ausgebreitet und verkauft.

Auch heute noch gibt es Händler, die sich so ihre Waren zusammensuchen. Doch die meisten der mehr als 2.000 fest installierten Trödler sind Profis. Und auf dem Boden werden die Waren auch schon längst nicht mehr verkauft. Es gibt mehrere Markthallen und komplette Straßenzüge, an denen sich die kleinen, fest installierten Läden der Trödler dicht an dicht drängen. Die meisten Trödler haben sich auf etwas Bestimmtes spezialisiert. So sieht ein Laden beispielsweise wie ein Wohnzimmer aus den 60er-Jahren aus, ein anderer hängt voll von Kronleuchtern aus Kristall. Denn auch wenn Kronleuchter aus Kristall in Frankreich nicht mehr angesagt sind und reihenweise abgehängt werden, gibt es für die opulenten Lampen anderswo einen Markt. Das erzählt der Experte für die Kronleuchter bereitwillig. Der Händler putzt gerade einen Kronleuchter, den er für 7.000 Euro gekauft hat. Er ist sich sicher, dass er ihn bald mit Gewinn weiterverkaufen kann, denn in Russland sind Kronleuchter derzeit schwer gefragt, und russische Touristen gibt es viele auf den Puces.

Ausländer sind ohnehin wichtige Kunden für die Händler auf den Puces. Knapp die Hälfte der zur Zeit pro Jahr rund sieben Millionen Besucher auf den Puces kommen aus dem Ausland. Gerade Amerikaner hätten in der Vergangenheit zum Teil containerweise eingekauft, erzählen die Händler. Sie unterscheiden zwei Käufertypen: den Touristen, der eher impulsiv Erinnerungen an die Flitterwochen einkauft. Und diejenigen, die gerade eine Villa in Malibu gekauft haben und die durch Europa reisen, um die neue Einrichtung zu kaufen.

Logisch, dass Woody Allen die Charaktere für seinen Film *Midnight in Paris* auch hier bei den Puces einkaufen ließ. Nur: Durch die Wirtschaftskrise sind viele Amerikaner weggeblieben, die Umsatzzahlen sind zum Teil eingebrochen, manche Läden mussten deshalb sogar dicht gemacht werden. Langsam aber geht es wieder bergauf. Auch weil durch neue Läden mit ganz neuen Konzepten neuer Wind auf den Puces weht.

Vor einiger Zeit beispielsweise wurde in einer ehemaligen Lagerhalle das Geschäft Habitat 1964 eröffnet. Stylish werden hier Secondhand-Designermöbel präsentiert, es sieht aus wie in einem Loft eines gut situierten Trendsetters. Alles, was hier präsentiert wird, sind alte Stücke von Habitat, die der Ladeninhaber bei Privatleuten gekauft hat. Ein vergleichbares Konzept gibt es laut Auskunft des Direktors von Habitat 1964 nirgendwo sonst in Europa. Und das Konzept scheint anzukommen: An jedem Wochenendtag zählt Habitat Vintage rund 3.000 Besucher, rund 20 bis 30 von ihnen kaufen auch tatsächlich etwas. Viele der meist jungen, markenbewussten Kunden werden wohl nach ihrem Einkauf schräg gegenüber essen gehen. Da findet sich nämlich das auch kürzlich eröffnete Restaurant Ma Cocotte. Auch das zieht junge *Bobos* – wir erinnern uns: die französische Bezeichnung für coole, bürgerliche Bohemiens – an. Ma Cocotte ist nämlich vom Designer Philippe Starck eingerichtet worden. Es gab durchaus Diskussionen darüber, ob so etwas auf den traditionellen Puces seinen Platz hat, doch die Modernität hat sich erfolgreich durchgesetzt mit dem Argument, dass durch Läden und Restaurants mit neuen Konzepten auch Menschen auf die Puces kommen, die vorher nicht gekommen sind.

Die Restaurants sind sowieso ein ganz eigenes Kapitel bei den Puces. Rund 20 Restaurants gibt es hier. Die meisten sind urig, typische Pariser Brasserien. Die benachbarten Händler kommen her und holen sich eine Flasche Wein oder einen *café*, Touristen oder auch Pariser sitzen gemütlich bei bodenständiger Küche. Bei vielen Brasserien steht auch Musik auf dem Programm. In einer werden seit Jahrzehnten Lieder von Édith Piaf gesungen, in einem anderen lebt die Tradition des Jazz Manouche. Schon früher gaben Musiker wie Django Reinhardt hier ihre Konzerte. Einmal im Jahr gibt es sogar ein eigenes Jazz-Festival auf den Puces. Auch einen jährlichen Ball gibt es, bei dem in den kleinen Gassen miteinander getanzt wird.

Und so sind die Puces mittlerweile eigentlich bunter und lebendiger als das schicke Innenstadt-Paris. Die Puces sind wie ein Rausch für die Sinne und die Vorstellungskraft, wie die Höhle des Ali Baba. Wenn man herkommt, weiß man nie, was man diesmal finden wird. Vielleicht einen Mantel aus Gorillahaut? Oder eine ausgestopfte Giraffe? Es gibt Händler, die sich auf solche Kuriositäten spezialisiert haben. Ein Kuriositätenhändler von erlesenen Stücken ist François Daneck. Wenn man sein Geschäft Colonial Concept betritt, dann ist es, als ob man sich urplötzlich in einem surrealen Traum wiederfindet. Ein kleines Hinterhaus ist vollgestopft mit skurrilen Tierfiguren aus Gips, in einer Ecke hängt der Kopf eines Tyrannosaurus Rex, das Original, das für Dreharbeiten von *Jurassic Park* verwendet wurde, daneben steht ein echter Weltraumanzug, an dem dezent das Preisschild »25.000 Euro« baumelt. Schräger geht es kaum, das weiß auch François Daneck, doch er wäre kein Profi, hätte er nicht eine nonchalante Antwort parat: »Natürlich schaffe ich eine seltsame Welt, aber auf diesem Planeten gibt es eben auch seltsame Menschen, die viel Geld haben und die seltsame Dinge haben wollen.« So hat Daneck schon das Privathaus des Königs von Marokko mit seinen Kuriositäten eingerichtet. Der hatte sich in die mit Krokodilleder bezogenen Möbelstücke verliebt. Auch Bill Gates gehört zu den Kunden von Daneck, sowie ein megareicher Franzose, dessen Namen Daneck nicht nennen will. Dessen Privatschloss im Périgord hat Daneck Raum für Raum eingerichtet – und dabei Kuriositäten für sage und schreibe 50 Millionen Euro verwendet.

Die Megareichen und Berühmten lieben die Puces also genauso wie Studenten, die günstig eine Retro-Lederjacke erstehen wollen. Und so kann es einem also durchaus passieren, dass man auf einen Promi trifft, wenn man auf dem Pariser Trödelmarkt unterwegs ist. Die Händlerin Patricia Ederhy, die sich auf chinesische Antiquitäten spezialisiert hat, erzählt, dass sie schon einmal Mick Jagger im Laden stehen gehabt hätte. Der sei aber mit nur einem Bodyguard ganz unkompliziert gewesen. Ganz anders als Madonna, die komme immer mit acht Bodyguards und drei Autos.

Wie schon gesagt: Auf den Puces gibt es eben wirklich nichts, was es nicht gibt! *(DK)*

28. GRUND

Weil in der Oper mitgesungen wird

Auf der Bühne steht die verarmte Adelsfamilie Dugosier de la Glotte. Sie hat den billigen Chor aus Bulgarien bestellt. Der ist aber leider an der Grenze stecken geblieben. Also, wo so schnell 300 Sänger herbekommen? Das Theaterpublikum im Pariser Théâtre de la Bruyère ahnt, was kommt: Es muss einspringen. Die Sitznachbarin ist schon zum zweiten Mal dabei und erklärt mir und den anderen Neulingen, wo's langgeht:

»Wenn Sie da oben Text sehen, singen sie los – und wenn nicht, halten Sie den Mund.«

Bisher dachte ich eigentlich, dass die Pariser ziemlich etepetete sind, dass es ewig dauert, bis man mit ihnen warm wird, und dass sie wahnsinnig auf Etikette achten. Interessanterweise ist das in Pariser Theatern ganz anders. Da lachen und quietschen die Hauptstädter vor Vergnügen, es wird gejohlt und getrampelt, und am Ende können sie sich kaum auf den Sitzen halten.

In diesem Fall fangen alle an, mit Inbrunst zu singen, und mir bleibt erst mal der Mund offen stehen. Ich bin sprachlos, wie wenig Komplexe die Leute haben. Also singe ich auch mit. Alte französische Chansons, ein bisschen *Carmina Burana*, ein paar bekannte Operetten-Gassenhauer – alles quer durch den musikalischen Gemüsegarten. Der Text wird oberhalb des roten Samtvorhangs eingeblendet. Das Publikum im dunklen Saal ist für die nächsten zwei Stunden der Chor für die Aktion auf der Bühne.

Tenor Jaques Gay ist Autor des Stücks und hat diesen neuen Trend umgesetzt: »Wir wollten ein großes Publikum erreichen. Leute, die sich auskennen mit Oper und Operette, aber eben auch solche, die bisher damit noch gar nicht in Kontakt gekommen sind. Ziel ist es, sie gemeinsam dazu zu bringen, mitzumachen und laut zu singen.«

In einem anderen großen Haus in Paris, in der Opéra Comique, läuft zu diesem Zeitpunkt ebenfalls ein interaktives Stück: *Ciboulette.* Hier muss das Publikum sogar eine Stunde früher kommen, zum Einsingen und Üben mit dem Pianisten.

Die Zuschauer beider Stücke, beziehungsweise die Pariser Zuschauerchöre, sind begeistert. Dabei bekommt man als Ausländer ganz nebenbei auch ein wenig mehr Einblick in die französische Seele. Liberté, égalité, fraternité – Freiheit Gleichheit, Brüderlichkeit –, diese Schlagwörter der Revolution sind bei den normalen, einfachen Leuten immer noch tief verankert. So erklärt sich auch die Aussage meiner unbekannten Sitznachbarin:

»Wissen Sie, gerade in so schwierigen Zeiten wie heute ist das doch etwas ganz Besonderes, mit seinem Sitznachbarn gemeinsam zu singen, obwohl man ihn überhaupt nicht kennt – das hat etwas sehr Emotionales, Verbindendes – also mir wärmt das das Herz.«

Der Film *Die Kinder des Monsieur Mathieu* wurde auch wegen dieser Liebe der Franzosen zum gemeinsamen Singen zum Kultfilm. Um die neun Millionen Zuschauer haben ihn gesehen. *Les Choristes,* Die Chorsänger, heißt er im Original. Er war der Startschuss für einen wahren Boom: Überall im Land entstanden Chöre. Jedes Jahr gibt es nun in Paris einen Chortag. Entlang des Canal Saint Martin, von der Place de la Bastille bis zu La Villette stehen mehrere Dutzend Chöre. An jeder Ecke, in Hauseingängen, auf Treppen. Alle paar Meter klingt es anders. Eins haben alle gemeinsam: Sie sind mit extrem viel Spaß dabei. Die Sänger – und die Zuhörer. *(ES)*

29. GRUND

Weil Notre-Dame neue Glocken hat

Wer den Turm von Notre-Dame besteigen will, muss sich – gerade in den Touristenmonaten – auf lange Schlangen einstellen. Zum Zeitvertreib hier eine kleine Geschichte rund um die alten und neuen Glocken, die übrigens erst 2013 in die Türme gehängt wurden.

Der Glöckner von Notre-Dame heißt auch heute noch Quasimodo. Er ist immer pünktlich, außer wenn der Strom ausfällt oder ein unvorhergesehenes Ereignis eintritt. Quasimodo ist ein Computerprogramm, das alle Glocken in Notre-Dame steuert. Sein Vorgänger, der bucklige Glöckner aus dem Roman von Victor Hugo, ist auch noch da. Unter dem Dachstuhl bewacht er als steinerne Statue den Eingang.

Im Südturm hängt der Star: Emmanuel, die größte und tiefste Glocke, die den Parisern seit 1658 große Ereignisse verkündet hat. Die Feuersbrunst im 17. Jahrhundert ebenso wie das Ende des Zweiten Weltkriegs. Glockenmeister Regis Singer ist selbst der größte Fan der Glocke und ihrer Geschichte: »Als Emmanuel im Mai 1945 zu läuten begann, wussten alle Pariser: Es ist vorbei! Dieser Klang hat sie so berührt, dass viele auf der Straße angefangen haben zu weinen. Emmanuel hat einen ganz besonderen Charakter, er ist weich und samten – man erkennt ihn sofort.«

Der Klang von Emmanuel hat sich bis heute nicht verändert. Nur die Art, wie die Glocke zum Schwingen gebracht wird, ist weniger arbeitsintensiv geworden. Anfangs brauchte der Chef-Glöckner bis zu 40 Helfer. Er ging dann der Legende nach auf den Kirchenvorplatz und heuerte Arbeitslose an. Kräftige Gesellen, denn Glockenläuten war schwere Arbeit – da mussten Tonnen bewegt werden. Die Helfer bekamen dann fürs Zupacken ein paar Münzen oder Rotwein. Daher kommt übrigens auch der Begriff *clochard*, von *cloche*, die Glocke.

Ab 1851 wurden diese Nebenjobs knapper. Die Glocken von Notre-Dame wurden jetzt per Fußpedal in Bewegung gesetzt – das konnten acht Leute alleine schaffen. Auch für das große Geläut von Notre-Dame.

Sehr musikalische Ohren konnten dabei hören, dass das ein bisschen schief klang. Angélique-Françoise, Antoinette-Charlotte, Hyacinthe-Jeanne und Denise-David – so hießen die kleineren Glocken – waren nämlich nach der Revolution aus minderwertigem Metall gegossen worden und harmonierten nicht mehr so richtig mit dem großen Bruder Emmanuel. Sie wurden deswegen abgehängt, sodass Notre-Dame eine Zeit lang nicht alle Glocken im Turm hatte.

Erst im März 2013 kamen die neuen wohlklingenden Nachfolger. Für Notre-Dame-Besucher waren das unvergessliche Momente.

Die neuen Glocken wurden im Mittelgang ausgestellt. Neun schimmernde mannshohe Gebilde. Aufgereiht vom Eingangsportal bis zum Altar. Begleitet von feierlichen Gesängen, drängten sich jeden Tag 30.000 Besucher an den riesigen Glocken vorbei. Währenddessen überprüfte Glockenmeister Regis Singer noch einmal die Tonlage der neuen Stars.

Sie hatten eine lange Reise hinter sich. In den Niederlanden und der Normandie waren sie gegossen worden, dann Hunderte Kilometer über die Autobahn transportiert. Schließlich wurden sie auf offenen Lastwagen mitten durch Paris über die Champs-Élysées zur Notre-Dame gefahren – unter dem freudigen Geläut der anderen Pariser Kirchenglocken, die die Neuankömmlinge begrüßten. Die Pariser waren bei dem Anblick zu Tränen gerührt. Mit Gänsehaut standen die sonst so abgeklärten Hauptstädter am Straßenrand, um diesen historischen Moment mitzuerleben. So eine Chance hat man nur alle paar Hundert Jahre.

Eine der neuen Glocken von Notre-Dame wurde nach dem deutschen Papst Benedikt benannt. Sie wurde feierlich zusammen mit Marie, Gabriel, Angélique-Françoise, Antoinette-Charlotte und den übrigen Glockenschwestern in den Turm gehoben. Früher, 1686, brauchten die Glöckner zehn Tage, um die 13 Tonnen schwere Hauptglocke in den Turm zu stemmen. Diesmal haben Motoren diese Arbeit in vier Nächten bewältigt.

Rektor Patrick Jacquin war bei der Premiere überglücklich, dass die neuen Glocken, zusammen mit dem großen Emmanuel, nun wieder genauso so klingen wie vor der Revolution – bevor die damaligen Glocken eingeschmolzen worden waren.

Erzeugt wird der historische Klang aber mit der Technik des 21. Jahrhunderts. Nur wenn der Strom ausfällt, müssen wieder die menschlichen Quasimodos ran – die guten alten Pedale von 1851 stehen dafür noch einsatzbereit im Glockenturm. *(ES)*

30. GRUND

Weil Wohnungen hier auch schwimmen

Zugegeben, Hausboote gibt es natürlich nicht nur in Paris. Nur: Diesen Lebensstil auf dem Wasser verbindet man eigentlich nicht mit der französischen Hauptstadt. Wenn man an Hausboote denkt, denkt man doch eher an Städte wie Amsterdam, oder? Umso überraschender ist es, dass fast entlang des gesamten Seine-Ufers in Paris Hausboote zum Teil sogar in Zweier- oder Dreierreihen vertäut sind. Und ich wage die These, dass die Hausboote, die auf der Seine zum Beispiel am Fuße des Eiffelturms oder im Hafen an der Bastille schaukeln, zu den viel bestaunten Attraktionen von Paris gehören. Wohl jeder Paris-Besucher hat schon neidische und bewundernde Blicke auf die grünen Dachterrassen der Hausboote geworfen, die mitten in der Millionenstadt Paris ein solches Urlaubsflair verbreiten.

Kein Wunder, dass es auch für viele Pariser ein Traum ist, auf einem Hausboot zu wohnen. Für die meisten allerdings wird es wohl ein unerreichbarer Traum bleiben, denn mittlerweile beträgt die Warteliste für einen Hausboot-Liegeplatz in Paris mehr als 20 Jahre! Noch dazu können sich heutzutage nur noch Gutverdiener ein Leben auf einem Hausboot leisten. Unter 900.000 Euro ist ein Hausboot in Paris nicht zu haben, in guten Lagen muss man sogar 1,5 Millionen Euro auf den Tisch legen.

Eine, die sehr genau weiß, wie sich der Hausboot-Markt in Paris so entwickelt hat, ist Nathalie Desbonnet. Sie sitzt bei offenem Fenster in ihrem Wohnzimmer. Vor ihr glitzert die Seine in der Sonne, hinter ihr rauschen die Bäume des Bois de Boulogne. Der Boden schaukelt sanft, denn natürlich befinden wir uns auf einer *péniche*, einem Hausboot. Natürlich, weil Nathalie Desbonnet die Chefin der größten Hausboot-Immobilienagentur in Frankreich ist, Seine Plus heißt sie. Und sie weiß aus Erfahrung: Hausboote zu vermitteln, ist keine nüchterne Sache, sondern sie hat mit Träumen zu tun: »Die Menschen suchen ihre Insel des Glücks. Und auf einem Hausboot findet man das. Wenn man auf sein Boot kommt, dann vergisst man alles.«

Doch so eine Insel des Glücks in Paris zu besitzen, hat eben mittlerweile seinen Preis. Hinzu kommt, dass im üppigen Kaufpreis der Liegeplatz nicht inbegriffen ist, denn den kann man nur leihen. Mit dem Risiko, dass die Stadt mir nichts, dir nichts entscheiden kann, dass sie an ebendiesem Liegeplatz eine Brücke oder einen Bootsanleger bauen will. Dann muss man mit seinem teuer gekauften Hausboot ablegen – und findet im ganzen Großraum Paris keinen Liegeplatz mehr. Ein enormes Risiko, wie Christian du Gay, der Vorsitzende einer Vereinigung von Hausbootbesitzern, betont: »Wir sind nur die Eigentümer des Bootes, das ist eine Situation, wie es sie sonst kaum gibt. Wir sind nur prekäre Mieter des Anlegeplatzes. Das muss man wissen, um zu verstehen, dass ein Boot, das für eine Million Euro am Eiffelturm verkauft wird, über Wert verkauft wird. Von heute auf morgen kann dieses Boot nämlich praktisch nichts mehr wert sein, was ein großes Risiko für den Käufer ist.«

Christian du Gay gehört zu den Pionieren der Hausboot-Bewegung in Paris, wenn man sie denn so nennen will. Seit fast 40 Jahren lebt er auf seinem Boot, vor den Toren der Stadt. Als sich damals seine 1968 gegründete Kommune auflöste, suchte er eine günstige Art zu wohnen. So kaufte er sich für wenig Geld einen alten Frachter, legte irgendwo an und fing mit dem Ausbau an. In seiner L'Émile, wie sein Boot heißt, ist deshalb alles selbst gemacht: »1975 war alles noch einfach. Das war der Wilde Westen. Wir haben einfach irgendwo angelegt, jemand sagte, das dürft ihr aber nicht und wir sind trotzdem geblieben. Das war eben die Zeit, wo es noch fast keine Hausboote zum Leben in Frankreich gab.«

Mittlerweile hat das Leben auf einem Hausboot nichts mehr vom Wilden Westen, im Gegenteil. Ein Hausbootbesitzer muss rund 2.000 Euro pro Jahr für seine Versicherung zahlen, hinzu kommen Grundsteuer, Wohnungssteuer, Wassernutzungsgebühr und Liegegebühr. Am Eiffelturm schlägt letztere beispielsweise mit 1.000 Euro pro Monat zu Buche. Außerdem ist eine Generalüberholung des Schiffsrumpfes alle zehn Jahre gesetzlich vorgeschrieben. Dazu muss das Boot einen Monat lang trocken gelegt werden. Viel Bürokratie also – und viel Geld. Allein die Nebenkosten sind mittlerweile so hoch wie andernorts eine ganze Miete. Der Traum vom Leben auf dem Hausboot in Paris ist also wirklich ein kostspieliger Traum geworden, das weiß auch die Maklerin Nathalie Desbonnets: »Das führt dazu, dass immer mehr Reiche auf dem Wasser wohnen, die sich ihre Boote pompös ausbauen lassen. Deshalb haben wir immer mehr Firmenchefs und Selbstständige, also Leute mit viel Geld auf dem Wasser.«

Christian du Gay gehört noch dem alten Schlag der Hausbootbesitzer an. Für ihn hat das nichts mit Geld zu tun, sondern mit einem Lebensstil: »Um ein Boot zu lieben, muss man mit ihm gelebt haben. Wenn man sich auf dieses Lebensgefühl einlässt, das muss ich zugeben, ohne irgendwie mystisch veranlagt zu sein, kann man es nicht anders sehen: Für mich ist das Boot ein lebendes Wesen.«

Und außerdem gäbe es da noch die Gemeinschaft der Hausbootbesitzer, schwärmt der Alt-68er. Wenn man Lust hat, sich zu besuchen, dann legt man mit seinem Boot eben mal am Boot der Freunde an. Eine Kommune auf Zeit, in der noch jeder jeden kennt: »Wir haben viele Gemeinsamkeiten, gemeinsame Sorgen und Hoffnungen. So entsteht eine wirkliche Gemeinschaft, aus der heraus wir regelmäßig große Bootsfeste organisieren.«

Eine Gemeinschaft, die sich natürlich durch die neuen und reichen Hausbootbesitzer verändert. Aber so oder so: Diese Gemeinschaft ist in der ansonsten eher anonymen Großstadt Paris etwas Besonderes.

Als Tourist hat man übrigens durchaus die Gelegenheit, in die Lebenswelt der Pariser Hausbootbesitzer hineinzuschnuppern. Einige Hausbootbesitzer wie der Maler Christophe Ilison vermieten nämlich Zimmer auf ihrem Hausboot: »Das ist eine Entscheidung, wie man leben will. Mir macht das Spaß, ich bin auch Single, und so ist immer jemand hier. Wenn man auf so einem großen Boot alleine wohnt, ist das schon komisch. Und wenn ich nicht meine Türen weit öffne, kommt auch niemand.«

Auch der Maler Christophe lebt schon seit 30 Jahren auf seinem Hausboot. Für ihn sind die 180 Euro pro Nacht, die seine Zimmer kosten, also auch wichtig, um die hohen Nebenkosten zu schultern.

Aber als Tourist kann man die Hausboote auch bestaunen, wenn man nicht in ihnen übernachtet. Wenn man am Ufer der Seine entlangspaziert, sieht man schon von außen, dass jedes der 1.500 Hausboote im Großraum Paris ein Unikat ist. Und wenn man sogar das Glück hat, in das ein oder andere Boot eingeladen zu werden, dann sieht man, dass die meisten Hausbootbesitzer auch eine gehörige Portion Kreativität mitbringen, denn auch von innen sieht jedes Hausboot anders aus. Zumindest das ist immer noch so – auch wenn die wilden Hausbootjahre schon lange vorbei sind. *(DK)*

Weil hier die schönsten Kioske stehen

Überall auf den Straßen von Paris findet man die dunkelgrünen Häuschen aus Metall, meist mit verschnörkeltem Dach. Sie passen wunderbar ins Straßenbild und zu den im Jugendstil gestalteten Métroeingängen. Die Kioske quellen vor Zeitungen und Zeitschriften geradezu über. Hinter den Zeitungsstapeln steht meistens ein Mann, manchmal auch eine Frau, der sogenannte *kiosquier.*

Den Parisern sind ihre Kioske lieb und teuer, sind sie doch irgendwie identitätsstiftend im Viertel, im *quartier.* Aber die Realität hinter dem malerischen Zeitungskiosk ist hart. Arbeitszeiten von zwölfeinhalb Stunden am Tag – sieben Tage die Woche und 365 Tage im Jahr sind die Kioske geöffnet. Angestellte sind teuer, die *kiosquiers* leben und essen im Prinzip im Kiosk.

Das ist zwar hart, aber die meisten haben sich daran gewöhnt. Schwieriger ist die wirtschaftliche Situation. Die Vertriebsfirma baute massiv Arbeitsplätze ab. Das hat immer wieder zu langen Streiks geführt, die Zeitungshändler hatten keine Zeitungen und also keine Einnahmen. Ohnehin werden immer weniger Zeitungen gekauft. Früher hatte die Tageszeitung *France Soir* acht Ausgaben, mittlerweile gibt es *France Soir* nur noch im Internet. Natürlich leiden auch die Zeitungshändler unter der allgemeinen Zeitungskrise.

Um den Pariser Kiosken unter die Arme zu greifen, hat die Stadt Paris die Pacht gesenkt und den Zeitungshändlern seit einiger Zeit auch erlaubt, Getränke und Essen, nicht verschreibungspflichtige Medikamente, Lebensmittel und Schreibwaren zu verkaufen. So können sich die Kioske breiter aufstellen, sind weniger abhängig vom Verkauf der Zeitungen. Bleibt zu hoffen, dass die Pariser Kioske mit diesem neuen Geschäftsmodell trotz Zeitungskrise bestehen können. Und die malerischen grünen Häuschen weiter mit Leben und Geschichten gefüllt sind. *(DK)*

32. GRUND

Weil der Rattenfänger hier täglich unterwegs ist

Eigentlich ist eine hohe Rattendichte wohl nichts, was auf der Habenseite einer Stadt zu Buche fällt. Aber obwohl Paris eine der Rattenhauptstädte Europas ist – immerhin sollen in der Innenstadt von Paris mehr als zehn Millionen Ratten leben (auf 2,3 Millionen Menschen) –, entbehrt dieses Thema für mich nicht eines gewissen Charmes. Und das liegt vor allem an einem wunderbaren Wort: dem *dératisateur*. Wie viel durchgreifender und kriegerischer klingt das als der profane deutsche Kammerjäger! Und noch dazu rückt der *dératisateur* in Paris angesichts einer stetig wachsenden Rattenpopulation mehrmals täglich aus.

Und Paris wäre nicht Frankreichs Hauptstadt, gäbe es nicht auch eine staatliche Stelle, die sich um die pelzigen Tiere kümmert: In der Pariser Polizeipräfektur gibt es eine Spezialeinheit für Schädlingsbekämpfung. Die musste in den letzten Jahren mehr als 100 Beschwerden täglich wegen Rattenbefall entgegennehmen. Und sie schreibt fest, wann die jährliche große Entrattungsaktion in Paris stattfindet. Rund zwei Monate lang wird im Frühjahr den Nagern nämlich städtischerseits konzentriert der Kampf angesagt, dann machen die Spezialpolizisten Kontrollen und schreiben Hausbewohner an, dass sie dringend etwas gegen die Ratten in ihrem Gebäude unternehmen müssen. Zum Teil rückt dann auch die kommunale Entrattungs-Truppe unter dem Kürzel SMASH (Service Municipal d'Actions de Salubrité et d'Hygiène) aus, um öffentliche Wege oder Gebäudeteile zu entratten. Für die Privatleute gibt es auch viele private Firmen, die angesichts der so vermehrungsfreudigen Ratten von der derzeitigen Wirtschaftskrise in Frankreich nichts spüren, der *dératisateur* ist in Paris ein Beruf mit Zukunft.

Übrigens: Ziel der *dératisation anuelle*, jährlichen Entrattung, ist es nicht, alle Ratten auszulöschen (was wohl ohnehin nicht möglich wäre), sondern nur den Bestand im Zaum zu halten. Zum Teil werden die Ratten von der Pariser Polizei auch als nützlich angesehen, weil sie immerhin einen kleinen Anteil an den Müllbergen in der Stadt vertilgen. Nur: Zu zahlreich sollen die tierischen Müllschlucker dann doch nicht werden – und das tun sie leider derzeit.

Warum die Ratten die Stadt an der Seine immer mehr für sich entdecken – immerhin soll die Zahl der Ratten in den vergangenen fünf Jahren um 40 Prozent zugenommen haben –, dazu kursieren mehrere Erklärungen. Zum einen wird das auf Großbauprojekte zurückgeführt, die die Ratten aus dem Untergrund nach oben treiben sollen. Zum anderen ist Paris unter der Oberfläche durchlöchert wie ein Schweizer Käse (siehe nachfolgende Kapitel), und viele Häuser sind alt und entsprechen gerade auch im Keller nicht modernen Standards, den Ratten bieten sich also viele Eingangstore und gemütliche Verstecke. Nicht zuletzt könnten auch die Picknicker ihren Anteil daran haben, dass Paris sich zum Rattenparadies entwickelt. In vielen Parks, zum Beispiel in den Tuilerien am Louvre-Museum, liegen Pariser und Touristen gerne auf der Wiese und picknicken (siehe Picknick-Kapitel). Die Reste des Picknicks bleiben dann einfach liegen oder quellen aus den überfüllten Mülleimern. Für die Ratten ein gefundenes Fressen, sodass es mittlerweile kein seltenes Bild ist, dass in den Tuilerien erschöpfte Touristen auf der Wiese liegen, weil ihnen der Rotwein beim Picknick zu Kopfe gestiegen ist und nur wenige Meter davon entfernt gleich mehrere Ratten über das Grün flitzen. Seitens der Stadtverwaltung und des Louvre versucht man dem zu begegnen, indem hier vor allem im Sommer der *dératisateur* täglich unterwegs ist und auch täglich der Müll geleert wird. Manchmal hilft allerdings auch das nichts: Es mussten schon Pariser Parks kurzzeitig komplett geschlossen werden, weil der *dératisateur* in einer konzentrierten Aktion Hunderte von Ratten einfangen wollte.

Vor diesem Hintergrund bekommt ein jüngst auf Französisch erschienener Reiseführer für Kinder eine ganz neue Bedeutung, er heißt: *Visite Paris avec Rémy,* Mit Rémy Paris entdecken. Zur Erinnerung: Rémy ist die Ratte vom Lande aus dem Zeichentrickfilm *Ratatouille*, die sich als Kochratte in Paris in die Herzen vieler Zuschauer kochte. *(DK)*

33. GRUND

Weil es hier eine Untergrundpolizei gibt

Unter der Oberfläche von Paris tut sich also einiges – und das nicht nur auf vier Beinen. Denn unter den schicken Boulevards, den niedlichen Gassen, den pompösen Plätzen und den großen Kaufhäusern befindet sich in 20 bis 35 Metern Tiefe ein fast 300 Kilometer langes Netz aus Gängen! Und hier patrouillieren die *cataflics*, die Untergrundpolizisten von Paris. Ich hatte das Glück, einmal für eine Reportage einige Stunden lang eine Einheit der *cataflics* bei ihrem Einsatz zu begleiten. Interessanterweise warteten am vereinbarten Treffpunkt vier junge Frauen (allesamt ehemalige Leistungssportlerinnen) und ein Mann auf mich, da schwante mir schon, dass der Einsatz auch körperlich herausfordernd werden würde …

Der Einstieg in den Untergrund sieht ganz unspektakulär aus. Mitten auf einem Gehweg ist eine kleine Metallluke, an der man normalerweise vorbeilaufen würde, ohne sie zu beachten. Ich bleibe allerdings stehen, denn rund um die Metallluke stehen schon die *cataflics* und warten auf mich. Sie sind unschwer zu erkennen, auch wenn sie keine typische Polizeiuniform anhaben. Stattdessen tragen sie einen dunkelblauen Ganzkörperanzug, Helm, Stirnlampe, Wanderschuhe und Handschuhe. Die Chefin der Truppe, Sandra, hat ihre schwarzen Haare sportlich zusammengebunden und hält den Spezialschlüssel zum Öffnen der Metallluke in der Hand. »Herzlich willkommen in den Steinbrüchen!«, lacht die junge Frau, knipst ihre Stirnlampe an und steigt lockeren Schrittes eine in Stein gehauene Wendeltreppe hinab, die uns unter der Metallluke erwartet.

Auf dem Weg nach unten rasselt die junge Frau die Geschichte der Steinbrüche herunter: »Fast 2.000 Jahre lang wurden in diesen Steinbrüchen erst in offenen Bergwerken, dann unter Tage die Kalksteine für den Bau der Stadt gewonnen. Doch die massive Unterhöhlung einer wachsenden Stadt hatte natürlich Folgen: Im 18. Jahrhundert sind mehrere Straßenzüge eingebrochen, die Steinbrüche wurden geschlossen und später zum Teil als unterirdische Friedhöfe genutzt.« Einen Teil dieser Katakomben kann man heute offiziell besichtigen, auf rund zwei Kilometern holen sich Touristen ihr Schauerprogramm ab, wenn sie an den zu Mustern aufgestapelten Knochen und Schädeln vorbeilaufen. Hier sind die *cataflics* natürlich nicht im Einsatz. Ihr Terrain sind die endlosen Gänge, zu denen der Zugang seit 60 Jahren sogar verboten ist.

»Aber Sie sehen ja auf den ersten Blick, dass dieses Verbot nur schwer durchzusetzen ist«, sagt Sandra und deutet im Licht ihrer Stirnlampe auf die Wände der Gänge und Höhlen, die nach einer gigantischen Partylocation aussehen. Die Wände sind mit Graffiti nahezu vollgeschmiert, leere Flaschen liegen im Matsch, abgebrannte Kerzen in Mauernischen sind Zeugen vergangener Partys. Die Höhlenpolizistin Sandra erzählt, dass die illegalen Partys im Untergrund mittlerweile schon eine lange Tradition haben. In den 60er-Jahren haben demnach die Medizin- und Pharmaziestudenten angefangen, ihre Semesterfeiern mit Gruselfaktor zu versehen. Auf die Idee kamen sie offenbar, weil die Fakultäten der Sorbonne oft einen direkten Zugang zu den Steinbrüchen im Keller haben. Und seitdem machen eben die Höhlenliebhaber, die sogenannten Kataphilen, verbotenerweise die Pariser Unterwelt unsicher. Neben den Partys richten sie sich Höhlen thematisch ein, es gibt zum Beispiel eine Bibliothek, in der einige Bücher vor sich hin gammeln, oder die Höhle des Drachen, in der ein Künstler einen

Drachen in den Fels geritzt hat. In manchen Höhlen sind auch Haken in die Wände gebohrt. Sandra erklärt mir wieso: »Wenn die Kataphilen hier unten übernachten, befestigen sie daran ihre Hängematten!«

All die Höhlen und Gänge sind in einer Karte verzeichnet, die die *cataflics* immer dabeihaben. Zur Ausbildung eines *cataflics* gehört es, die Zeichen an den Wänden richtig lesen zu können und sich so auf der auf den ersten Blick recht unübersichtlichen Karte zu orientieren.

Zum Teil kursieren solche oder ähnliche Karten auch unter der Hand im Internet. Durch die digitalen Medien nehme die Zahl der Kataphilen zu, hat Höhlenpolizistin Sandra beobachtet. Klar, an die Informationen, wo man denn einen verbotenen Eingang findet oder wer einen vielleicht auf eine Tour durch die Pariser Unterwelt mitnehmen könnte, kommt man heutzutage viel schneller als noch vor 20 Jahren. Doch trotzdem oder vielleicht gerade deshalb passiert es immer wieder, dass die *cataflics* auf Menschen stoßen, die sich verirrt haben, die Batterien in der Stirnlampe sind leer und die Panik nicht weit. Es ist auch wirklich keine schöne Vorstellung, hier alleine herumzuirren und nicht zu wissen, wo man wieder an die Oberfläche der Lichterstadt kommt. Manche Gänge stehen nämlich tief unter Wasser, andere wiederum sind so niedrig, dass man auf allen vieren hindurchkriechen muss – und das alles im Dunkeln erfühlen, ich kann darauf verzichten. Einmal hat Sandra mit ihren Kollegen sogar einen Mann gerettet, der 48 Stunden lang im Dunkeln herumgeirrt war. Der Mann hatte offenbar einen Brunnen gefunden und konnte um Hilfe rufen. Der Preis für die Rettung: ein Bußgeld von bis zu 130 Euro.

Mein Ausflug in den Untergrund aber war ganz entspannt (wenn auch schweißtreibend) und ein unvergessliches Erlebnis, inklusive unterirdischem Picknick. Aber ich hatte als Journalistin ja auch die besten Führerinnen, die man sich vorstellen kann: die *cataflics* von Paris.

Übrigens gibt es einen Teil der Katakomben, zu dem auch die netten *cataflics* mich nicht geführt und von dem sie mir nicht einmal erzählt haben, so geheim ist er. Ein kleiner Teil der unterirdischen Stollen gehört nämlich der Banque de France, die dort den Goldschatz der französischen Nationalbank untergebracht haben soll. Na, wenn das keine Panzerknacker-Fantasien anregt … *(DK)*

KAPITEL 3

UNTERWEGS SEIN IN FRANKREICH MUSS MAN LIEBEN

34. GRUND

Weil die Pariser Métro Phantomstationen hat

Im Untergrund von Paris gibt es aber natürlich längst nicht nur ehemalige Steinbrüche, das Abwassersystem und Ratten. Natürlich ist hier in erster Linie auch die Métro unterwegs! Wohl jeder Pariser oder Besucher nutzt dieses große Netz der Untergrundbahnen, wo die Züge zum Teil im 2-Minuten-Takt verkehren, um das Passagieraufkommen irgendwie zu bewältigen.

Waren Sie auch schon mal in Paris mit der Métro unterwegs, sind an einer der 303 Stationen mit dem typischen Klingelton ein- oder ausgestiegen? Dann ist die Wahrscheinlichkeit ziemlich groß, dass Sie auch schon durch eine der Pariser Phantomstationen gerauscht sind! Das sind Métrostationen, die entweder nie als Haltestellen genutzt wurden oder nicht mehr genutzt werden, weil die Streckenführung der Linien sich im Laufe der mehr als hundertjährigen Geschichte der Pariser Métro verändert hat. Manche dieser Phantomstationen liegen aber entlang befahrener Strecken, wie beispielsweise die Phantomstation Croix-Rouge. Wenn man die Linie 10 nutzt, rauscht man in rund sechs Sekunden zwischen den offiziellen Stationen Sèvres – Babylone und Mabillon durch diese Geisterstation Croix-Rouge. Man muss also ganz genau hinschauen, wenn man einen Blick auf den Bahnsteig erhaschen will, der seit dem Zweiten Weltkrieg nicht mehr als solcher genutzt wird, denn natürlich wird die Phantomstation nicht beleuchtet.

Es gibt allerdings auch Phantomstationen, die abgeschnitten vom aktuellen Métronetz sind. Diese werden als Materiallager, Trainingszentrum für Métrofahrer oder Drehort genutzt. So werden fast alle Filmszenen, die in der Pariser Métro spielen, in der Phantomstation Porte des Lilas gedreht. 30 Drehs pro Jahr finden hier statt.

Man könnte diese Phantomstationen aber noch besser nutzen, ist ein Team von jungen Pariser Architekten überzeugt. Sie haben

Entwürfe gezeichnet, in denen die Phantomstationen als Schwimmbad, Theater, unterirdischer Garten oder Nachtclub umgebaut werden. Der junge Architekt Dimitri Roussel hat das ohne speziellen Auftrag gemacht, einfach um mal einen Vorschlag in den Raum zu werfen. Denn ansonsten gibt es nicht viele kreative Spielwiesen für Architekten in Paris, eine der am dichtesten besiedelten Städte der Welt. Und in einer Stadt, in der der Quadratmeter so teuer ist, einfach mal seine Fantasie in die Tiefe gleiten zu lassen, das hat das Architektenteam einfach gereizt.

Und sie hatten auch eine erstaunliche Resonanz auf ihre Ideen. Denn schlauerweise haben die Architekten sie während des Bürgermeisterwahlkampfes 2014 in Paris veröffentlicht. Die konservative Kandidatin, Nathalie Kosciusko-Morizet, hat die Métroträume der jungen Architekten daraufhin für sich zum Wahlkampfthema gemacht. Letzten Endes aber hat die Sarkozy-Vertraute doch nicht das Rennen um den begehrtesten Oberbürgermeisterposten in Frankreich gemacht, sondern die Sozialistin Anne Hidalgo. Was nun aus den kreativen Entwürfen für die Phantomstationen wird, steht also in den Sternen. Interessierte Investoren soll es aber geben.

Über die insgesamt elf Phantomstationen der Pariser Métro wurde in jedem Falle so viel geredet wie noch nie. Kein Wunder, dass die Verkehrsbetriebe RATP immer mehr Nachfragen nach Besichtigungen haben – die sie jedoch fast immer ablehnen. Auch mich als Journalistin wollten sie für meine Reportage partout nicht hineinlassen. Der Normalsterbliche kann also bisher nur einen Blick auf die Phantomstationen erhaschen, wenn er mit der Métro durch sie hindurchrauscht. *(DK)*

35. GRUND

Weil die Musiker in der Pariser Métro handverlesen sind

Doch über die Pariser Métro gibt es natürlich noch viel mehr Geschichten zu erzählen. Zum Beispiel die, dass die Métro Frankreichs größte Bühne ist! Jeden Tag sind hier mehr als fünf Millionen Menschen unterwegs. Für die Straßenmusiker, die in den unterirdischen Gängen spielen, natürlich ein riesiges Publikum. Und so wundert es nicht, dass viele Musiker hier entdeckt wurden: Keziah Jones zum Beispiel oder ZAZ. Doch um in der Métro zu spielen, müssen die Musiker ein Casting bestehen!

Zwei Mal im Jahr findet ein solches Métro-Casting statt. Ort des Geschehens: ein kleiner Kellerraum, vielleicht 15 Quadratmeter groß. Diesen erreicht man über eine enge Wendeltreppe aus Metall von einem ebenso kleinen Büro der Pariser Verkehrsbetriebe RATP aus. Diese Mini-Casting-Außenstelle der RATP liegt in der Nähe der Place de la Bastille, was passt, die Gegend hier ist *très branché*, sprich angesagt. An einem Casting-Tag, bei dem ich als Gast dabei sein durfte, sind rund zehn Bands oder Musiker geladen. Die Jury besteht aus Mitarbeitern der RATP aus der juristischen Abteilung oder von der Pressestelle. Die Mitarbeiter der RATP können sich als Jurymitglied eintragen lassen und so etwas andere, kulturell reichhaltige Arbeitstage verbringen. Und Jurymitglieder braucht die RATP so einige, denn die halbjährlichen Castings dauern lange. Dieses Mal haben sich rund 2.000 Musiker für die insgesamt 300 Auftrittsgenehmigungen beworben, die die Pariser Métro vergibt.

Auch alte Hasen wie beispielsweise der Saxofonist Gulliver, der seit fast 20 Jahren immer mal wieder in der Métro spielt, müssen sich jedes Mal aufs Neue um einen *permis*, also eine Genehmigung, bemühen. Doch als etablierter Straßenmusiker hat er natürlich gegenüber Newcomern einen Vorteil: Er weiß, welche Art von Musik ankommt und auch welches Verhalten gefragt ist. Gulliver erzählt mir, dass die Métro ein wichtiger Pfeiler für ihn ist: »Hier kann ich in vier Stunden 100 Euro verdienen, das ist mehr als in vielen Clubs. Außerdem bin ich in der Métro schon oft für Privatfeiern engagiert worden. Trotzdem rümpfen die Leute manchmal die Nase, wenn sie hören, dass ich in der Métro spiele. Dabei arbeite ich mehr als die meisten Musiker!«, sagt der coole Jazzsaxofonist mit seinem Ziegenbärtchen und dem zerbeulten schwarzen Hut. Drei bis vier Stunden spielt er pro Tag vor dem Métro-Publikum. Und Gulliver hat auch für seine Musik mittlerweile den richtigen Standort herausgefunden. Er steht immer auf den Gängen unterhalb der Champs-Élysées, in der Nähe der Station Franklin Roosevelt, denn hier sind viele gut situierte Angestellte von Anwaltskanzleien, Banken oder Agenturen unterwegs, die in dieser Gegend arbeiten. Und die hören eben oft gerne Jazz. Mit derselben Musik würde er in der Nähe einer Multikulti-Station wie beispielsweise Barbès, wo viele algerischstämmige Menschen unterwegs sind, wohl deutlich weniger Erfolg haben.

Doch auch wenn die erfahrenen Métro-Musiker sich ihre Standorte gut aussuchen: Als Musiker in der Métro die immer vorbeihetzenden Menschen zum Anhalten, Anhören und Spenden zu bewegen, ist nicht leicht. Die erfahrenen Musiker erzählen aber, dass dies für richtige Konzerte die beste Schule sei.

Das Casting ist kurzweilig, es herrscht eine entspannte Atmosphäre, obwohl man natürlich merkt, dass manche Musiker aufgeregt sind. Die Bandbreite der Musik ist groß, denn eigentlich passt fast jede Stilrichtung in die langen Gänge der Pariser Métro: von der Klassik über Jazz bis hin zu Rock. Dementsprechend wählt die Jury auch eine möglichst große Bandbreite von Musikern aus. Innerhalb der kommunalen Pariser Verkehrsbetriebe gibt es eine eigene Abteilung, die sich nur um die Organisation der sechsmonatigen Castings und die kulturellen Engagements der RATP kümmert. Wenn das mal nicht wieder typisch französisch ist!

Übrigens: In den Métro-Zügen dürfen keine Musiker spielen, um die Fahrgäste nicht zu belästigen. Die immer zahlreicher werdenden Geiger, Sänger oder sogar kleinen Bands, die schnell zwischen zwei Stationen ein Lied (in manchmal ziemlich schlechter Qualität) im Zug spielen und dann mit der Sammelbüchse herumgehen, tun das verbotenerweise. Sie haben meist keine Auftrittsgenehmigung für die Gänge der Métro und müssen Bußgelder befürchten, wenn die Mitarbeiter der RATP sie erwischen. *(DK)*

36. GRUND

Weil der TGV so schnell ist

Ich bin keine eingefleischte Zugfahrerin oder gar eine Trainspotterin, aber in Frankreich habe ich die Freuden des Zugfahrens entdeckt! Als ich das erste Mal in Paris in den TGV, den *train à grande vitesse*, gestiegen und nur drei Stunden später nach einer komfortablen Fahrt ohne Umsteigen mitten in Marseille angekommen bin, konnte ich kaum glauben, dass ich die knapp 800 Kilometer lange Strecke schon zurückgelegt hatte. Vor allem, wenn man das Glück hat, in Paris zu leben oder zumindest von dort seine Reise zu starten, schrumpft das große Frankreich dank des TGVs plötzlich. Übers Wochenende mal ans Mittelmeer, für ein Essen nach Lyon? Mit dem TGV kommt man plötzlich auf solche Ideen, mit der Deutschen Bahn überlege ich es mir drei Mal, ob ich übers Wochenende von Dresden nach Düsseldorf fahre. Bahnfahren in Deutschland oder Frankreich – das ist einfach ein Unterschied wie Tag und Nacht. Punkt. Und um eventuell aufkommenden Fragen zuvorzukommen: Ich werde nicht von der Bahngesellschaft SNCF gesponsert, sondern schreibe einfach meine Erfahrungen nieder.

Kein Wunder, dass die Franzosen auf ihre silber-blauen Schnellzüge so stolz sind. Die aerodynamischen Züge waren in Frankreich schon seit der ersten Fahrt eines TGV 1981 viel mehr als nur bloßes Transportmittel. Sie standen für den französischen Fortschritt und

Erfindergeist, wie die heimischen Atomkraftwerke oder der Überschallflieger Concorde. Dazu passend hat der TGV immer wieder Weltrekorde eingefahren, zuletzt 2007, als ein TGV auf der Trasse Nancy–Paris den damaligen Weltrekord von 574,8 Stundenkilometern erreichte. Dass dieser Rekord kurz danach von den Japanern und ihrer Magnetbahn kassiert wurde, geschenkt. Immerhin ist der TGV-Duplex auch heute noch mit einer Durchschnittsgeschwindigkeit von 271 Stundenkilometern unterwegs. Weltspitze sind die Franzosen damit zwar auch nicht mehr, die Züge mit der höchsten Durchschnittsgeschwindigkeit fahren mittlerweile in China, aber trotzdem ist man in Frankreich auch auf den zweiten Platz im Geschwindigkeitsranking mächtig stolz. Expräsident Nicolas Sarkozy, der nie um starke Worte verlegen war, ging sogar so weit zu sagen, dass der TGV Frankreich sei.

Das passt sogar im doppelten Sinne: Denn wie Frankreich ist auch die SNCF, also der staatliche Konzern, der die TGV rollen lässt, in einer Krise. Vor Kurzem hat der französische Rechnungshof ein Gutachten vorgelegt, das kaum ein gutes Haar an der SNCF lässt. Die Kontrolleure bemängelten, dass der Betrieb und der Ausbau des TGV-Netzes einfach zu teuer seien, dadurch seien die Gewinnmargen im operativen Geschäft von 30 auf elf Prozent abgesackt, kritisiert der Rechnungshof. Schuld daran ist auch, dass das Aushängeschild TGV zu sehr gehegt und gepflegt wurde, für französische Politiker aller Parteien gehörte der geballte Ausbau des TGV-Netzes einfach zum guten Ton, mit dem man auch den Wählern im eigenen Wahlbezirk Gutes tun konnte. So sind mittlerweile 230 Städte an das TGV-Netz angebunden, eigentlich zu viel für das auf Ballungszentren konzentrierte Frankreich. Frankreichs Bahn steht auch deshalb gehörig unter finanziellem Druck und hat eine eigene Billigsparte ins Leben gerufen: den »OUIGO«, ein Low-Cost-TGV, der zwischen dem Pariser Vorort Marne-la-Vallée und dem Südosten Frankreichs verkehrt.

Doch auch wenn das silberne Blitzen eines vorbeirauschenden TGV nicht mehr uneingeschränkt als Symbol für die glänzende

Zukunft Frankreichs dienen kann: Die TGV sind aus Frankreich nicht mehr wegzudenken! Die Hochgeschwindigkeitszüge haben den Alltag vieler Franzosen nachhaltig verändert, so gibt es beispielsweise viele Pendler zwischen Ostfrankreich und Paris. Um jedoch auch hier die Schattenseiten nicht zu verschweigen: Das hat sich natürlich auf die Grundstückspreise niedergeschlagen. Seit zum Beispiel Marseille ans TGV-Netz angeschlossen worden ist, sollen sich die Immobilienpreise hier um mehr als 100 Prozent erhöht haben. Auch das passiert eben, wenn ein großes Land dank Technik zusammenschrumpft. *(DK)*

37. GRUND

Weil man am Bahnhof immer Überraschungen erlebt

Ja wo fährt er denn nun? Diese Frage stellt man sich jedes Mal, wenn man in einem französischen Bahnhof in den Zug steigen will. Wer nämlich denkt, dass auf großen, gedruckten Abfahrtsplakaten von vorneherein wie in Deutschland festgeschrieben steht, von welchem Gleis der Zug XY abfährt, der hat sich getäuscht! In Frankreich müssen sich alle Zugreisenden zunächst vor der großen elektronischen Abfahrtstafel in der Haupthalle versammeln. Hier harrt man geduldig aus, bis sich dann frühestens 15 Minuten vor Abfahrt des Zuges endlich die Felder unter der Zeile *Voie*, also Gleis, bewegen und wie von Zauberhand plötzlich offenbart wird, an welchem Gleis mein wöchentlicher TGV nach Lyon denn heute abfährt. Überraschung, Überraschung. Dann setzen sich alle bisher Wartenden wie eine Herde in Bewegung, um noch rechtzeitig am entsprechenden Gleis an der richtigen Stelle zu stehen. Das kann zum Teil dauern, denn die französischen TGV können ganz schön lang sein.

Ich habe immer wieder gerätselt, wenn ich dicht gedrängt ohne Sitzmöglichkeit vor einer elektronischen Abfahrtstafel auf die Enthüllung meines Gleises gewartet habe, warum das so in Frankreich organisiert ist. Wieso kann man nicht lange geplant festlegen (wie in Deutschland), auf welchem Gleis ein Zug einfahren soll? Passiert in französischen Bahnhöfen so viel Unvorhergesehenes? Hoppla, da ist ja noch ein Zug aus Marseille, na wo haben wir denn noch ein Gleis frei? Auch bei den spontanen Franzosen leuchtet mir diese Erklärung nicht wirklich ein. Bleibt eigentlich nur noch: Die Bahnhofsverwaltungen wollen ihre Zuggäste jedes Mal aufs Neue überraschen und für eine gewisse Prise Spannung im Alltag sorgen. Klingt zwar schräg, ich gebe es zu, aber das ist für mich bei den Franzosen schon vorstellbar. *(DK)*

38. GRUND

Weil die Franzosen ihre Bahnhöfe zu Konzerthallen machen

Doch die Wartemomente sind nicht die einzigen Dinge, die auf französischen Bahnhöfen anders laufen. Sie klingen auch anders als deutsche Bahnhöfe …

Neben Durchsagen, quietschenden Bremsen, Rollkoffern und dem üblichen Stimmengewirr wehen plötzlich von irgendwoher Töne eines Klaviers herüber … man muss einfach nur dem Gehör nachgehen, die Musik wird lauter und lauter, und plötzlich sieht man eine kleine Menschenmenge, die sich rund um ein Klavier versammelt hat. So ist das mittlerweile in vielen französischen Bahnhöfen: Irgendwo steht ein Piano. Daneben ein Schild mit der freundlichen Aufforderung, doch Platz zu nehmen und Musik zu machen. Das wird fleißig wahrgenommen, quer durch die Bevölkerung. Die Pariser Studentin Selena hört zum Beispiel jeden Tag eine Weile zu, auf dem Weg zur Uni. Sie hat dabei schon vieles erlebt. Profis, die abends in Pianobars auftreten und sich hier warm spielen, Leute die extrem gut, aber keine Profis sind, Anfänger, die ein bisschen üben. Jeder kann mitmachen. Manchmal stehen die Spieler regelrecht Schlange und warten, dass sie drankommen.

Regelmäßig setzt sich Selena auch selbst ans Klavier. Zuletzt mitten in der großen hellen Halle des Pariser Bahnhofs Gare de Lyon. Da steht das Piano auf einem kleinen Podest vor den Gleisen. Es war eine typische Situation: Der Zug hat Verspätung, man weiß nicht, wie man sich die Wartezeit vertreiben soll. Und dann steht da dieses Klavier und lockt. Vor allem, weil Selena gern spielt, in ihrem kleinen Studentenzimmer aber kein eigenes Piano hat. Und so setzt sie sich auf den Hocker und legt los. Hell klingt die Titelmelodie aus dem Pariser Kult- Film *Die fabelhafte Welt der Amélie* durch die Bahnhofshalle. Passanten bleiben stehen und lachen, Touristen raten: »Welches Stück war das noch mal« und »Hach, wie pariserisch«.

Die französische Bahn SNCF hat das Piano-Experiment im Pariser Bahnhof Montparnasse als Pilotprojekt gestartet. Ziel- und Ausgangspunkt für die Fernzüge nach Westfrankreich. Hier sind aber auch jeden Tag viele Pendler auf dem Weg zur Arbeit unterwegs. Also das ideale Mischpublikum für den großen Test. Caroline de Jessey leitet das Projekt bei der Bahn. »Ein echter Überraschungserfolg«, erzählt sie. Die Leute haben es sofort angenommen. Innerhalb nur weniger Wochen ist eine ganz neue, zauberhafte Stimmung auf dem großen Bahnhof entstanden. Deswegen entschloss sich die SNCF, das Experiment auszuweiten. Mittlerweile stehen Pianos in mehr als 100 Bahnhöfen, in ganz Frankreich. Allen voran die sechs Pariser Bahnhöfe.

Am Gare de l'Est steht das Klavier etwas versteckt, in einem Gang. Die fünfjährige Jade legt dort gerade zum ersten Mal in ihrem Leben ihre Finger auf die Tasten. »Das habe ich noch nie gemacht«, sagt sie und klimpert fröhlich drauflos. Ihre Mutter steht daneben und freut sich: »Das ist das erste Mal, dass sie ein Piano sieht. Wir überlegen schon länger, ob wir sie zum Klavierunterricht anmelden sollen. Und da habe ich mir gedacht, dass wir das einfach am Bahnhof ausprobieren.« So sind die Bahnhofsklaviere also auch ein Mittel, bei Kindern Interesse an Musik zu wecken und unkompliziert auszutesten, ob es das richtige Instrument ist.

Jades Mutter kommt auf dem Nachhauseweg jeden Abend an diesem Klavier vorbei und hört häufig ganz wunderbare Musik. Die Pariserin hat dabei beobachtet, dass die Klavierklänge die sonst so hektischen Großstädter wesentlich freundlicher stimmen. Wildfremde fangen an, miteinander zu reden, wenn sie um das Instrument herumstehen, meint sie. »Die Leute haben plötzlich viel weniger Berührungsängste. Das ist in einer anonymen Großstadt etwas ganz Wichtiges, dass die Leute mehr miteinander sprechen. Rund um das Klavier im Bahnhof ist immer eine sehr aufgeschlossene Atmosphäre.«

Der Hocker ist mit einer Metallkette am Klavier befestigt. Sonst gibt es keine weitere Vorsichtsmaßnahme. Aber auch kein Zeichen von Vandalismus an dem Instrument. Caroline de Jessey von der Bahn SNCF war darüber positiv überrascht. Sie hat eine ganz erstaunliche Erfahrung gemacht: Wann immer sie Kunst in die Bahnhöfe gebracht hat, wurde sie geachtet. Das gilt ganz besonders für die Klaviere. Egal wo sie und ihr Team die Instrumente aufgestellt haben – sie blieben unbehelligt. Sie haben auch keine besonderen Sicherheitsmaßnahmen dafür vorgesehen. Bisher gab es keinen einzigen Akt von Vandalismus, an keinem einzigen Klavier.

Ortswechsel: Der Bahnhof Gare du Nord. Hier sitzt gerade ein ehemaliger Organist am Piano. Der Rentner kommt jeden Tag vorbei und spielt ein bisschen. Darüber erzählen kann er leider nicht, er hat sein Gebiss verloren.

Die nächste Klavierspielerin, Corinne, tingelt abends durch Jazzbars. Sie wohnt zur Zeit zur Untermiete und hat kein eigenes Instrument. Dafür kennt sie alle Pariser Bahnhofsklaviere: »Es ist wichtig, wo das Instrument steht. In einem zugigen Gang zu spielen macht natürlich nicht so viel Spaß wie hier am Gare du Nord, wo es mitten in der Halle und trotzdem geschützt ist.«

Sie würde gern mit dem Spiel ein bisschen Geld verdienen, aber das ist gegen die Regel. Und die heißt: Jeder kann spielen, aber man darf hinterher nicht rumgehen und sammeln. Alles ist freiwillig und kostenlos. Das macht die Stimmung unter den Zuschauern noch entspannter. Man kann zuhören, solange man will, während die Spieler wechseln. Unter den Zuhörern, die am Boden rund um das Klavier sitzen, sind auch Touristen aus aller Welt. Marc aus London ist begeistert und hat umgehend eine Notiz auf facebook gepostet, an die Bahnhofsbetreiber in England. *Wenn ihr eine friedliche Stimmung in Victoria Station haben wollt, stellt ein Piano hin*, hat er geschrieben.

Neben dem Klavier ist eine Bäckerei. Die Verkäuferin findet die Musik zwar grundsätzlich gut, manchmal geht ihr das Geklimpere aber auch auf die Nerven:

»Das hängt natürlich immer davon ab, wer spielt. Wenn es zu laut und zu falsch ist, kann es sehr ermüdend sein, den ganzen Tag Musik hören zu müssen.«

Deswegen müssen die Klaviere innerhalb des Bahnhofs immer mal umziehen. An manchen Bahnhöfen wurden elektronische Pianos aufgestellt – da kann man die Lautstärke runterregeln. Denn es soll zum einen die umliegenden Geschäfte nicht stören, zum anderen soll es auch nicht so laut sein, dass man die Durchsagen nicht mehr hören kann.

Jeder kann seine Meinung direkt neben dem Piano kundtun, per Knopfdruck auf einem Umfragegerät. Die Zahl 26.738 leuchtet da am Gare du Nord auf. So viele haben der Bahnhofsmusik hier zugestimmt.

Für Caroline de Jessey von der Bahn ist der Erfolg der Klaviere an den Bahnhöfen auch Ausdruck einer neuen Form von Urbanität: »Der Trend geht dahin, dass man wieder mehr Gemeinschaft erleben will – gerade auch an öffentlichen Orten in der Großstadt. Sie können sich gar nicht vorstellen, was für gewaltige Reaktionen unsere Musikinitiative im Internet hervorruft. Diese Klaviertöne schaffen magische, poetische Momente. Manchmal kommen Leute aus der Nachbarschaft einfach nur zum Zuhören in den Bahnhof. Diese Musik kann einen grauen, einsamen Tag ein bisschen heller machen.«

Und französische Bahnhöfe zu kleinen Konzerthallen. *(ES)*

39. GRUND

Weil spektakuläre Zugunfälle Filmgeschichte geschrieben haben

Auch wenn hier das Klavier-Experiment der französischen Bahn gestartet wurde: Für Touristen ist der Pariser Bahnhof Montparnasse eher nicht so interessant. Er wird täglich von Tausenden Pendlern und für die Strecken in die Normandie vor allem am Wochenende genutzt. Trotzdem hat dieser Bahnhof Geschichte gemacht – sie ist sogar von Hollywood verfilmt worden.

Die Zeitung *L'Éclair*, Der Blitz, berichtete am 23. Oktober 1895, in großen Lettern:

»Ein Zug ist aus dem Fenster auf die Straße gefallen«.

Und so sah es auch tatsächlich aus, am Gare Montparnasse, der damals noch Westbahnhof hieß. Die Lok hing kopfüber aus der ersten Etage des Bahnhofs bis auf den darunterliegenden Vorplatz, dahinter ragten noch ein paar Waggons aus dem Loch in der Bahnhofswand. Das Bild ging in den nächsten Tagen durch ganz Frankreich und die Welt.

»Ein wirklich außergewöhnlicher Unfall – einzig wunderbare Zufälle haben verhindert, dass daraus eine schreckliche Katastrophe wurde.«

So beschrieb die Zeitung *L'Illustration* das Ereignis. Zu Recht. Hunderte Menschen waren zum Zeitpunkt des Unfalls, um vier Uhr nachmittags, im Bahnhof gewesen. Die Zeit ließ sich nur deshalb so genau ermitteln, weil alle Uhren im Bahnhof durch den Schock stehen geblieben waren.

Guillaume Marie Pellerin war der Lokführer, ein Mann mit fast zwei Jahrzehnten Berufserfahrung. Er bestieg an diesem 22. Oktober vor mehr als 100 Jahren in Granville in der Normandie seinen Zug.

Sein Konvoi bestand aus zwei Waggons mit Gepäck und einem mit Post direkt hinter seiner Lok, anschließend acht Wagen mit Passagieren und ganz am Schluss noch mal Gepäck.

»Lokführer Pellerin war pünktlich um 8:45 gestartet. Auf der Strecke bekam der Zug aber immer mehr Verspätung. Die geplante Ankunftszeit um 11.55 Uhr in Paris konnte er nicht mehr schaffen«, schrieb die Eisenbahngesellschaft später in einem Kommuniqué. Bis auf die letzten Meter versuchte Pellerin noch Zeit wettzumachen. Deshalb überschritt er auch die Geschwindigkeitsbeschränkung, als er auf den Pariser Zielbahnhof zurollte. Er vertraute auf die neue Westinghouse-Bremse, eine in Amerika entwickelte Druckluftbremse, die den Zug rechtzeitig stoppen sollte. Die versagte aber. Was dann passierte, ist immer wieder in Büchern und Filmen aufgegriffen worden, zuletzt im Hollywood-Film *Hugo Cabret*.

Ungebremst raste damals der Zug auf den Bahnsteig zu, die Lok entgleiste und schlitterte durch die Bahnhofsvorhalle. Mitsamt der Gepäckwaggons raste sie auf die gegenüberliegende Mauer zu, durchbrach sie und fiel neun Meter tief auf die Straße. Sie verfehlte nur knapp die voll besetzte Straßenbahn.

Wie durch ein Wunder konnte der zweite Zugbegleiter im Bahnhof die Wagen mit den 131 Passagieren noch stoppen. Diese Wagen sind nicht einmal entgleist. Fünf Menschen im Zug wurden schwer verletzt, darunter die beiden Lokführer. Ein einziger Mensch kam bei dem Unfall ums Leben: eine Frau am Zeitungskiosk. Aber nicht, weil der Zug sie überfahren hätte – ihr fiel unglücklicherweise ein Stück Bahnhofsmauer auf den Kopf.

Die Lokomotive hing noch einige Tage aus dem Bahnhof – und wurde zu dem Attraktionspunkt in Paris. Von morgens bis abends gab es eine Prozession – die Leute kauften sich Zugkarten, nur um in den Bahnhof gelassen zu werden. Dann blieben sie solange es ging an den Postwaggons stehen, die noch aus dem Fenster hingen, und stiegen anschließend wieder auf den Bahnhofsvorplatz herunter, ohne einen Zug genommen zu haben.

Die Lokomotive überstand den sensationellen Unfall fast intakt. Die beiden Zugbegleiter kamen vor Gericht und wurden verurteilt. Zwei Monate Haft und 50 Francs Strafe für Lokführer Pellerin und 25 Francs Strafe für seinen Kollegen.

Die Fotos dieses Unfalls kann man immer noch bewundern – auf diversen Ansichtskarten – und im Pariser Musée d'Orsay. *(ES)*

40. GRUND

Weil Nummernschilder mehr als Zahlen sind

Für mich war es bei Frankreichreisen auf der Autobahn bisher immer eine schöne Herausforderung, anhand des letzten Kürzels auf dem Nummernschild zu erkennen, aus welchem Département die Franzosen im Auto vor mir kommen. Die 100 Départements des Landes sind ja alphabetisch durchnummeriert, von Ain mit der Nummer 1 bis Val d'Oise mit der Nummer 95, hinzu kommen Sonderregeln für Korsika und die Überseedépartements. Der Norden Korsikas hat das Kürzel 2B, der Süden 2A. Bisher konnte man also Insiderwissen präsentieren und die Insassen eines Autos geografisch zuordnen, wenn man treffsicher sagen konnte: »Ah, die hier kommen aus dem Burgund! 21 steht nämlich für Côte d'Or.«

Sein Insiderwissen in puncto Départementzahlen kann man in Frankreich auch nach wie vor an den Mann bringen, doch seit einiger Zeit muss im Auto längst nicht mehr das drin sein, was draufsteht! Mittlerweile können die Franzosen sich nämlich frei auswählen, welches Départementkürzel auf ihrem Nummernschild stehen soll, unabhängig davon, wo sie wohnen. Das hat zur Folge, dass plötzlich wesentlich mehr Korsen auf Frankreichs Straßen unterwegs sind, als überhaupt Menschen auf der Insel leben! Vor allem bei jungen Männern im Festlandfrankreich scheint die 2A oder die 2B nämlich sehr beliebt zu sein. Die montieren sich das Nummernschild sehr häufig, das zudem den etwas kriegerisch anmutenden Mohrenkopf mit weißem Stirnband als Symbol Korsikas abgebildet hat. Über die Gründe der Nummernschild-Korsikaliebe kann nur spekuliert werden, viel hat sicherlich mit dem Ruf der rebellischen Korsen zu tun, denen Blutrache kein Fremdwort ist. Einem Korsen wird vielleicht deshalb im Straßenverkehr mehr Respekt gezollt als einem Pariser.

Ohnehin die Pariser mit ihrer 75 auf dem Nummernschild. Wenn sie außerhalb von Paris damit unterwegs sind, machen sie sich eher keine Freunde, gelten Pariser doch als arrogant und großkotzig. Gut möglich, dass deshalb mancher Pariser für sein Nummernschild auf andere Départements ausweicht, im Idealfall für den Zweitwagen für die Landpartien. Denn innerhalb von Paris ist es natürlich cool, wenn man mit einer 75 unterwegs ist.

Und auch die 93 dürfte im Straßenverkehr nun weniger auftauchen als bisher. Das Département Seine-Saint-Denis ist als problembeladen und sozialschwach in ganz Frankreich bekannt. Wer diese Postleitzahl in seiner Adresse stehen hat, hat auf dem Arbeitsmarkt gleich schlechtere Chancen. Immerhin auf dem Nummernschild haben die Bewohner der 93 nun die Möglichkeit, mit den anderen Franzosen gleichzuziehen.

Das mit den Nummernschildern ist in Frankreich nun also wesentlich komplizierter als früher. Das Département-Kürzel lässt mittlerweile eher darauf schließen, welcher Region sich die im Auto fahrenden Franzosen verbunden fühlen. Aber vielleicht ergibt sich daraus ja ein netter Anknüpfungspunkt für ein Gespräch auf der nächsten Raststätte? *(DK)*

Weil Autounfälle Verhandlungssache sind

Autofahren in Paris ist ein Abenteuer für sich. Als Härtetest gilt der Megaplatz rund um den Arc de Triomphe. Aus insgesamt zwölf verschiedenen mehrspurigen Avenues donnern die Autos in den Kreisverkehr, und – Achtung – sie haben alle Vorfahrt! Wer also schon in der Mitte drin ist, bekommt regelmäßig einen steifen Nacken, weil man unentwegt nach rechts über die Schulter gucken muss, ob nicht wieder eine Horde rasender Pariser Anlauf auf den Kreisverkehr nimmt und man stoppen muss. Auf mehreren wilden Kreislinien wuseln die Fahrzeuge um den Triumphbogen herum. Ich kenne viele, die eine Ehrenrunde gedreht haben, weil sie es nicht geschafft haben, rechtzeitig wieder an den äußeren Rand zu ihrer jeweiligen Ausfahrt zu gelangen.

Es ist fast ein Wunder, dass es da nicht andauernd kracht, aber das hat vielleicht auch etwas mit der allgemeinen Einstellung der französischen Autofahrer zu tun. Die heißt: »Traue niemandem und glaube schon gar nicht, dass sich irgendwer an die Verkehrsregeln hält.« Also passt insgeheim jeder auf den anderen ein bisschen mit auf. Notorische Rechthaber trifft man eher selten. Diese Einstellung liegt auch einer mehr als 50-jährigen Tradition zugrunde. Wer einen Blechschaden verursacht, ruft dafür nicht die Polizei, sondern sortiert das persönlich mit dem anderen Autofahrer aus.

Bei Auffahrunfällen bietet sich deswegen immer das gleiche Bild. Beide Fahrer kramen ewig lange im Handschuhfach – bis sie den berühmten *constat amiable* herausgefischt haben, den »freundschaftlichen Bericht«. Das ist ein Vordruck, bei dem alle möglichen Szenarien aufgemalt und angegeben werden können. Jeder kann seine Version des Unfalls aufschreiben, seine Personalien dazu, Unterschrift, fertig. Das Ganze geht an die Versicherungen, und die erledigen dann den Rest. Seit Kurzem gibt's den *constat amiable* auch als App fürs Smartphone – da kann man dann gleich Fotos des Unfalls hochladen und verschicken.

Klar, dass nicht immer alle Beteiligten einer Meinung sind, aber in der Regel geht das sehr zivilisiert über die Bühne. Das Blockieren der Fahrspuren und das Warten auf die Polizei entfällt. Für die konstant überlastete Stau-Stadtautobahn Périphérique ist das besonders wichtig. Dort steht auch in regelmäßigen Abständen die Aufforderung: »Wenn Sie einen Unfall ohne Personenschaden haben, räumen Sie bitte sofort die Fahrbahn.« *(ES)*

42. GRUND

Weil Stoppzeichen Mangelware sind

Autofahren in Paris ist der Horror. Darüber muss man nicht diskutieren, aber eine verkehrstechnisch gute Nachricht gibt es immerhin aus der französischen Hauptstadt: Pariser Autofahrer müssen sich nämlich sehr anstrengen, um ein Stoppzeichen zu überfahren (auf Französisch heißt das übrigens netterweise *griller un stop*, wörtlich übersetzt »ein Stoppzeichen grillen«). In Paris gibt es nämlich tatsächlich nur ein Stoppzeichen! Diese aufschlussreiche Statistik hat die Pariser Polizei veröffentlicht. Das Pariser Stoppzeichen-Unikum befindet sich demnach im schicken 16. Bezirk an der Ausfahrt eines Baustoffunternehmens. Ansonsten gilt in Paris jenseits der Ampeln vor allem die Regel rechts vor links, auch in den großen Kreisverkehren – was für Touristen manchmal verwirrend ist. Doch auch wenn in Paris Stoppzeichen Mangelware sind: Freie Fahrt können die Pariser Autofahrer trotzdem – wenn überhaupt – nur nachts genießen. Denn Staus sind in Paris definitiv keine Mangelware. *(DK)*

43. GRUND

Weil der Périphérique mehr als eine Autobahn ist

Der Boulevard Périphérique ist mehr als nur eine Stadtautobahn. Er bestimmt über drinnen und draußen. Wer innerhalb des Rings wohnt, ist Pariser. Wer auf der anderen Straßenseite wohnt, ist schnöder Vorstädter, hat eine andere Postleitzahl und ein anderes Autokennzeichen. Das drückt sich auch in der Miethöhe aus. Drei Straßen hinter dem Périphérique kostet das Appartement gleich ein paar Hundert Euro weniger. Jede Pariser Familie kennt Geschichten vom Périphérique. Wie man wegen des Megastaus den Ferienflieger verpasst hat. Warum Papa und Mama sich immer zanken, ob man lieber rechtsrum oder linksrum fahren soll, um auf die andere Seite der Stadt zu kommen. Eigentlich ist das egal, man steht sowieso immer im Stau. Vor Kurzem wurde die Höchstgeschwindigkeit von 80 auf 70 Stundenkilometer beschränkt. Tatsächlich ist das Durchschnittstempo aber viel niedriger: 37 km/h – ein einziges Stop-and-go.

Bei seiner Einweihung wurde der *Périph'* als kolossales Bauwerk für Paris gefeiert. Jahrelang war an der Ringautobahn gebaut worden, ganze Viertel wurden umgestaltet, oft ruiniert, klagen ältere Anwohner, die sich noch daran erinnern können, wie es vorher aussah. »Hier war es wie auf dem Land, man konnte rüber auf die kleine Kirche sehen, alles absolut ruhig und idyllisch«, erzählen sie. Jetzt steht direkt vorm Fenster eine schwarzgraue Autobahnmauer. Am Périphérique endet endgültig das Pariser Romantik-Klischee.

Hässliche Sozialbauten drängen sich zu beiden Seiten des Rings. Immer wieder wird über Lärmschutz diskutiert. An manchen Stellen wurde der Ring mittlerweile überbaut – dort sind jetzt Parks und Gärten entstanden. Auch ein paar der seltenen Fußgängerübergänge zur anderen Seite. Immer wieder wird diskutiert, den

Périphérique ganz unter die Erde zu legen. Aber dieses Geld hat Paris wohl zur Zeit nicht locker.

Eine Hochzeitsgesellschaft hat vor Kurzem das Beste daraus gemacht. Sie sind mitten auf der vierspurigen Stadtautobahn im Dauerstau ausgestiegen und haben mit den anderen Autofahrern und viel Champagner Hochzeit gefeiert. *(ES)*

44. GRUND

Weil eine rote Ampel nur ein Vorschlag ist

Wer in Deutschland bei Rot über die Ampel geht, kann Gift drauf nehmen, dass irgendjemand einen darauf aufmerksam macht, dass »die Ampel rot ist«. Das hat man zwar ganz offensichtlich gesehen und nicht befolgt, aber irgendwie ist in Deutschland doch jeder ein kleiner Ordnungshüter. Wenn es sich dabei um eine Mutter mit Kind an der Hand handelt, wird es auch schon mal laut, von wegen »schlechtes Vorbild für Kinder, unglaublich!!«. Von einer Reise nach Paris rate ich diesen Müttern deswegen ab. Hier geht nämlich ausnahmslos jeder bei Rot über die Ampel. Sogar die Polizisten. Es gilt das Prinzip: Schau nach rechts, schau nach links – und wenn da kein Auto kommt, geh rüber. Wozu soll man warten, wenn die Straße frei ist. Daran erkennt man auch untrüglich deutsche Touristen in der Stadt. Selbst wenn sie weit und breit die einzigen auf der Straße sind und bis zum Horizont kein Auto auftaucht, bleiben sie an einer roten Ampel stehen. Aber Vorsicht: Das gilt nur für Fußgänger. Sowie Sie einen fahrbaren Untersatz unter sich haben, ist die rote Ampel heilig. Das gilt – und hier kommen wieder die Unterschiede zu Deutschland ins Spiel – auch für Radfahrer. In Deutschland nehmen Radfahrer rote Ampeln ja allem Anschein nach nicht so richtig ernst. In Paris bekommen sie dafür richtig Ärger. Die Passanten schimpfen, und die Polizei kassiert ab. In bar –

auch bei Touristen. Komplett spaßfrei. Obwohl die Polizisten eine Minute vorher selbst völlig unbeeindruckt bei Rot über die Ampel gegangen sind. Das müssen Sie jetzt nicht kapieren. Aber am besten befolgen … *(ES)*

45. GRUND

Weil man mit dem Fahrrad immer Abenteuer erlebt

Als in Paris das städtische Fahrrad-Leihsystem *vélib* eingeführt wurde, sagten alle: Das kann nie was werden, Fahrradfahren in Paris – das ist Kamikaze. Das war es anfangs auch. Mitten auf die großen Avenues hatten die Stadtplaner kleine Fahrradspuren gemalt – was die Autofahrer nicht im Geringsten kümmerte. Etwas unbeholfen eierten die Pariser auf den schweren, grauen *vélibs* durch die Stadt, ein ganz ungewohnter Anblick. Ein paar Jahre später hat sich die Situation gewandelt. Die Stadt ist übersät mit Fahrradleihstationen, die Radwege werden weiter ausgebaut – und immer mehr Pariser steigen aufs Fahrrad um. Damit war Paris ausnahmsweise mal Trendsetter, vor New York und London. Das System funktioniert ganz einfach, und auch Touristen können sich Abonnements für ein paar Tage am Automaten ziehen. Die erste halbe Stunde ist frei, danach zahlt man im 30-Minuten-Takt. Je länger man das Fahrrad behält, desto höher steigen die Preise für die 30-Minuten-Intervalle. Das hat den ganz einfachen Hintergrund, dass die Räder im allgemeinen Umlauf bleiben sollen. Dass man sich nicht ein Rad reserviert (ähnlich wie die Sonnenliege …) und es den ganzen Tag behält, sondern immer wieder abgibt und anschließend neu leiht. Dann ist die erste halbe Stunde übrigens wieder gratis.

Man gewöhnt sich schnell daran, auf die Tücken zu achten. Ich habe alles erlebt. Wer sich einmal ein Fahrrad mit einem platten Reifen geliehen hat, weiß: Vorheriger Reifencheck ist essenziell. Ich saß aber auch schon auf Fahrrädern, bei denen die Kette abmontiert worden war, der Sitz ständig runterrutschte, Bremsen oder Gangschaltung nicht funktionierten oder ein Pedal fehlte. Mit der Zeit hat man die Checkliste im Kopf und einen Blick für funktionierende Räder. Die Zahl der ramponierten Räder ist in den letzten Jahren merklich zurückgegangen. Auch dank einer Anzeigenkampagne der Stadt, die jugendlichen Vandalen echtes Heldentum bescheinigte. »Wow, du hast ein Leihfahrrad kaputt gemacht – was für ein harter Gegner«, war auf großen Plakatwänden zu lesen.

Bei den Leihstationen sollten Sie auf Höhenunterschiede achten. Auf Montmartre, beim Panthéon oder am Park bei den Buttes Chaumont sind die Leihstationen häufig leer. Das liegt daran, dass das Hügel sind. Bergauf fährt der Pariser nicht gern und gibt das Fahrrad lieber unten ab. Daran ändert auch das Lockangebot der Stadt nichts, die Gratisfreiminuten verspricht, wenn man sein *vélib* hochfährt und oben in eine Leihstation andockt. Und wenn Sie abends in ein typisches Ausgehviertel fahren, werden Sie wahrscheinlich ein paar Ehrenrunden drehen, weil alle anderen den gleichen Plan hatten und Sie Ihr Fahrrad an keiner Station abgeben können – alles voll. Dafür sind dann nach Mitternacht alle Fahrräder weg – mit einem fröhlichen Pariser auf dem Heimweg.

Mehrmals im Jahr gibt es in der Stadt Fahrrad-Events. Dann werden die Champs-Élysées für *vélibs* gesperrt – oder es gibt Sonntags-Touren durch die schönsten Viertel der Stadt. Besonders hübsch anzusehen ist die »Rétro«-Parade. Per Internet verabreden sich vor allem junge Pariser und fahren dann im 40er-Jahre-Look verkleidet als Fahrrad-Korso durch die Stadt. Mit Baskenmütze, angeklebtem Schnurrbart und Baguette im Holzkorb, die Mädchen mit kessen Hütchen auf dem Kopf und Omas Sommerkleidchen. Dann sieht es – mal wieder – in Paris aus wie im Film. *(ES)*

Weil der Flughafen Charles de Gaulle ein Käse ist

Eines der vielen futuristischen Gebäude, die im Paris der 70er-Jahre entstanden sind, erwartet Touristen gleich zu Beginn ihres Besuch in der französischen Hauptstadt: Wer mit dem Flugzeug kommt, hat große Chancen, in Charles de Gaulle zu landen. Der größte Pariser Flughafen ist mittlerweile ein echter Oldie geworden. In Erinnerung an einen großen französischen Präsidenten wurde er 1974 »Charles de Gaulle« getauft. Der Name war damals aber das einzig Sentimentale an dem neuen Airport – alles andere war Zukunftsmusik.

Der junge Architekt Paul Andreu, zarte 28 Jahre alt, holte sich Innenarchitekten und Möbeldesigner, Psychologen, Musiker und andere Künstler in sein Planungsteam.

Als Ergebnis vieler interdisziplinärer Workshops stellte der Architekt schließlich eine Art Raumschiff aufs Feld. Kreisrund, mit Plexiglasröhren, durch die die Passagiere auf Förderbändern in andere Gebäudeteile schwebten, dazu sieben Inseln, die durch Tunnel und weitere Röhren mit dem Hauptgebäude verbunden sind. An diesen Inseln dockten die Flugzeuge an. Dazu passend ein neuer Flughafengong, der die Atmosphäre verbreitete, man werde gleich in den Weltraum gebeamt.

Architekt Andreu hatte sich hohe Ziele gesteckt »Jeder soll sofort spüren: Das ist die Zukunft«, sagte er damals stolz in die Fernsehkameras der Abendnachrichten. Die ersten Fluggäste waren dementsprechend beeindruckt: »Man kommt sich vor wie in Chicago oder New York« – das war zu dieser Zeit für europäische Gebäude offenbar ein Kompliment.

Die Normalo-Franzosen tauften ihren neuen runden Airport umgehend um, in *le Camembert*, nach dem runden Käse. Heute, einige Jahrzehnte später, wirkt der ehemals futuristische Flughafen eher wie ein Überbleibsel aus den Kulissen eines 70er-Jahre-Science-Fictions, so eine Art leicht vergammeltes Raumschiff Enterprise. Und manchmal riecht er auch wie ein alter Camembert.

Regelmäßig wird er vorgeschlagen, wenn es um die Ernennung des ungemütlichsten Flughafens Europas geht. Aber es gibt auch Menschen, die mögen ihn so gern, dass sie ihn gar nicht mehr verlassen wollen. Im Untergeschoss wohnte zum Beispiel zwei Jahrzehnte Karim Nasseri Mehran, auch genannt Sir Alfred.

Er blieb am Flughafen hängen, weil er keinen Pass, kein Visum und auch sonst kein Dokument hatte.

Eine rote Bank, umgeben von vielen Taschen, und der Blick auf den Innenhof mit der künstlichen Palme waren sein Zuhause, die Damentoilette sein Badezimmer.

Flughafenmitarbeiter schrieben ihm aus dem Urlaub Ansichtskarten – die der Postbote übrigens auch an ihn und seine rote Bank ausgeliefert hat. Seine Geschichte hat Hollywood-Regisseur Steven Spielberg so gerührt, dass er sie aufwendig verfilmt hat. Seit einiger Zeit ist Sir Alfred leider spurlos verschwunden.

Mehr als 75.000 Mitarbeiter hat der Flughafen, er ist der zweitgrößte Europas und hat mittlerweile neue Terminals bekommen. Eines, das Terminal 2E, ebenfalls von Architekt Paul Andreu, hat traurige Schlagzeilen gemacht. Er hatte es als schwebende Kathedrale aus Glas, Beton und Stahl konstruiert. Nach einem knappen Jahr stürzte im Jahr 2004 die Decke ein und tötete vier Passagiere.

Noch im selben Jahr wurde das Terminal wiedereröffnet. Später wurden Baumängel und unerwartete thermische Belastungen als Ursache für die Katastrophe verantwortlich gemacht.

Die drei großen unterschiedlichen Terminals des Mega-Airports mit ihren diversen Hallen und Satelliten werden durch Busse miteinander verbunden. Für viele der zig Millionen Passagiere, die pro Jahr von dort starten und landen, ist das ein einziger Irrgarten. Wer zum Beispiel die Air-France-Busse in die Stadt sucht, trifft je nach Terminal und Unterterminal auf ratlose Gesichter. Es gibt Air-

France-Angestellte, die den Bus überhaupt nicht kennen. Freunde haben die Suche deswegen schon erfolglos abgebrochen und sind stattdessen mit dem Taxi in die Stadt gefahren.

Wer zwischendurch Entspannung braucht oder lange Wartezeiten überbrücken muss, kann in den Sommermonaten immerhin bei einem ganz speziellen Programm mitmachen: kostenlosen Tanzkursen.

Wer Lust dazu hat, bekommt einen Kopfhörer aufgesetzt und passende Musik zugespielt. Wenn dann zehn Leute rhythmisch zucken, ohne dass man einen Laut hört – dann hat der Flughafen seinen futuristischen Charme von damals wieder. *(ES)*

47. GRUND

Weil man im Taxi seinen Platz kennt

Sie sind zu dritt in Paris unterwegs und wollen sich gemütlich ein Taxi teilen. Vergessen Sie das Wort »gemütlich«. Alle drei werden auf die Rückbank des Kleinwagens gequetscht. Der Beifahrersitz ist für die Zeitung des Chauffeurs reserviert. Vorne sitzen geht nicht in französischen Taxis. Uns ist es in all den Jahren nur ein einziges Mal passiert, dass ein junger afrikanischer Fahrer sagte: »Setzen Sie sich doch nach vorne, das ist ja viel zu eng dahinten.« Alle anderen gucken stoisch zu, wie man sich beladen mit Handgepäck und Einkaufstüten zu dritt auf die Rückbank zwängt, während vorne gähnende Leere herrscht. Und noch eine Spezialität der Pariser Taxis: Wenn Sie vorbestellen, kostet das nicht nur fünf Euro extra. Sie zahlen auch den Anfahrtspreis. Egal von wo der Wagen grade kommt. Es ist absolut keine Seltenheit, dass der bestellte Wagen vorfährt und schon 18 Euro auf dem Tacho hat. Plus fünf Euro Vorbestellungsgebühr. Wer sich das sparen will, muss auf Risiko gehen. Spontan Wagen bestellen ist eigentlich ganz einfach. Ich mag zwar eigentlich diese Tastendrückerei bei Telefonanrufen nicht und rede lieber mit echten Menschen, aber es geht in der Regel ganz flott. Die Taxi-Zentrale ist hoch automatisiert und erkennt meine Handynummer sofort. Die freundliche Computerstimme weiß auch, wo ich wohne, und fragt, ob der Wagen wie üblich dorthin kommen soll. Und dann kommt der entscheidende Moment. »Wir suchen einen Wagen in Ihrer Gegend, *un moment s'il vous plaît ...*«, flötet Mademoiselle Automat. Dieser Moment ist dann unterschiedlich lang. Meist klappt es ganz gut, manchmal dauert es ein wenig länger. Morgens und abends im Stoßverkehr hängt man schon mal drei, vier Minuten in der Leitung. Wer einen wichtigen Termin oder Abflug hat, sollte sich rechtzeitig Alternativen überlegen. Als ich mal zum Flughafen Orly musste, dauerte die Suchaktion der Taxizentrale ewig. Dann sagte die Computerstimme: »Bleiben Sie dran, wir starten die Suche erneut.« Das wiederholte sich mehrmals. Nach weiteren fünf Minuten kam die automatisierte Ansage: »Leider finden wir gerade kein freies Taxi in Ihrer Nähe, bitte rufen Sie später noch einmal an.« Ich habe dann Freunde mit einem Auto angerufen – und war die Letzte an Bord. *(ES)*

KAPITEL 4

DAS ASTERIX-GEN IM FRANZOSEN MUSS MAN LIEBEN

48. GRUND

Weil die Franzosen schon mal ihren Boss kidnappen

Als Manager in Frankreich lebt es sich aufregend, vor allem, wenn man nicht bei einer staatlichen Firma beschäftigt ist, sondern bei einem privaten Großkonzern. Diese treffen ja bekanntlich durchaus mal die Entscheidung, einen Produktionsstandort zu schließen, wenn er nicht mehr rentabel genug ist. Und wenn ein Manager seiner französischen Belegschaft eine solche Hiobsbotschaft verkünden muss, dann sollte er sich warm anziehen – und überprüfen, ob sein Bossnapping-Kit auch komplett ist! Französische Arbeiter haben nämlich die Angewohnheit, in ihrer Wut und Verzweiflung, wenn sie erfahren, dass ihre Fabrik geschlossen werden soll, ihren Boss zu kidnappen! Das hat seit dem Beginn der Wirtschaftskrise dermaßen um sich gegriffen, dass die großen Firmen eben Ratschläge entwickelt haben, wie ein Manager-Notfall-Set für den Fall einer Geiselnahme aussehen könnte: immer Wechselkleidung und Toilettenartikel im Büro, im Handy die Telefonnummern von Polizei und Psychologen zur Krisenintervention speichern etc.

Obwohl die Tradition des Bossnappings in Frankreich schon mehr als 100 Jahre alt ist, also keine neue Erfindung, hat die Bossnapping-Bewegung ab 2009 so richtig Fahrt aufgenommen. Wegen der weltweiten Wirtschaftsflaute wurde damals ein Werk nach dem anderen in Frankreich geschlossen. In dieser aufgeheizten Stimmung haben die Arbeiter einer Fabrik von Sony France im Südwesten Frankreichs den Personalchef über Nacht gekidnappt, um bessere Abfindungslösungen für sich herauszuschlagen. Kurz darauf griffen die Arbeiter von 3M in Pithiviers diese Idee auf und haben ihren Boss auch über Nacht in seinem Büro festgehalten, um die Firmenleitung an den Verhandlungstisch zu zwingen. Es folgten bis heute ähnliche Bossnapping-Aktionen bei Caterpillar, bei Peugeot-Citroën, bei Goodyear und vielen anderen Firmen. Und eigentlich nie griff die Polizei ein, um die Geiselnahme zu beenden. Schlauerweise setzen die staatlichen Stellen auf Deeskalation und hoffen darauf, dass die gekidnappten Chefs von den Arbeitern bald freigelassen werden. So war es in der Regel nach 24 oder 30 Stunden bisher auch immer – und die Arbeiter haben manchmal sogar Sorge dafür getragen, dass ihre Chefs auch in ihrer Geiselhaft ordentlich gegessen haben. Die Arbeiter von 3M haben beispielsweise ihrem in seinem Büro festgehaltenen Chef ein Abendessen mit Muscheln und Pommes serviert. Kein Wunder, dass angesichts dieser Gewaltfreiheit ein Großteil der Franzosen die Bossnapping-Aktionen mit Sympathie betrachtet. Vielleicht auch ein Grund, warum sich bisher noch kein Innenminister entschlossen hat, hart durchzugreifen, obwohl Kidnapping in Frankreich eigentlich ein Straftatbestand ist.

Zum Teil hat sich das Bossnapping für die Arbeiter übrigens durchaus gelohnt. In nicht wenigen Fällen konnten sie höhere Abfindungen für sich heraushandeln. Herausragendes Beispiel der etwas anderen Art ist die Fralib Tee-Fabrik in Gémenos, unweit von Marseille. Hier haben die Arbeiter ihre Chefs zwar nicht gekidnappt, als sie davon erfuhren, dass der Konzern Unilever künftig nicht mehr in Südfrankreich, sondern in Polen die Tees für die Marken Lipton und L'Éléphant produzieren wollte, stattdessen haben sie ihre Fabrik besetzt. Auch das ist eine sehr übliche Form des Protestes in Frankreich, gerne werden dabei auch Barrikaden zum Teil aus brennenden Autoreifen errichtet, oder das Fabrikdach wird gleich mit Sprengstoff versehen. Die Tee-Rebellen von Fralib hielten ihre Fabrik-Besetzung mehr als zwei Jahre lang aufrecht, sie haben das Werksgelände Tag und Nacht nicht verlassen und wechselten sich in einem selbst aufgestellten Schichtplan mit der Bewachung der Maschinen ab, um zu verhindern, dass diese über Nacht abgebaut werden. Lange hat sich Unilever geweigert, überhaupt mit den Arbeitern zu sprechen. Doch dank ihres Asterix-Gens gaben die Tee-Arbeiter nicht auf, sorgten immer wieder für medienwirksame Aktionen und waren damit sogar zum Symbol für den Kampf gegen die Arbeitsplatzverlagerung in ganz Frankreich geworden. Letzten Endes war Unilever es leid und versprach, den 76 Arbeiten knapp 20 Millionen Euro zu zahlen. Mithilfe dieses Geldes gründeten die Arbeiter eine Genossenschaft und wollten unter einem neuen Namen wieder in die Teeproduktion einsteigen.

Dank solcher Beispiele werden in Frankreich wohl auch weiterhin Bosse gekidnappt und Fabriken besetzt werden, sehr zur Freude von ausländischen Investoren … *(DK)*

49. GRUND

Weil die Franzosen so gern auf die Straße gehen

Die Deutschen scheinen sich von ihren französischen Nachbarn doch ein wenig abgeschaut zu haben. Zumindest habe ich den Eindruck, dass Streiks mittlerweile auch diesseits des Rheins zur Tagesordnung gehören: die Bahngewerkschaft GDL und ihre tagelangen Streiks im Güter- und Personenverkehr, Kitas und Horte, die unbefristet in den Ausstand treten und Eltern Organisationsschweißperlen auf die Stirn treiben, dazu streikende Piloten. Keine Frage, auch in Deutschland treten Arbeitnehmer offenbar immer offensiver für ihre Interessen ein.

Die Franzosen allerdings haben jahrzehntelang vorgemacht, wie's geht. Streik auch in rabiater Form gehörte hier zur Tagesordnung. Mag sein, dass sich das derzeit ändert, französische Gewerkschafter berichten zumindest davon, dass es in Frankreich schwieriger wird, zu mobilisieren. Aber traditionell wird den Franzosen das Streiken leicht gemacht, denn die französische Verfassung sichert jedem Bürger ein individuelles Streikrecht zur Verbesserung der Arbeitsbedingungen zu, unabhängig von der Mitgliedschaft in einer Gewerkschaft. Anders als in Deutschland, wo Streiks nur dann legitim sind, wenn sie im Rahmen von Tarifverhandlungen stattfinden und gewerkschaftlich organisiert sind, können die Franzosen auch politische Streiks oder Solidaritätsstreiks abhalten, wenn ihnen danach ist. So ist es eigentlich logisch, dass die Gewerkschaften in Frankreich zwar sehr laut sind, aber im Vergleich zu Deutschland sehr schwach: Nur jeder zehnte französische Arbeitnehmer ist in einer Gewerkschaft organisiert, in Deutschland ist es mehr als jeder fünfte. Das führt unter anderem auch dazu, dass Unternehmen oder die Regierung die Gewerkschaften in Frankreich nicht wirklich als legitime Verhandlungspartner ansehen, denen man auf Augenhöhe begegnen würde. Ohnehin gibt es diese Tradition des Dialoges zwischen den Tarifpartnern in Frankreich nicht. Sprich: Wenn Franzosen und französische Arbeitnehmer auf ihre Interessen aufmerksam machen wollen, dann müssen sie auf die Straße gehen, sie können sich nicht darauf verlassen, dass die Gewerkschaften das Kind hinter den Kulissen schon schaukeln werden.

Das heißt jedoch nicht, dass Frankreich regelmäßig im Chaos versinkt. Aus praktischer Erfahrung muss ich an dieser Stelle einmal einem gängigen Vorurteil widersprechen. Ich habe erlebt, dass Streiks bei der Bahn, der SNCF, beispielsweise sehr gut organisiert sind. Es wurden sogar im Radio Werbespots für den Streik geschaltet, damit auch jeder Bahnfahrer über die praktischen Folgen des Streiks informiert ist. Die Folge: Trotz gelegentlicher Streiks bei der SNCF bin ich in all den Jahren immer zur Arbeit gekommen. Das mag vielleicht auch daran liegen, dass es im Gegensatz zu Deutschland für den Arbeitsausfall keinen Lohnausgleich gibt.

Doch Streiks sind das eine, Demonstrationen, *manifestations* oder kurz *manif*, sind das andere. Und was das angeht, erscheinen mir die Franzosen tatsächlich politisierter, ihrem revolutionären Erbe treu, wenn man so will. Denn regelmäßig gibt es in Paris oder anderen Städten Großdemonstrationen mit Zehntausenden Teilnehmern. Ob es gegen oder für die Homo-Ehe ist, gegen eine Rentenreform oder gegen den Sparkurs der sozialistischen Regierung, die Franzosen laufen gerne skandierend durch ihre Straßen.

Und das hat definitiv nichts mit einem verfassungsmäßig verbrieften Recht zu tun, sondern schon mit einer gewissen französischen *manif*-Mentalität, denn das Recht auf Versammlungs- und Demonstrationsfreiheit gibt es auch in Deutschland, und hier haben Großdemos Seltenheitswert. *(DK)*

50. GRUND

Weil die radikalsten Franzosen Helden sind

Da das Demonstrieren und Opponieren den Franzosen doch irgendwie im Blut liegt, verwundert es nicht, dass die radikalsten Demonstrierer in Frankreich bestaunt und oft auch bewundert werden. Prominentestes Beispiel dafür ist wohl José Bové. Der Sohn aus intellektuellem Hause und damalige Sprecher einer alternativen Bauerngewerkschaft wurde 1999 auf einen Schlag berühmt, als er gemeinsam mit anderen Bauern und Schafzüchtern in Millau eine in Bau befindliche McDonald's-Filiale demontierte. Dieser spektakuläre Protest richtete sich gegen Strafzölle, die die USA in einem Handelsstreit mit Europa unter anderem gegen französischen Roquefort-Käse erhoben, der in Larzac produziert wird. Bové wurde als Anstifter der Aktion zu einer dreimonatigen Haftstrafe verurteilt. Auch danach geriet der streitbare Bové immer wieder ins Visier der Justiz, weil er wiederholt genmanipulierte Pflanzen und Maisfelder zerstörte. Doch seiner Bekannt- und Beliebtheit bei vielen Franzosen tat das keinen Abbruch, im Gegenteil. 2007 trat er sogar als Präsidentschaftskandidat an, und immerhin gaben ihm 480.000 Franzosen ihre Stimme. Mittlerweile ist Bové Europaabgeordneter für die Grünen und führte diese 2014 sogar gemeinsam mit Ska Keller in den Europawahlkampf.

Von solchen Sphären ist Mickaël Wamen noch weit entfernt. Doch auch der Arbeiter bei der Reifenfabrik von Goodyear im nordfranzösischen Amiens hat es mittlerweile zu einiger Berühmtheit in Frankreich gebracht. Wamen ist Mitglied der kommunistisch orientierten Gewerkschaft CGT (Confédération Générale du Travail), und er ist das Gesicht der Proteste gegen die Werksschließung geworden. Er motiviert die anderen Arbeiter vor laufender Kamera, die Werksbesetzung nicht aufzugeben, er verkündet heftig gestikulierend, warum sie ihren gekidnappten Boss wieder freigelassen haben. Dabei bringt der 41-Jährige die Gefühle der Aufruhr so gekonnt auf den Punkt, gepaart mit der richtigen Prise französischer Cholerik, dass er zumindest jedem Fernsehzuschauer in Frankreich mittlerweile ein Begriff ist. Auch Wamen ist zum Symbol für eine Art des Protestes geworden. Einen kleinen Anteil daran mag auch haben, dass Mickaël Wamen durchaus telegen ist, selbst andere Männer nennen ihn *beau gosse*, was so viel heißt wie »hübscher Kerl«. *(DK)*

51. GRUND

Weil Politikduelle im Fernsehen Straßenfeger sind

Ich habe also die These, dass die Franzosen im Allgemeinen politisierter als die Deutschen sind. Zugegeben, es ist eine streitbare These. Aber mehrere Indizien sprechen für mich dafür. Beispielsweise kann man gerade in Wahlzeiten in Frankreich ein erstaunliches Phänomen beobachten: Wenn sich vor dem zweiten Wahlgang die Spitzenkandidaten für die Präsidentschaft ihr traditionelles TV-Duell liefern, dann wird diese meist fast dreistündige Sendung zeitgleich auf rund acht Kanälen übertragen. Und wenn sie irgendwie können, dann hocken sich extrem viele Franzosen zur besten Sendezeit vor den Fernseher. Als Korrespondentin musste ich die Duelle verfolgen, um zu berichten. Zum Teil war es spannend, zum Teil aber auch ganz schön langatmig. Ich weiß nicht, ob ich als

Privatperson bis zum Ende durchgehalten hätte. Umso überraschter war ich, als ich beispielsweise beim Duell Sarkozy–Hollande im Mai 2012 die Einschaltquoten erfuhr: 18 Millionen Franzosen hatten die Wahlkampfdebatte im Fernsehen verfolgt, fast jeder dritte Franzose also. Das finde ich aus deutscher Sicht ziemlich viel, zumal hier wohl kein Programmverantwortlicher auf die Idee käme, ein Politikerduell auf fast drei Stunden anzusetzen.

Fast logisch schließt sich hier der zweite Beleggrund für meine These der politisierteren Franzosen an: Die Wahlbeteiligung ist zumindest bei den Präsidentschaftswahlen beachtlich. Bei der Wahl 2012 betrug sie 80 Prozent. Wann hatten wir zuletzt in Deutschland einen solchen Wert?

Außerdem habe ich als Journalistin sehr oft eine angenehme Erfahrung gemacht: Wann immer ich wildfremde Franzosen auf der Straße angesprochen habe, um ihre Meinung über bestimmte politische Entwicklungen oder Gesetzesvorhaben zu hören (ja solche Dinge tun wir Journalisten, wie sollen wir sonst Volkes Stimmung einschätzen), sind die Angesprochenen stehen geblieben und haben sich zum Teil sehr lang mit mir über die aktuelle Politik unterhalten. Das waren oft sehr interessante Gespräche. In Deutschland habe ich so eine Bereitschaft, über Politik und die eigene Meinung dazu zu sprechen, nie erlebt. Ähnliche Erlebnisse hatte ich auch bei unserem samstäglichen Marktbesuch. Mitten im Gewühl der Marktstände gibt es da einen Stand, an dem frischer Kaffee und Crêpes verkauft werden, man kann sich auf einfachen Klappstühlen an angemalten Fässern niederlassen und die kleine Stärkung im Einkaufstrubel genießen. Auch hier bin ich oft mit den Franzosen rechts und links von mir ins Gespräch gekommen, wurde zum Teil sogar von ihnen angesprochen, und sehr oft gerieten meine Gesprächspartner ins politische Parlieren. Lokal-, Landes- oder auch EU-Politik waren oft Themen. Und natürlich: Wenn vorher ein TV-Duell stattgefunden hatte, dann war das meist das einzige Thema. Sogar die Marktverkäufer rufen ihren Kunden dann oft irgendwelche bissigen oder witzigen Kommentare zu dem Politikergerede zu, das am Abend vorher so viele live mitverfolgt haben. Ist so etwas an der Wursttheke in einem deutschen Supermarkt vorstellbar? *(DK)*

52. GRUND

Weil Politik hier Herzenssache ist

An Wahlabenden feiert oder trauert dementsprechend das ganze Volk. Als zum ersten Mal seit Mitterand mit François Hollande wieder ein Sozialist zum Präsidenten gewählt wurde, platzte die Place de la Bastille aus allen Nähten. Die Bastille ist traditionell der Versammlungsort der Linken. An diesem Abend strömten Abertausende auf den Platz, kletterten auf das Denkmal, auf Bäume und Laternenmasten. Hunderte selbst gebastelte Fahnen wurden durch die Nacht geschwenkt. Alle umliegenden Straßen mussten gesperrt werden, auf offenen Grills wurden die scharfen Merguez-Würstchen geröstet. Überall prosteten sich die Franzosen zu. Mit Champagner, wohlgemerkt, darunter macht es auch der gemeine Sozialist in Frankreich nicht. Schon auf der Fahrt zur Bastille in der Métro feierten die Pariser. Eine Frau klopfte einem Polizisten eines Sondereinsatzkommandos freundlich auf die Schulter. »Jetzt seid ihr nicht mehr Sarkozys Präsidententruppe, jetzt gehört ihr wieder zu uns«, lachte sie. Im Wahlkampf hatte Hollande auch gefordert, die jungen Einwandererkinder aus den Vororten mehr mit einzubeziehen. Als in der Métro ein junger Migrant einem älteren Herrn seinen Platz anbot, kicherte der nur: »Na das ging aber schnell mit dem neuen Wir-Gefühl.« Bis spät in die Nacht sangen die Franzosen immer wieder ihre Nationalhymne, weinten vor Freude und lagen sich in den Armen. Schwer vorstellbar, dass das in Deutschland bei einem Wahlsieg passiert. Dafür hat die Freude über ihren neuen Präsidenten bei den Franzosen leider nicht sehr lange gedauert. Aber das führt wiederum zu den angeregten politischen Diskussionen aus dem vorhergehenden Kapitel. *(ES)*

53. GRUND

Weil Minister auch mal Inventar klauen

Minister und Staatssekretäre leben in Frankreich wie kleine Könige. Sie residieren in pompösen Stadtpalästen mit Arbeitszimmern, die die Größe eines Einfamilienhauses haben. So was will natürlich standesgemäß möbliert werden. Dafür gibt es eine nationale Denkmalverwaltung. Die hortet Hunderttausende Kunstobjekte, Möbel und Teppiche aus der Zeit von Ludwig XIV. und quer durch alle Epochen. Sie verleiht sie an Ministerien, Präfekturen und Botschaften. Dummerweise haben diese wertvollen Objekte aber die fatale Eigenschaft, sich im Lauf der Jahre manchmal in Luft aufzulösen. Jedes zehnte verschwindet einfach. Einige tauchen später auf dem grauen Markt wieder auf, sagt ein Mitarbeiter, der diese nationalen Möbelschätzchen verwaltet. Vor einiger Zeit hat er drei kostbare Teppiche wiedergefunden, die in einer Pariser Galerie zum Kauf angeboten wurden. Wer der Verkäufer war, wurde nicht veröffentlicht.

Denn das Ganze ist eine höchst peinliche Angelegenheit. Offensichtlich lassen Minister, Botschafter oder Parlamentsabgeordnete munter wertvolles Inventar mitgehen, wenn sie den Posten wechseln. Als Andenken an die schöne Ministerzeit oder als Rache für den Rausschmiss – alle Varianten sind denkbar. Da bis vor ein paar Jahren die Gegenstände aber nicht durchgehend katalogisiert worden waren, konnte man den Diebstahl nicht nachverfolgen. Immer wieder hat der Rechnungshof in seinen Berichten darauf hingewiesen, dass sich zahlreiche Objekte selbstständig gemacht hätten. Von ursprünglich 133.000 Objekten sind im Lauf der Jahrzehnte 16.000 nicht mehr aufzufinden. Nur bei 150 besonders teuren Objekten wurde Anzeige erstattet. Ein alter holländischer Meister ist dabei und ein Teppich von Miró, ein großes Werk der zeitgenössischen Kunst. Es hing vor seinem Verschwinden früher einmal in der französischen Botschaft in Washington.

Aber selbst wenn ein solcher Kunstschatz wieder auftaucht, kann das zu diplomatischen Verwicklungen führen: So hing im polnischen Nationalmuseum das Bild *Der barmherzige Samariter* von Ribot. Gleichzeitig stand es auf der Inventarliste des französischen Staates. Jahrelang hatte es nämlich vorher die französische Botschaft in Warschau geschmückt. Von dort wanderte es dann ins polnische Museum. Dieser Fall hatte immerhin ein Happy End: Der polnische Staat gab das Bild nach mehr als 50 Jahren an Frankreich zurück. *(ES)*

KAPITEL 5

ESSEN IN FRANKREICH MUSS MAN LIEBEN

54. GRUND

Weil es unergründliche Tischsitten gibt

Sie können ja mal den Test machen: Wenn Sie mit Franzosen zusammen essen, drehen Sie doch mal das Baguette mit der knusprigen Oberseite nach unten. Sofort wird jemand das Brot wieder richtig rum drehen. Das geht auf einen alten Aberglauben zurück: Der Bäcker legte früher ein Brot für den Henker zurück. Damit er es nicht aus Versehen doch verkaufte, drehte er es um. Und dem Henker das Brot wegzuessen, bringt natürlich Unglück. Auch wenn die Todesstrafe in Frankreich schon lange abgeschafft worden ist. Und wahrscheinlich kaum noch jemand weiß, was es mit diesem Brotautomatismus auf sich hat.

Dafür lernt jeder schon als Kind, wie man Käse richtig schneidet. Mit Grausen wenden sich Franzosen von deutschen Buffets ab, wo jeder kreuz und quer den Käse zersäbelt. Bei runden Sorten wie Camembert oder Brie sind die Regeln noch ganz einfach: Hier gilt das Tortenprinzip. Damit alle gleichermaßen was vom weichen Äußeren und noch etwas festeren Inneren des Käse haben.

Bei einem rechteckigen Stück Hartkäse mit Rinde am einen Ende wird es komplizierter. Da schneidet man bis zu einem bestimmten Punkt parallel zur Rinde. Dann wird der Käse plötzlich gedreht, und man schneidet in der Mitte durch die Rinde. Das ist gerecht, damit nicht einer schon bald mit einem harten Reststück und viel Rinde sitzen bleibt. So wird der Käse immer wieder gedreht, bis tatsächlich nur noch ein bisschen Käse übrig ist. Wann dieser imaginäre Punkt ist, wo gedreht wird, konnte mir bisher niemand erklären. »Das weiß man eben«, war die häufigste Antwort.

Was man nach einer Weile in Frankreich auch lernt, ist die unterschiedliche Reihenfolge in puncto Salat. Die Vorspeise war lecker, der Hauptgang ist auch schon verputzt, und jetzt kommt: grüner Salat. Danach erst Käse und Dessert. Wer sich also den guten deutschen

Beilagensalat im Restaurant bestellt, wird sofort als Touri entlarvt. Das macht kein Franzose. Grünen Salat gibt's in drei Variationen. Erstens: als hübsch anzusehende Dekoration der Vorspeise. Zweitens: als Hauptmahlzeit – dann aber mit allen möglichen Zutaten, von hart gekochten Eiern bis zur Gänseleberpastete. Oder drittens: nach dem Hauptgang. Dann aber ganz simpel. Salat, Essig, Öl, fertig.

Und da wir jetzt schon so viel über französische Tischsitten geredet haben, hier noch was zum Fürchten:

So echt französisch frühstücken, romantisch im Café? Das ist nicht immer eine appetitliche Sache. Es gibt nämlich traditionell keine Teller – der Kellner stellt einfach nur eine große Tasse *café*, ein Messer, Butter, Marmelade und Brot auf den Tisch. Dann streicht der Franzose Butter und Marmelade aufs Baguette, taucht das Ganze in den Milchkaffee und saugt das eingeweichte Butterbrot wieder aus. Sieht ein bisschen eklig aus – vor allem wegen der Fettaugen auf dem Kaffee – und hinterlässt eine grandiose Sauerei auf dem Frühstückstisch … *(ES)*

55. GRUND

Weil Baguette jeden Tag aufs Neue ein Klassiker ist

Lässig unter den Arm geklemmt, aufs Mofa geschnallt oder quer in der Aktentasche – der Pariser und sein Baguette halten zusammen. Als Symbol für Frankreich kann das Baguette mit dem Eiffelturm locker mithalten. 97 Prozent der Franzosen essen jeden Tag frisches Baguette – also fast jeder. Außen knusprig, innen weich – wenn es warm und frisch duftend aus dem Ofen kommt, schafft es kaum ein Baguette nach Hause, ohne angeknabbert worden zu sein … Deswegen gibt es auch an jeder Ecke einen Bäcker.

Aber nicht jeder backt gleich gut. Das kann man sonntags beobachten, wenn im Viertel nur drei statt der üblichen 15 Bäcker auf haben: Dann steht bei einem eine Schlange rund um den Block, und die Pariser warten geduldig 20 Minuten für ein einziges Brot, während beim anderen gähnende Leere herrscht. Baguette ist eben nicht Baguette, und deswegen richtet der Pariser Bürgermeister auch jedes Jahr einen Wettkampf aus: Wer backt das beste Brot?

Einer der Sieger, der Bäcker vom Grenier de Felix, sagt, dass eigentlich kaum was drin ist, im Baguette: »Ich benutze nur Mehl, ganz ursprüngliches, ohne Konservierungsstoffe oder andere Zusätze, das vermische ich mit Wasser. Gut rühren, dann ruhen lassen. Danach kommt dann die Hefe – und Salz. Das war's schon, mehr gehört nicht rein in ein traditionelles Baguette. Und dann muss es in unterschiedlichen Kammern bei unterschiedlichen Temperaturen immer weiter ruhen.«

So ein Baguette braucht seine Zeit, der Teig arbeitet, geht und fermentiert, wird gestreckt und gewalkt, in Falten von Leintüchern gelegt, wo er weiter ruht, und erst am nächsten Tag gebacken. Dann muss das Brot aber auch gleich gegessen werden, denn schon einen Tag später ist es steinhart. Seit 1830 gibt es Baguette in Frankreich, angeblich hat ein österreichischer Bäcker es eingeführt. Bis 1978 hat der Staat den Preis festgelegt, damit jeder Franzose in der Lage sein sollte, sich sein tägliches Baguette zu leisten und kein Wucher damit betrieben werden konnte. Heute gibt es Stangenbrot in endlosen Variationen, lifestylemäßig mit Körnern, Sesam oder Mohn, dann gibt's Luxusvarianten, bei denen das Brot sozusagen mit Streicheltherapie entsteht – das kostet dann das Doppelte, schmeckt aber fast genauso. Es gibt Supermarktbaguette, bei dem sich das Zellophanmuster der Hülle in den Boden eingeprägt hat und das echte Kenner natürlich verpönen – und dann das »Baguette traditionelle«, das jedes Jahr in dem besagten Wettbewerb preisgekürt wird. Der Sieger wird dann für ein Jahr Hoflieferant am Élysée-Palast und kann sich freuen: Auch bei ihm stehen spätestens jetzt die Pariser Schlange, um Brot zu kaufen. *(ES)*

Weil es Kochen to go gibt

Klar, dass die Franzosen gern gut und ausführlich essen, brauchen wir niemandem mehr zu erklären. Die alten Tricks und Geheimnisse gehen aber zunehmend verloren. Die Mütter gehen seit Generationen arbeiten – alles muss schneller funktionieren, man verbringt einfach nicht mehr so viel gemeinsame Zeit am Herd wie früher. Wenn dann aber Besuch kommt, möchte man trotzdem gern mal mit einem ausgeklügelten echt französischen Menü auftrumpfen, ohne tagelang alte und neue Kochbücher zu wälzen. Dafür gibt es Kochen to go in Paris. Spitzenköche kochen zusammen mit den Gastgebern das festliche Abendessen einfach vor. In der Nähe der Bastille ist einer dieser Kochläden – voll mit Gewürzen, frischen Zutaten und voll ausgerüsteten Küchen. Man kommt rein, wäscht sich die Hände, bindet sich eine Schürze um, und los geht's. Das ist durchaus mit Arbeit verbunden. Gemüse schnipseln (à la Julienne, gar nicht so leicht), Knoblauch schälen (erst mit dem Messerrücken feste draufdrücken auf die Zehe, dann geht die Schale viel leichter ab), Entenkeulen in Marinade einlegen, Schokoladenkuvertüre rühren … Kochprofi Lorraine, die in Südfrankreich in einem Toprestaurant gearbeitet hat, gibt dazu viele Tipps und ruft Mengenangaben durch die Küche, während sie in einem mörderischen Tempo Zwiebeln hackt. Etwa eine Stunde dauert die Vorbereitung. Dann werden die einzelnen Gänge aus den verschiedenen bearbeiteten Zutaten zusammengestellt und – nein, nicht gekocht und verspeist. Das Konzept dieses Ladens ist ein anderes. Lorraine packt jedes Gericht hübsch säuberlich ein und verstaut es in einer Papiertüte. Zusammen mit ihr hat man nämlich gerade für vier bis sechs Personen ein Drei-Gänge-Diner to go vorbereitet. Jetzt muss alles nur noch zu Hause in den Ofen oder Kühlschrank, je nach Gericht. Die Gastgeberin hat in der Zwischenzeit alle Zeit der Welt, sich hübsch zu machen und mit den Gästen zu plaudern, während sich das Essen sozusagen von alleine fertig kocht – nach genauer Anweisung von Lorraine, selbstverständlich. Es schmeckt himmlisch, raffiniert, aufregend anders – und trotzdem selbst gekocht. Und mit den vielen Schneide-, Schnipsel- und- Dekotipps der Profiköchin sieht es auch noch umwerfend aus. *Bon appétit!* (ES)

57. GRUND

Weil ein Kalbskopf nicht eklig sein muss

Die französische Küche hat viele Geheimnisse und ist immer wieder für Überraschungen gut. Eine solche Überraschung habe ich bezüglich des Kalbskopfes, *Tête de veau*, erlebt, ein Traditionsgericht in vielen Regionen Frankreichs. Wenn ich das auf der Speisekarte gelesen habe, habe ich ehrlich gesagt lange Zeit gedacht, dass das ein hübscher Name für irgendein Gericht mit Kalbsfleisch ist, aber ich habe schlicht nicht für möglich gehalten, dass hier tatsächlich ein Kalbskopf zum Essen angeboten wird.

Mein Kalbskopferwachen hatte ich, als ich für eine Reportage das große Glück hatte, eine Führung auf dem größten Lebensmittelmarkt der Welt, Rungis, vor den Toren von Paris zu erleben. Normalerweise sind hier nämlich nur Großeinkäufer oder Restaurantchefs unterwegs, für Normalsterbliche öffnen sich die Tore von Rungis nicht, was wirklich schade ist.

In der riesigen Fleischhalle wird auf einer Fläche, die mindestens so groß wie ein Fußballfeld ist, Fleisch in allen erdenklichen Varianten angeboten. Und hier hängen an erstaunlich vielen Haken ganze Kalbsköpfe. Diese sind komplett enthaart, also abgebrüht, haben aber ansonsten alles, was einen Kopf ausmacht: Augen, Ohren, Nase, Zunge. Als ich naiv und nichts ahnend meine Führerin fragte, warum denn hier so viele Kalbsköpfe hingen, schaute sie mich erstaunt an:

»*Mais Madame, c'est pour la tête de veau!*« Daraufhin erklärten sie und ein zufällig mithörender Fleischer mir, dass *Tête de veau* doch eines der Nationalgerichte in Frankreich sei. Zubereitungsarten gäbe es viele, in der Regel wird die Haut vom Schädel abgelöst und gemeinsam mit Zunge und Gehirn eine Art Rollbraten hergestellt. Diese fertigen Rollbraten gibt es natürlich ebenfalls bei den Fleischern in Rungis und ergo vielen Fleischereien in Frankreich zu kaufen, ich hatte sie bisher nur nicht als solche identifiziert. Auch bei den zahlreichen Restaurants in Rungis ist *Tête de veau* ein Muss auf der Speisekarte. Nachdem ich meine kulinarische Unkenntnis offenbart hatte, kam ich natürlich an einem Selbstversuch nicht vorbei und muss sagen: Auf dem Teller kommt ein *Tête de veau* eigentlich nicht eklig daher, man muss es nur schaffen, das eigene Gehirn auszuschalten.

Auf jeden Fall macht sich bei einem Restaurantbesuch in Frankreich ein spezieller kulinarischer Reiseführer nicht schlecht, auch wenn man gut Französisch kann. Denn die Franzosen essen schon manchmal komische Dinge: Salat mit Geflügelmagen (*Salade de gésiers*), Schweinefüße (*Pieds de porc*) oder Innereien (*Abats*) zum Beispiel. Wie gesagt: Die französische Küche ist für einige Überraschungen gut! *(DK)*

58. GRUND

Weil Nachtisch geheimnisvoll verdreifacht wird

In Frankreich werden auch an normalen Tagen die kulinarischen Genüsse groß geschrieben. Da jedoch die meisten Franzosen auf ihre Linie achten, haben sich die Liebhaber von süßen Nachspeisen etwas Himmlisches einfallen lassen: den *café gourmand*, was in etwa »Kaffee für Leckermäuler« heißt.

Wenn ich auf einer Speisekarte in einem Bistro oder Restaurant unter den Desserts einen *café gourmand* sehe, komme ich meistens nicht daran vorbei, was dann also fast immer der Fall ist, weil *café gourmand* (alternativ gibt es mittlerweile zum Teil auch *thé gourmand*) sich mittlerweile zum Dessertklassiker in Frankreich entwickelt hat.

Ein *café gourmand* gibt einem die wunderbare Möglichkeit, gleich drei Desserts zu genießen, allerdings jeweils in Miniportionen, also ohne schlechtes Gewissen. Dazu gibt es immer einen Espresso, dessen Bitterkeit sich mit den süßen Kleinigkeiten, die meist auf einem großen Teller gemeinsam angerichtet werden, hervorragend ergänzt. Ein *café gourmand* bietet zudem immer Überraschungen, weil der Küchenchef seiner Kreativität bei der Zusammenstellung der *Petits Fours* freien Lauf lassen kann. Klassiker sind allerdings *Crème brûlée*, *Mousse au chocolat*, ein *Macaron*-Plätzchen, Panna cotta mit Fruchtmus, kleine Obstkuchen oder *crumble aux pommes* (Apfelmus mit Streuseln). Hmm!

Mit Freundinnen oder Kolleginnen haben wir uns zudem oft zu zweit einen *café gourmand* geteilt und einfach noch einen Espresso extra bestellt. So kann man noch besser ohne schlechtes Gewissen schlemmen. Es gibt so einiges, was ich in Deutschland an Frankreich vermisse, der *café gourmand* gehört definitiv dazu! *(DK)*

59. GRUND

Weil auch bei Schokolade Grand Crus zelebriert werden

Dass die Franzosen ein Faible für gute und außergewöhnliche Schokoladen haben, erkennt man auf den ersten Blick. Nicht weil die Franzosen so schokoladen-rundlich wären, auf keinen Fall, sondern weil es hier so viele *Chocolatiers* gibt wie bei uns 1-Euro-Shops. Diese *Chocolatiers* stellen zum Teil richtige Kunstwerke aus Schokolade her und präsentieren diese stolz in ihren Schaufenstern, die von den kundigen Franzosen entsprechend bewundert werden. Einer der bekanntesten *Chocolatiers* Frankreichs ist der Pariser Patrick Roger, der sich selbst sogar Schokoladenkünstler nennt. Es gibt fast nichts, was Patrick Roger nicht aus Schokolade herstellt: lebensgroße Nashörner, Schildkröten oder sogar ein ganzes Zimmer samt einem im Bett liegenden Mann aus Schokolade für Karl Lagerfeld. Doch natürlich gehören zu seinem Repertoire wie zu dem von jedem anderen *Chocolatier* auch die verführerischsten Pralinen in allen Varianten. Und die Franzosen sind auch bereit, für diese Genüsse, die auf handwerklich höchstem Niveau hergestellt werden, den entsprechenden Preis zu zahlen: Eine kleine Box ausgewählte Pralinen kostet durchaus rund 20 Euro.

Ganz klar, dass der Grundstoff, aus dem diese süßen Träume hergestellt werden, ebenfalls entsprechend zelebriert wird. Es gibt nämlich längst nicht nur schwarze, weiße und Milchschokolade, wie man als gemeiner deutscher Schokoladenkonsument denken könnte. Oh nein! Wer in die Tiefen der Schokoladenvielfalt eintauchen möchte, dem empfehle ich einen Besuch in der Schokoladenfabrik von Valrhona in Tain l'Hermitage, die sich praktischerweise nicht weit entfernt von der Autobahn Richtung Süden unterhalb von Lyon befindet. Valrhona gehört seit Jahrzehnten zu den renommiertesten Herstellern von edler Schokolade und Kuvertüren, Kunden sind die besten *Chocolatiers* und Restaurants auf der ganzen Welt. Hier bin ich für eine Reportage zum ersten Mal damit konfrontiert worden, dass es auch für Schokolade wie für Wein Herkunftsbezeichnungen gibt, mit denen dann entsprechend auch Qualitätsmerkmale verbunden werden. Valrhona nennt seine Herkunftsschokoladen *Grands Crus du Terroir*, da gibt es beispielsweise die Araguani aus Venezuela, die Alpaco aus Ecuador oder die Manjari aus Madagaskar. Und so wie auf guten Weinkarten werden auch die Schokoladen mit malerischen Worten beschrieben. Ein Block aus purer Alpaco-Schokolade schmeckt also laut Beschreibung so: »Alpaco ist die Erfahrung eines Kakaos, der Erfahrung und Feinheit verbindet: zu Beginn sanfte Blumenaromen von Jasmin und Orangenblüten, eingerollt, fast aufgeschmolzen in kräftigen, lang anhaltenden Kakaonoten mit einer zarten Bitterkeit und waldigen Aromen.« Noch Fragen? Wahrscheinlich die, ob man die Unterschiede in der Herkunft der Kakaobohnen auch als Laie schmeckt. Da hilft nur eines: nach Frankreich fahren und es selbst ausprobieren!

Übrigens: Gute Schokolade passt auch hervorragend zu gutem Wein. Zum Teil bieten sowohl *Chocolatiers* als auch Winzer Verkostungen an, bei denen verschiedene Schokoladen mit jeweils dazu passenden Weinen verheiratet werden. *(DK)*

60. GRUND

Weil alles Käse is(s)t

Zehn kleine Dreikäsehochs stehen mit einer weißen Plastikschürze und einer weißen Schutzhaube aus Papier bekleidet um einen Tisch herum und sehen still und staunend zu, wie eine junge Frau mit einer Pipette Zauberwasser in das Glas Milch spritzt, das vor ihnen steht. Wir befinden uns mitten in einem Kinder-Käsekurs in Poligny, einem kleinen französischen Ort am Fuße des Jura-Gebirges, nicht weit weg von der Schweizer Grenze. Und in Poligny findet natürlich nicht irgendein Käsekurs statt, sondern ein Comté-Käsekurs, denn die kleine Stadt wird auch Hauptstadt des Comtés genannt. Die Führerin Colette hat den Kindern dies vor dem Praxisteil erklärt: »Hier in der Stadt befinden sich fünf von insgesamt 15 Reifekellern der Region. In Poligny reifen also insgesamt 350.000 Comté-Käselaibe. Das ist schon enorm.« Weitere wichtige Info: auch die richtige Milch macht einen Comté aus. Zu Comté kann nur Milch werden, die von den braun-weiß gescheckten Montbéliard-Rindern kommt, die wiederum nur Pflanzen von den saftigen Jura-Wiesen gefuttert haben dürfen.

Den gelben und würzigen Comté-Käse kennt zumindest jeder Franzose. Auf keiner Käseplatte darf er fehlen. Eine Frage der französischen Ehre ist es deshalb auch für diesen Opa, dass er mit seinem Enkel zum Käsekurs geht: »Mein Enkel lebt in Singapur, und deshalb will ich ihm die französische Kultur nahebringen. Es geht darum, dass er seine Wurzeln besser kennenlernt.« Und so lernt der kleine Exilfranzose eben in den Ferien, was das Besondere am Comté ist.

Käsekurse dieser Art, für Kinder oder auch für Erwachsene, gibt es in vielen Regionen Frankreichs. Oft machen Schulklassen auch gemeinsam Ausflüge in die örtlichen Käsereien, Käsebildung ist auch Schulbildung und Regionalkunde. Denn fast jede Region in Frankreich ist stolz auf ihren eigenen Käse, den es so nur hier geben kann: Meaux feiert seinen Brie (dieser wurde übrigens bei einem Käsewettbewerb anlässlich des Wiener Kongresses 1815 zum König aller Käse gekürt), das Larzac seinen Roquefort, die Dauphiné ihren Saint Marcellin und so weiter und so fort, immerhin gibt es mehr als 300 Käsesorten in Frankreich.

Zurück im Haus des Comté in Poligny. Nachdem ihr Glas Milch mit Zaubertrank versetzt wurde (dass das Lab war, ist für die sechs- bis zehnjährigen Kinder nicht wichtig), sehen die Kinder, dass die Milch in ihrem Glas dickflüssig wird. Schritt für Schritt bearbeiten sie unter der Anleitung von Colette nun ihre Milch, rühren und schneiden in der Käsemasse, bis am Ende ihr kleiner Käse in der Presse landet. Ein richtiger Comté kann so innerhalb von zwei Stunden natürlich nicht entstehen, aber es geht ums Prinzip. Dazu gehört natürlich auch die anschließende Verkostung, denn Comté gibt es in verschiedenen Reifestufen, er muss mindestens vier Monate gereift sein, kann aber auch 24 Monate und mehr in den Reifekellern gelagert sein. Je nach Jahres- und Reifezeit sind die Aromen des Comté unterschiedlich. Und schon die kleinen Franzosen lernen, wie man die Unterschiede am besten herausschmeckt. Colette erklärt: »Erst brecht ihr den Käse in zwei Teile direkt unter eurer Nase. Dann entfalten sich alle Aromen des Käses. Danach erst könnt ihr den Käse in den Mund stecken.«

Die Eindrücke aus der tiefen französischen Provinz machen deutlich: Käse ist in Frankreich eine Frage der Kultur. Er ist in all seinen Variationen elementarer Bestandteil der französischen Küche, die immerhin von der UNESCO zum Weltkulturerbe erklärt wurde. Ein Menü ist in Frankreich nur komplett, wenn zwischen Hauptgang und Dessert eine Käseplatte serviert wurde. Schön ist, dass jeder an dieser Kultur teilhaben kann: Man kann sich beim Käsehändler auf dem Markt, im speziellen Käseladen oder auch direkt in den Käsereien in den Regionen beraten lassen – und natürlich Käse bis zum Umfallen probieren. *(DK)*

61. GRUND

Weil um Plätzchen sogar Krieg geführt wird

Wenn Essen so wichtig ist wie in Frankreich, dann verwundert es nicht, dass sich zum Teil regelrechte Glaubenskriege um die richtige Zubereitung von Speisen oder Backwaren entfachen können. Ein Beispiel dafür sind *Macarons*, das luftige Baisergebäck mit Cremefüllung in bunten Farben. In den vergangenen Jahren hat die süße Spezialität einen regelrechten Siegeszug in Frankreich angetreten. Dabei herrscht mittlerweile auch scharfe Konkurrenz. An der Spitze dieses *Macaron*-Krieges, der sich – natürlich – vor allem in Paris abspielt, stehen zwei Feinbäcker: Ladurée und Pierre Hermé.

Die erlesenen *Macaron*-Geschäfte der beiden Konkurrenten finden sich an den besten Adressen. Auf den Champs-Élysées oder auf der Rue Royale in direkter Nachbarschaft zu den Luxusmarken Dior oder Louis Vuitton beispielsweise. Ein *Macaron*, das ist mehr als ein simples Gebäck, das sind Kunstwerke der *Pâtisserie*, auch wenn sie so simpel rund aussehen. Vor allem das Haus Ladurée hat den neuen Hype um die *Macarons* ins Rollen gebracht. Es ist der Platzhirsch, der allein in Paris vier Millionen *Macarons* pro Jahr verkauft, bei einem Stückpreis von fast zwei Euro. Bei Ladurée zelebriert man *Macarons*, die Verpackungen gleichen denen von Schmuckstücken, einmal im Jahr entwirft ein Designer wie John Galliano eine *Macaron*-Verpackung von Ladurée. Und auch die Zutaten des edlen Gebäcks sind natürlich handverlesen, erzählt Vincent Lemains von Ladurée: »Man muss wissen, dass man kein gutes *Macaron* bekommt, wenn die Grundzutaten nicht gut sind. Deshalb haben wir in unsere eigenen Mandelplantagen in Kalifornien investiert.« Denn die Grundzutaten eines *Macarons* sind Mandelmehl, Eiweiß und Zucker. Darüber hinaus jedoch sind der Kreativität keine Grenzen gesetzt. Die Geschmacksrichtungen der Baiserhälften, deren Farbgestaltung, die Füllung – es gibt fast unendliche Variationen.

Der langjährige *Chefpâtissier* von Ladurée, Pierre Hermé, hat da viel entwickelt. Vor 15 Jahren jedoch machte Pierre Hermé sich selbstständig – und hat sich seitdem für Ladurée zur scharfen Konkurrenz entwickelt. Pierré Hermé hat mittlerweile mehr als 1.000 Rezepte geschrieben, auch ungewöhnliche sind dabei. Die Verkäuferin Marine Atrasic deutet auf eines der vielen *Macarons* in der noblen Auslage: »Wir haben hier ein grün-beiges *Macaron*, weil die Geschmacksrichtung Olivenöl-Vanille ist. Die Farben korrespondieren mit dem Geschmack.«

Pierre Hermé lädt genauso wie Modedesigner dazu ein, seine Frühjahrs- und Sommerkollektion oder seine Herbst- und Winterkollektion zu entdecken. Der Konkurrent Ladurée hingegen hat für die Prinzenhochzeit in Monaco ganz neue *Macarons* entworfen und hergestellt. Sowieso können Promis sowohl bei Pierre Hermé als auch bei Ladurée ihre persönlichen *Macarons* in Auftrag geben. Doch welche *Macarons* sind nun die besten? Die von Ladurée oder die von Pierre Hermé? In Paris kommt das einer Glaubensfrage gleich.

Auf jeden Fall sind sowohl vor den Geschäften von Ladurée als auch vor denen von Pierre Hermé fast immer lange Schlangen, sowohl Pariser als auch Touristen lieben es, hier einzukaufen. Obwohl es *Macarons* natürlich mittlerweile auch in fast jeder Bäckerei gibt. *Macarons* sind in jedem Falle so beliebt wie vergänglich. Denn schon nach zwei bis vier Tagen verlieren die bunten Backkunstwerke deutlich an Geschmack. Mit den süßen Versuchungen muss man sich also immer neu versorgen.

Übrigens hat Ladurée einmal versucht, den Deutschen mit einem eigenen Laden in der Berliner Galéries Lafayette die *Macarons* nahezubringen. Das Unternehmen hat den Versuch jedoch nach ein paar Monaten eingestellt, die Deutschen waren nicht bereit, für einen Keks, mag der auch noch so nobel sein, so viel wie für ein Stück Kuchen zu zahlen. Der *Macaron*-Krieg, er wird sich wohl nicht bis zu uns ausweiten … *(DK)*

62. GRUND

Weil aus Frankreich angeblich die teuerste Kartoffel der Welt kommt

In Frankreich können sich auch um eine profane Kartoffel Mythen ranken, wie die Bonnotte zeigt. Von dieser kleinen, gelben Erdknolle heißt es hartnäckig, dass sie unglaublich teuer sei. Hunderte Euro pro Kilo würden Feinschmecker für diese erlesene Kartoffel zahlen, so der Mythos weiter. Tatsächlich ist einmal im Pariser Auktionshaus Drouot ein Kilo Bonnotte für 900 Euro verkauft worden, das geschah allerdings zu Werbezwecken. Ein erfolgreicher Werbeschachzug also.

Nichtsdestotrotz ist die Bonnotte eine Geschichte für sich. Denn auch wenn ein Kilo dieser Kartoffel auf dem Markt heutzutage nur rund sieben Euro kostet, ist sie ein Sinnbild für die Erd- und Terroirverbundenheit der Franzosen. Die Bonnotte wächst nur auf der

Atlantikinsel Noirmoutier, kommt also in den Genuss von Meerwasser und dem milden Klima der Loiremündung, außerdem werden die Äcker der Bonnotte im Herbst mit Seetang gedüngt. Das soll dieser Luxuskartoffel ihren unnachahmlichen nussigen Geschmack verleihen. Exakt 90 Tage nachdem die Setzlinge am 2. Februar gepflanzt worden sind, werden die kleinen Kartoffelknollen von Hand geerntet. So zart ist die Haut der Bonnotte, dass sie mit maschineller Ernte verletzt werden würde. Nur maximal 14 Tage lang gibt es die Bonnotte also ab Anfang Mai zu kaufen. Und Frankreich wäre nicht Frankreich, hätten sich nicht manche Restaurants in dieser Zeit ganz der französischen Spezialität Bonnotte verschrieben, der übrigens die französische Akademie der Naturwissenschaften 1938 den Adelsbrief verliehen hat. Sowohl in der Kette »Chez Clément« als auch bei kleinen Restaurants gibt es dann ganze Bonnotte-Menüs. Denn diese Kartoffel wird gerne auch als Dessert gegessen! Der Klassiker sind *Bonnottes en pétales avec mousseux de vanille aux fraises*, dünne, leicht geröstete Bonnotte-Kartoffelscheiben bedeckt mit einer schaumigen Vanillecreme und Erdbeeren.

Wer Anfang Mai in Frankreich ist, sollte also unbedingt nach einem Restaurant mit Bonnotte-Menü Ausschau halten, ein urfranzösisches Erlebnis ist einem garantiert – und man kann sich dabei ja auch dem Mythos hingeben, dass man gerade die teuerste Kartoffel der Welt verzehrt. *(DK)*

63. GRUND

Weil es das Wichtigste an Weihnachten ist

Weihnachtskalender, Weihnachtsplätzchen, gemütliche Weihnachtsmärkte – alles Fehlanzeige in Frankreich. (Siehe Kapitel Weihnachten) Dafür lassen die Franzosen es aber am Heiligen Abend so richtig krachen, auch im wörtlichen Sinne. Denn nach einem französischen Weihnachtsfest werden die Hosennähte noch mehr strapaziert als nach einem deutschen Weihnachtsfest, wirklich wahr und ungelogen. Für französische Familien ist Weihnachten nämlich ein einziger kulinarischer Exzess! Ein stundenlanges Gelage am Weihnachtsabend ist sozusagen der Dreh- und Angelpunkt eines französischen Weihnachten. Kein Wunder, dass die Supermärkte kurz vor den Festtagen nur so überquellen vor Delikatessen: Stopfleber (*Foie gras*) in allen Variationen, Hummer, Austern … Klassischerweise besteht ein Réveillon-Menü, also Weihnachtsmenü, nämlich aus sieben Gängen und 13 Desserts, in denen insgesamt keine französische Spezialität fehlen darf.

Um Ihnen einmal den Mund wässrig zu machen: Nach dem obligatorischen *apéritif* mit Champagner folgt in der Regel ein Salat mit Austern und Räucherlachs, auch Hummer dazu ist denkbar. Kredenzt wird dazu natürlich ein passender Wein, herber Weißwein beispielsweise. Folgt die nächste Spezialität, die in keinem gehobenen französischen Menü fehlen darf (so sehr es bei manchen Deutschen auf Protest stößt): Stopfleber, gern mit einer pikanten Zwiebelkonfitüre auf Toastbrot und lieblichem Weißwein serviert. Danach folgen mit Maronen gefüllter Truthahn oder andere regionale Fleisch- oder Fischgerichte. Und natürlich noch eine üppige Käseplatte. Doch die Völlerei ist damit noch längst nicht beendet: Nun geht es an die Desserts. Eine *Bûche de Noël* kommt nun auf den Tisch. Traditionell ist das eine kalorienreiche, mit Buttercreme gefüllte und Schokolade überzogene Biskuitrolle, die einen abgesägten Baumstamm symbolisieren soll. Für diese nicht wegdenkbare Tradition gibt es verschiedene Erklärungen: so soll beispielsweise früher jeder Gast einen Holzscheit zum Weihnachtsfest mitgebracht haben, damit das Haus schön beheizt werden kann. Als Begleitung zur Bûche gibt es dann oft, aber nicht immer, noch zwölf verschiedene Dessertelemente, die dem letzten Abendmahl von Jesus und seinen zwölf Aposteln gewidmet sind. Das Schöne: Am ersten Feiertag gibt es oft noch einmal ein vergleichbares Gelage. *(DK)*

KAPITEL 6

TRINKEN IN FRANKREICH MUSS MAN LIEBEN

64. GRUND

Weil berittene Polizei die Champagnerernte schützt

Champagner – in diesem einen Wort schwingt so viel mit: Luxus, prickelnde Festlichkeit, Kerzenlicht und Romantik à la française. Und all diese Assoziationen, dieses Image, zahlen sich für die Winzer und Handelshäuser der Champagne in barer Münze aus, immerhin kostet eine Flasche Champagner mindestens 15 Euro, eine gute Flasche oft ein Vielfaches. Experten sind sich einig: Keine andere Weinregion der Welt kann konstant so viel Geld für ihre Produkte fordern. Ist das einfach nur raffiniertes Marketing, oder rechtfertigt die Qualität des zart prickelnden Getränkes diese Preise tatsächlich? Um diesen Fragen nachzugehen und eine eigene Antwort zu finden (eine allgemeine wird es wohl nicht geben), empfiehlt es sich, in die Champagne zu reisen, die Region nordöstlich von Paris zwischen Reims und Épernay.

Eingebettet in sanfte Hügel, an die sich Weinreben schmiegen, liegen kleine Dörfer und Städtchen, deren Namen Weinkennern und Champagnerliebhabern wohl gleich das Wasser im Munde zusammenlaufen lässt: Avize, Oger, Vertus oder Dizy beispielsweise. In diesen Dörfern reihen sich oft Mehrseithöfe aneinander, große Tore verbergen gemütliche Herrenhäuser. Jean-Hervé Chiquet gehört gemeinsam mit seinem Bruder ein solcher Hof in Dizy, natürlich sind auch sie Winzer, ihnen gehört das Champagnerhaus Jaquesson-Champagne. Die Chiquet-Brüder haben sich auf Premiumchampagner spezialisiert, nur die teuersten Trauben aus den besten Lagen werden verarbeitet. Ein guter Jaquesson-Jahrgangschampagner kostet mindestens 80 Euro. Der sympathische graumelierte Monsieur Chiquet läuft in Gummistiefeln über den Kies seines Hofes und ist sich sicher, dass seine Kunden den wahren Wert seiner Champagner zu schätzen wissen: »Die Leute verstehen, dass es teuer ist, dieses Produkt herzustellen. Die Produktion ist kompliziert, man muss den Champagner mindestens 15 Monate in ausgewählten Eichenfässern lagern, bevor man ihn verkaufen kann. Danach wird er dann in der Flasche von Hand gerüttelt, wo er weiter gärt. Champagner hat ein Luxus-Image, aber es ist ein qualitätsvoller Luxus, kein Bling-Bling-Luxus.«

Zunächst einmal sind auch die Böden in der Champagne, in der nördlichsten Weinbauregion Frankreichs, besonders. Die Weinberge liegen auf einer dicken Kreideschicht. Die Wurzeln der Rebstöcke suchen sich metertief ihren Weg durch die feuchte Kreide. Tief im Fels haben die Weinbauern und Weinhäuser der Champagne in den vergangenen 300 Jahren ein Netz von unterirdischen Weinkellern gegraben. Mehr als 250 Kilometer sind die feuchten, immer gleich temperierten Gänge insgesamt lang. Jean-Hervé Chiquet schließt die Tür zu seinem Weinkeller auf. Am Fuße der Treppe dämmeriges Licht, die Wände des Ganges sind feucht. In tiefen Nischen lagern verstaubt Tausende Flaschen. Darin ist natürlich Champagner, in unzähligen Varianten. Je nachdem, welche Rebsorten, Jahrgänge und Lagen zu einem Cuvée zusammengestellt werden, entsteht ein ganz besonderer Wein. Champagner ist meistens ein Cuvée, so können die Winzer und Häuser die gleichbleibende Qualität und den besonderen Charakter ihres Champagners jedes Jahr aufs Neue sicherstellen. Dabei ist die Grundzutat, wenn man so will, eigentlich sehr überschaubar. In der Champagne werden drei Rebsorten angebaut: der weiße Chardonnay und die roten Trauben Pinot Noir und Meunier. In manchen Champagnern sind alle Rebsorten gemischt. Andere, beispielsweise die vom Winzer Olivier Bonville, sind reine *blanc de blanc*, sie bestehen nur aus den weißen Chardonnay-Trauben. Für den jungen Winzer Olivier eine Frage des Geschmacks: »Chardonnay-Trauben zeichnen sich durch ein Aroma von Zitrusfrüchten aus. Man kann Pampelmuse schmecken, manchmal Orange, manchmal auch Birne und Apfel. Das sind die Aromen der jungen Weine. Je älter der Wein wird, desto mehr entwickelt er sich. Nuss, Vanille, Kaffee, Schokolade – das sind dann die Aromen, die sich mit der Zeit herauskristallisieren. Deshalb muss man den *blanc de blanc* auch lange in der Flasche lassen.«

Doch bis der Champagner in die Flasche kommt, ist es ein langer Weg. Auch die Etappen bis dahin machen den Champagner besonders. Beispielsweise die Pressung. In der Weinpresse dominieren normalerweise die dunklen Trauben, herauskommen soll jedoch ein heller Wein. Eine besondere Herausforderung, erklärt Philippe Wibrotte vom Champagner-Verband: »Bei uns kommen normalerweise zwei Drittel rote Trauben auf ein Drittel weiße Trauben. Hauptsächlich gewinnen wir aber einen Weißwein. Deshalb ist es so wichtig, dass die Trauben ganz sind, wenn sie in die Pressung kommen. Sonst verfärben uns die dunklen Trauben noch die helle Maische. Das muss unbedingt verhindert werden.«

Deshalb ist die Champagne auch die einzige Weinbauregion in Frankreich, in der noch komplett von Hand gelesen wird. Jedes Jahr im September sind dafür 120.000 Lesehelfer im Einsatz. Zum Teil kommen sie aus der Region, zum Teil übernachten sie auf den Weingütern oder in Zelten und Wohnwagen am Feldrand. Für viele ist der Verdienst entscheidend, immerhin dauert die Lese rund zwölf Tage, im Durchschnitt werden die Lesehelfer mit 80 Euro pro Tag entlöhnt. Manche Lesehelfer allerdings sind aus Begeisterung dabei, nehmen sich schon seit Jahren Anfang September extra Urlaub von ihrer normalen Arbeit.

Daher erklärt sich also auch, warum die Champagner-Trauben die teuersten Trauben in ganz Frankreich sind, ein Kilo eines Grand Crus kann bis zu acht Euro kosten. Und für eine Flasche Champagner braucht man mindestens ein Kilo Trauben. Kein Wunder, dass da manche Winzer auch verführt werden, ein bisschen beim Nachbarn zu lesen, um den eigenen Ertrag zu erhöhen. Seit Jahren ist deshalb Champagner-Trauben-Diebstahl kurz vor der Lese ein großes Thema. Um dem Traubendiebstahl vorzubeugen, patrouillieren während der Lese mittlerweile sogar berittene Polizisten mit Nachtsichtgeräten. Auch das gibt es nirgendwo sonst in Frankreich. Der

Kommandeur der berittenen Gendarmerie Franck Badel: »Wenn das Klima für den Wein nicht gut war und es eine schwache Ernte geben wird, gibt es ein gesteigertes Diebstahlrisiko. Da ist schon die Gefahr gegeben, dass so mancher Winzer bei einem anderen liest, anstatt auf seiner Parzelle zu bleiben.«

Dabei sind historisch gesehen nicht die Winzer in der Champagne Kontrahenten. Es gab und gibt hier vor allem ein Spannungsverhältnis zwischen Winzern und den großen Champagnerhäusern, den sogenannten Négoce. Ein paar Zahlen, die Philippe Wibrotte vom Champagner-Verband aus dem Ärmel schüttelt, verdeutlichen das: »Es gibt 15.000 Winzer in der Champagne. Und von diesen 15.000 Winzern stellen nur 5000 selber Champagner her.« Das heißt: Zwei Drittel der Winzer verkaufen ihre Trauben; entweder an Genossenschaften, vor allem aber an die großen Champagnerhäuser mit den bekannten Namen. Die großen Champagnerhäuser haben zwar selbst auch einige Parzellen, verfügen aber insgesamt nur über zehn Prozent der Weinberge in der Champagne. Und doch sind sie das Aushängeschild. Die großen Champagnerhäuser stehen für 90 Prozent der Exporte. Interessanterweise behalten die Franzosen fast die Hälfte der mehr als 300 Millionen Flaschen Champagner, die jedes Jahr verkauft werden im eigenen Land. Jeder Franzose trinkt somit ungefähr drei Flaschen Champagner pro Jahr. Das erste Exportland ist mit Abstand Großbritannien, gefolgt von den USA, und auf Platz 3 kommt schon Deutschland.

Wie sich das in Zukunft entwickelt, weiß man noch nicht so genau. In den klassischen Märkten sind die Absätze zum Teil eingebrochen, in Deutschland ging der Absatz zuletzt um 12 Prozent zurück. Viele deutsche Konsumenten sind offenbar nicht mehr bereit, für das Luxusgetränk Champagner so viel mehr zu zahlen als beispielsweise für einen deutschen Winzersekt aus Flaschengärung. Aber es gibt ja immer noch die aufstrebenden Märkte wie China, hier gilt ein bekannter Champagner nach wie vor als Statussymbol, mit dem man sich gerne zeigt, so wie mit einer Tasche von Louis Vuitton.

Sorgen bereitet den Winzern in der Champagner da schon eher der Klimawandel. Die Temperaturen in der Champagne sind in den vergangenen 20 Jahren ungefähr um 1,5 Grad Celsius angestiegen. Heute kein Grund zur Beschwerde, da die Trauben noch nie von so guter Qualität waren, aber wenn die Temperaturen noch weiter steigen, könnte es kritisch werden. Dann könnte es schwierig für den Champagner werden, so wie wir ihn heute kennen, sein weltweit einzigartiges Image aufrechtzuerhalten. Aber immerhin: Seit 300 Jahren haben die Franzosen in der Champagne den Ruf des Perlgetränks erfolgreich aufgebaut und verteidigt, so schnell wird der Mythos Champagner also nicht verblassen – und auch die berittene Polizei wird wohl noch so manchen champagnerfeuchten Einsatz in den Weinbergen rund um Épernay absolvieren.

Und die Antwort auf die anfängliche Frage, ob die hohen Preise für Champagner nun dem raffinierten Marketing der Franzosen oder dem Geschmack geschuldet sind? Hm, wenn man einige Tage in der Champagne unterwegs war und so viele leidenschaftliche Winzer kennengelernt und so viele verschiedene Champagner gekostet hat, dann kann man die Frage wohl nicht mehr objektiv beantworten. Irgendwie trinkt beim Champagner dann doch auch das Herz mit … *(DK)*

65. GRUND

Weil ehemalige Präsidenten hier Weinfässer ausliefern – theoretisch

Könnten Sie sich vorstellen, dass die Expräsidentengattin Bettina Wulff die Weinversteigerung eines Pfälzer Weingutes moderiert und, um die Preise hochzutreiben, verspricht, dass Expräsident Christian Wulff persönlich den Lieferboten für ein Fass Wein spielt? Nicht wirklich, oder? In Frankreich ist das nicht nur denkbar, sondern tatsächlich passiert! Und das zeigt wieder einmal aufs Vortrefflichste, welchen besonderen Stellenwert französischer Wein und die Weingüter in Frankreich haben. Auch wenn bei der präsidialen Weinversteigerung nicht die distinguierten Chiracs, sondern das Glamour-Paar Sarkozy/Bruni in Vorlage gegangen ist.

Die Sängerin und hochgewachsene Expräsidentengattin Carla Bruni-Sarkozy hatte nämlich im November 2012 die Versteigerung eines 350-Liter-Fasses Corton Grand Cru »Cuvée Charlotte Dumay« übernommen. Dieser besondere Tropfen kam bei der jährlichen Weinversteigerung im Hospice de Beaune für einen wohltätigen Zweck unter den Hammer. Diese Weinversteigerung im schönen Burgund ist eine Traditionsveranstaltung, die wohl jedem Franzosen ein Begriff ist. Seit dem Mittelalter steht das Hôtel Dieu (Krankenhaus) in Beaune mit seinen typischen bunten Dachziegeln für die Hinwendung zu den Kranken und Armen. Ein Herzog von Burgund hatte es gegründet, und seitdem wird die dortige karitative Arbeit durch Spenden finanziert. Und wie könnte es in der traditionellen Weinbauregion Burgund anders sein: Recht bald wurden den Wohltätern ganze Weingüter gespendet. Im Laufe der Jahrhunderte kam es zu weiteren Schenkungen von Weingärten, sodass die Domaine Hospice de Beaune mittlerweile 60 Hektar groß ist. Und noch heute wird über den Verkauf der jährlichen Weinproduktion die gemeinnützige Arbeit der Institution finanziert. Seit mittlerweile mehr als 150 Jahren werden die Weine des Hospice de Beaune über eine Auktion verkauft, für die Weinliebhaber aus der ganzen Welt anreisen.

Und um das Event noch weiter aufzupeppen, wurde 2012 eben Carla Bruni als eine Moderatorin gewonnen. Obwohl mehrere Auktionsteilnehmer sie baten, für eine bessere Stimmung ein Liedchen zu trällern, tat sie ihnen diesen Gefallen nicht, zog allerdings ein anderes Ass aus dem Ärmel: Sollte das besondere 350-Liter-Fass Wein für mehr als 200.000 Euro verkauft werden, würde sie es persönlich dem Käufer ausliefern, versprach sie, bei 250.000 Euro würde ihr Mann Nicolas Sarkozy die Lieferung übernehmen. Offenbar zog das Argument, denn ein ukrainischer Unternehmer bot für das Fass dann 270.000 Euro und bekam den Zuschlag. Also steht Nicolas Sarkozy nun eigentlich in der Pflicht, sich das Weinfass zu schnappen und damit nach Kiew zu reisen! Geplant war das nach der Ausreifung des Weines im Sommer 2014. Doch da stand Sarkozy schon als erneuter Präsidentschaftskandidat in den Startlöchern, und eine Reise in die Ukraine hätte angesichts der dortigen politischen Zustände auch eine andere Symbolik. So ließ sich leider trotz hartnäckiger Recherchen nicht herausfinden, ob Sarkozy tatsächlich den Weinboten gespielt hat. Egal, allein die Vorstellung finde ich durchaus charmant. *(DK)*

66. GRUND

Weil die Engel Cognac atmen

Frankreich steht für viele alkoholische Spezialitäten, jenseits von Wein oder Champagner: Calvados, Marc de Bourgogne, Pineau, Armagnac und Cognac beispielsweise. Und auch wenn gerade Cognac bei uns ein verstaubtes Image hat, kann es eine spannende Entdeckungsreise sein, wenn man sich auf die Spuren dieses hochprozentigen, urfranzösischen Getränkes begibt.

Dafür bietet sich wieder eine Reise ins ländliche Frankreich an. Also diesmal auf nach Cognac, dieses kleine, fast verschlafene Städtchen im Südwesten Frankreichs, rund 100 Kilometer nördlich von Bordeaux und 80 Kilometer im Landesinneren von der Atlantikküste entfernt gelegen! Mitten durch die Kleinstadt Cognac fließt der Fluss Charente, er unterstreicht den beinahe verschlafenen, ländlichen Eindruck. Es gibt eine Fußgängerzone, in der Passanten entspannt flanieren können. Einige enge Gassen, die sich durch den mittelalterlichen Teil von Cognac winden, wirken ebenso menschenleer wie malerisch. Vor den Toren der Stadt liegen direkt die Weinberge. Denn der dunkelbraune Cognac wird anders als Whiskey oder Rum aus Weißwein destilliert. Und das hat so eine Tradition, dass die Stadt sich sogar einen eigenen Stadthistoriker leistet, der erstaunliche Geschichten auf Lager hat. Stadthistoriker Vincent Bretignolles klärt in Sachen Cognac auf: »Cognac ist in der ganzen Welt bekannt, hat aber trotzdem nicht das Image eines Weinbaugebietes. Nicht jeder weiß, dass Cognac ein *eau-de-vie* aus Wein ist. Und doch ist es so, überall um Cognac herum stehen Weinreben. Und die Herkunftsbezeichnung Cognac umfasst eines der größten Weinanbaugebiete Frankreichs.«

Doch wie kommt es, dass ausgerechnet aus dem Weißwein dieser einen Region in Frankreich der weltberühmte Cognac gebrannt wird?

Um das zu verstehen, muss man weit in die Vergangenheit gehen. Die Geschichte begann vor 400 Jahren. Damals waren holländische Händler in der Region, weil sie den Fluss Charente, der durch Cognac fließt, für ihren Salzhandel genutzt haben. Zwischen den Salzfässern nahmen sie auch gerne Weinfässer mit nach Hause. Doch welch böse Überraschung: Wegen seines niedrigen Alkoholgehaltes überstand der Wein die lange Seefahrt allzu oft nicht. Und so kamen die Holländer auf die Idee, den Wein zu destillieren. Der Branntwein war geboren, oder kurz der Brandy. Dann wurde noch per Zufall entdeckt, dass eine Lagerung im Eichenfass das hoch konzentrierte *eau-de-vie* geschmacklich noch mal in andere Dimensionen hob.

Im 18. Jahrhundert begann das Geschäft mit dem Cognac dann zu florieren, die ersten großen Handelshäuser siedelten sich an. Und die Winzer in der Region setzten nach und nach alle aufs Destillieren ihres Weines. Auch heute noch leben 5.000 Cognac-Winzer in der Region.

Christian Thomas vom Weingut Château de Beaulon ist einer von ihnen. Seit 50 Jahren arbeitet er als Winzer auf dem Weingut, das seit fünf Generationen im Familienbesitz ist. Noch immer fährt der 80-Jährige täglich mit seinem Jeep in die Weinberge und kontrolliert die Reben. Doch bevor aus den Weintrauben am Ende der Cognac mit 40 Prozent Alkoholgehalt wird, ist es noch ein langer Weg. Zunächst wird direkt nach der Lese der Traubensaft destilliert. Für Christian Thomas ist die Destillation die Königsetappe der Cognac-Herstellung. In den Wintermonaten brodeln die Brennöfen Tag und Nacht. Christian Thomas überwacht in dieser Zeit 18 Stunden am Tag höchstpersönlich den Brennvorgang, nur wenige Stunden schläft er auf einer Liege direkt neben den Brennöfen, umhüllt von einem unnachahmlichen alkoholischen Duft. Für den 80-jährigen Christian Thomas ein paradiesischer Zustand: »Ich bete zu Gott, dass er mir nicht dieses Vergnügen nimmt. Das ist eine ganz besondere Umgebung, und nach zwei, drei Tagen, wenn man tief einatmet … das reine Glück!«

Nach der Destillation wird das *eau-de-vie* klar und durchsichtig zur Reifung in ein Eichenfass gefüllt. Welches Eichenfass gewählt wird, hat einen großen Einfluss auf die Qualität des Cognacs. Je nachdem welches Holz aus welchem Wald gewählt wird, ob es eine grobe oder eine feine Maserung hat, ob das Fass dann bei großer Hitze kurz gebrannt oder bei geringer Hitze lang gebrannt wird, all das sind entscheidende Geschmacksfaktoren.

Kein Wunder, dass sich deshalb in der Region Cognac die Kunst der Fassmacherei besonders intensiv entwickelt hat. Fässer aus Cognac werden auch heute noch in die ganze Welt exportiert, unter anderem von der Fassmacherei Vicard. In diesem Familienunternehmen in der sechsten Generation stellen 200 Mitarbeiter rund um die Uhr 40.000 Eichenfässer pro Jahr her. Sie sind sich der Bedeutung ihrer Arbeit für den Geschmack des Cognacs sehr wohl bewusst, sagt Pierre Marchais von der Fassmacherei Vicard: »Mit jedem Cognac-Haus haben wir eine eigene Partnerschaft entwickelt. Die großen Häuser haben jeweils ihren eigenen Ansatz, eine besondere Assemblage, also eine Mischung von unterschiedlich alten *eaux-de-vie* aus verschiedenen Lagen, und streben so nach einem ganz bestimmten, eigenen Geschmack. Deshalb machen wir für zwei verschiedene Cognac-Häuser auch zwei unterschiedliche Fässer. Jedes Cognac-Haus bevorzugt einen speziellen Fasstyp, mit einer bestimmten Maserung und einer bestimmten Hitzebehandlung.«

Wenn das *eau-de-vie* schließlich im richtigen Eichenfass ist, werden Fass und Cognac erst einmal jahrelang weggeschlossen, sie dürfen sich im Weinkeller ausruhen und reifen. Wie lange ein Cognac gereift ist, findet sich in der Qualitätsangabe auf dem Etikett. VS ist die Abkürzung für Very Special und bedeutet, dass der Cognac mindestens zwei Jahre gereift ist. XO ist die Abkürzung für Extra Old, das heißt mindestens sechs Jahre Reifezeit.

In den Weinkellern, die in Cognac Chai genannt werden, lagern oft Tausende Fässer. Und egal, ob der Chai ein dunkles Kellergewölbe ist oder eine moderne, riesige Halle – sobald man den Ruheraum der Cognacfässer betritt, schlägt einem ein unverkennbarer Geruch entgegen. Celine Poibelaud vom Cognac-Haus Camus: »Hier riechen Sie die Verdunstung des Alkohols. Ungefähr drei Prozent verdunsten pro Jahr, das ist schon eine Menge. Wenn man die Zahl der Fässer und der Weinkeller zusammennimmt, dann kommt da schon einiges zusammen. Und für diesen Weindunst haben wir einen sehr poetischen Namen: Wir nennen ihn ›Engelsteil‹.«

Insgesamt verdunsten in der gesamten Region Cognac umgerechnet mehr als 20 Millionen Flaschen Cognac pro Jahr. Dieser buchstäblich zu Luft gewordene Cognac, dieser *part des anges*, hinterlässt aber immerhin deutliche Spuren. Stadthistoriker Vincent Bretignolles: »In Cognac ist viel aus Kalk, also aus weißem Stein, gebaut, was aus Cognac eine weiße Stadt macht. Aber Cognac ist auch eine schwarze Stadt, weil der Anteil der Engel, der Alkoholdunst, einen kleinen Pilz ernährt. Und dieser Pilz färbt die Mauern schwarz. Das zeigt einem ganz klar, wo Cognac gelagert wird: Wenn die Mauern schwarz sind, ist da auch Cognac. Und so erklärt sich der scheinbare Widerspruch, dass Cognac eine schwarz-weiße Stadt ist.«

Auch ohne auf die weiteren Details der Cognac-Produktion einzugehen, ahnt man wohl schon, dass in jeder Flasche Cognac das Wissen und die Arbeit von Generationen stecken. Dieses *savoir-faire* wird heute noch intensiv in der Region von Cognac gelebt und gibt nach wie vor Tausenden Menschen Arbeit. Das haben die Menschen aus Cognac allerdings nicht den Franzosen zu verdanken, sondern der in Frankreich eigentlich so verachteten Globalisierung: Denn 97 Prozent der jährlichen Cognac-Produktion gehen in den Export. Cognac ist damit eines der erfolgreichsten französischen Exportgüter! Gerade in anderen Ecken der Welt ist der alte Franzose nämlich wieder ziemlich angesagt. So zeigen sich zum Beispiel coole amerikanische Rapper gerne mit kleinen Cognac-Flaschen in ihren Videos. Über Cognac wird es wohl auch weiterhin noch viele Geschichten zu erzählen geben! *(DK)*

67. GRUND

Weil für die Weinlese immer noch Tausende den Rücken krumm machen

Auch in Frankreichs Weinbergen ist die Modernisierung natürlich schon längst angekommen. Im September und Oktober, während der Weinlese, der *vendange*, sieht man in vielen klassischen Weinbauregionen hochrädrige Erntemaschinen durch die Gegend rattern. Vielerorts wird auch in Frankreich mittlerweile maschinell geerntet, es geht schneller und ist günstiger. Aber Frankreich wäre nicht Frankreich, gäbe es nicht das große ABER. Denn in einigen Regionen wird nach wie vor von Hand gelesen. Entweder ist das eine Frage der Qualität, wie in der Champagne. Hier müssen die Lesehelfer sorgfältig darauf achten, welche Reben sie abschneiden, faule Trauben werden direkt im Weinberg ausgeschnitten. Oder es ist eine Frage der Lage der Weinberge. So oder so: Jedes Jahr während der Lesezeit sind Hunderttausende Lesehelfer in den französischen Weinbergen unterwegs und trotzen tapfer ihren Rückenschmerzen. Das ist Frankreich fast seinem Image schuldig, denn viele Deutsche, Engländer oder auch Amerikaner opfern sogar ihren Urlaub, um während der Lese einmal so richtig tief in das französische Landleben einzutauchen. Es gibt sogar Reiseanbieter, die sich auf die Vermittlung von Plätzen bei der Weinlese spezialisiert haben. Diese werben dann damit, dass man sich in den Weinbergen mal so richtig auspowern kann, eine nette Gemeinschaft erlebt und dazu noch rustikal verköstigt und untergebracht wird. Was für die einen also uriger Spaß ist, ist für die anderen bitterer Ernst. Denn auch ich hatte dieses romantische Bild von der Weinlese in Südfrankreich im goldenen Herbstlicht der Provence verinnerlicht. Als ich aber zur Lesezeit in die Champagne reiste, war meine Überraschung groß, als ich viele ärmlich aussehende Zelte und Wohnwagen in der Landschaft herumstehen sah. Darum herum saßen komplette Sinti-und-Roma-Familien, die dem kalten Nieselregen Nordfrankreichs mit einem kleinen Feuer trotzten. Kein Winzer wollte über diese Lesehelfer gerne sprechen, stattdessen wurde ich auf die fröhlichen Gruppen von französischen Lesehelfern verwiesen, die auch in der Champagne zum Teil seit Jahren einen Teil ihres Urlaubes mit Traubenschneiden verbringen. Kurze Rede, kurzer Sinn: Weinlese ist auch in Frankreich nicht nur Bilderbuch, aber irgendwie trotzdem schön. *(DK)*

Weil die *Foire aux Vins* einen auch im Supermarkt in Weinrausch geraten lässt

Wahre Weinliebhaber kaufen ihren Wein nicht im Supermarkt – das ist zumindest bei uns ein unausgesprochenes Gesetz. Ganz anders ist das in Frankreich! Hier schlagen Weinliebhaber mindestens einmal im Jahr so richtig zu und laden sich ihre Einkaufswagen mit guten Weinen zum Discount-Preis bis obenhin voll. Jedes Jahr Anfang September ist es so weit, dann lockt die jährliche *Foire aux Vins*, Weinmesse, in die *grandes surfaces*, die großen Supermärkte. Die ganze Aktion, die mittlerweile fest im Jahresplan der weintrinkenden Franzosen verankert ist, wurde von dem französischen Branchenriesen E.Leclerc ins Leben gerufen. Der Marktführer in der französischen Supermarktszene sann darüber nach, wie er der üblichen Septemberflaute im Weinhandel begegnen könnte, und hatte eine geniale Idee: Supermarkteigene Sommeliers stellen eine Liste von guten Weinen zusammen, die nur während der *Foire aux Vins* zu Top-Preisen unters Volk gebracht werden, das Ganze begleitet von einer üppigen Werbekampagne. Das Konzept schlug dermaßen ein, dass sich mittlerweile alle Supermarktketten von Auchan über Monoprix bis hin zu Super U an der *Foire aux Vins* beteiligen. Alle haben sie dann Flaschen für den kleinen Geldbeutel ab vier Euro im Angebot oder aber auch Grand Crus. Da gibt es dann schon einmal einen Château Talbot von 2008 für 43 Euro oder einen Château d'Yquem für 149 Euro. Gerade diese qualitätsvollen Supersonderangebote sind oft innerhalb weniger Tage ausverkauft, auch Weinhändler decken sich hier zum Teil mit Ware ein. Manche Kunden kaufen bei der *Foire aux Vins* für mehrere Tausend Euro ein und lagern dann ihre ergatterten Weinschnäppchen fürs ganze Jahr im eigenen Weinkeller, der ja sowieso in keinem anständigen französischen Haus fehlen darf. Es wird kolportiert, dass während der *Foire aux Vins*, die meist rund einen Monat lang dauert, rund 40 Prozent des Wein-Jahresumsatzes eines Supermarktes gemacht werden. Klar, dass die jährliche Weinmesse in Frankreich mittlerweile auch längst ein Medienereignis ist: Jede Zeitung veröffentlicht Sonderbeilagen, die als eine Art Kompass durch die jeweilige Ausgabe der *Foire aux Vins* führen. Auch etablierte Weinzeitschriften wie die *Revue de Vins de France* widmen der *Foire aux Vins* jeweils eine eigene Nummer. Denn über die Vielzahl der Angebote den Überblick zu behalten, ist fast ein Ding der Unmöglichkeit. Ich habe jedenfalls im September schon Kunden vor dem Weinregal gesehen, die auf einer Liste exakt ausgearbeitet hatten, welcher besondere Wein nun in welchen Mengen in den Einkaufswagen kommen soll. Aber auch wenn man es nicht so akademisch angeht: Ein einfacher Besuch in jedem x-beliebigen französischen Supermarkt während der *Foire aux Vins* im September lässt einen in einen Weinrausch geraten, wie man ihn in einem deutschen Supermarkt wohl nie erleben wird. *(DK)*

KAPITEL 7

DIE FRANZÖSISCHE SPRACHE MUSS MAN LIEBEN

69. GRUND

Weil sogar »Krieg« poetisch klingt

Auch wenn man ziemlich gut französisch spricht, ist die französische Sprache doch immer wieder für Überraschungen gut. Vor allem bei der Zeitungslektüre stolpere ich des Öfteren über blumige Ausdrücke, die mich zum Schmunzeln bringen. Einige dieser Spaß-Erlebnisse will ich auch dem frankofonen Leser dieses Buches nicht vorenthalten.

Vielleicht erinnert sich der ein oder andere noch dunkel, dass es 2013 einmal einen SPD-Spitzenkandidaten für die Bundestagswahl namens Peer Steinbrück gab? Dieser hat es während des Wahlkampfes vor allem wegen einer Geste in die französischen Zeitungen gebracht: Im Foto-Interview ohne Worte mit dem Magazin der *Süddeutschen Zeitung* ließ Steinbrück sich als Antwort auf die Frage, was er von seinen Spitznamen wie Problem-Peer oder Peerlusconi halte, mit ausgestrecktem Mittelfinger ablichten. Dieses Stinkefinger-Foto des Bundeskanzlerkandidaten schaffte es dann natürlich flugs auf die Titelseite des *SZ-Magazins,* und die Franzosen rieben sich verwundert die Augen: Was herrschen denn da für Sitten jenseits des Rheins? Französische Präsidentschaftskandidaten dürfen sich so manches leisten: Korruptionsskandale, Parallelfamilien, heimliche Liebschaften, zur Schau getragenen Luxus – aber obszöne Gesten? *Jamais!* Niemals! Und jetzt kommt's: Was wir Deutschen profan als »Stinkefinger« bezeichnen, hat in Frankreich zwar dieselbe Bedeutung. Hier wird es aber *doigt d'honneur* genannt, »Ehrenfinger«. Das klingt schon fast elegant.

Weitere Beispiele für die Poesie der französischen Sprache, die selbst vor harten politischen Begriffen nicht haltmacht, finden sich immer wieder nach großen Gipfeln beispielsweise zur Ukraine-Krise. Nach einem solchen Gipfel, der in Paris stattfand, beschrieben die französischen Journalisten das *ballet diplomatique,* diplomatische Ballett, das da im Élysée-Palast stattgefunden habe. Schöne Vorstellung, ein Tanz mit Worten von vor allem Männern in schwarzen Anzügen. Noch netter, weil noch blumiger, fand ich auch den Begriff *parfum de guerre à Paris*, das Parfüm des Krieges, das da nach Ansicht der französischen Kollegen durch die Hauptstadt geweht ist. Wie das wohl riecht? Nach Kanonendonner, Feuer und Blut? Konkret betrachtet kein Duft, den man auftragen möchte. Aber trotzdem gewinnen die Franzosen selbst so einer wenig erbaulichen Sache wie Krieg allein durch ihre Sprache schon etwas Malerisches ab. Kein Wunder, dass zumindest früher Französisch die Sprache der Diplomatie war.

Aber die Franzosen können sprachlich auch ganz bodenständig. Schließlich sind sie ihrem *terroir*, ihrer Erde, dem Landleben und den Bauern emotional eng verbunden. Es ist kein Zufall, dass in Wahljahren jeder Präsidentschaftskandidat hingebungsvoll Kuhhintern tätscheln muss, wenn schon nicht auf dem Lande, so doch zumindest auf der riesigen Landwirtschaftsmesse, die jedes Jahr in den Pariser Messehallen an der Porte de Versailles der Publikumsrenner schlechthin ist. Entsprechend hat *la vache*, die Kuh, als Wort in der Alltagssprache auch mehrere Verwendung. Gerne wird *la vache* komischerweise als Ausdruck der Verwunderung benutzt, so wie »Das ist ja ein Ding!« oder »Hammerhart!« Ein lustiges Beispiel fand ich einmal in einer Karikatur. Da war Präsident François Hollande im November 2013 überraschenderweise auf der Tribüne des Stade de France aufgetaucht, wo die französische Nationalmannschaft in einem alles entscheidenden Spiel um ihre WM-Qualifikation rang. WM-Teilnahme oder absolute Blamage – das waren die Optionen des Abends. Durchaus mutig für einen Präsidenten, da demonstrativ Stellung zu beziehen. Schließlich wäre im Falle des Abstieges in die fußballerische Bedeutungslosigkeit auch ein Schatten auf ihn als schlechtes Omen im Stadion gefallen. Hollande und Les bleus haben Glück gehabt, sie konnten sich gegen die Ukraine durchsetzen. Die Zeitung *Le Parisien* machte daraus folgende Karikatur: Sagt Präsident Hollande zu seinem Premierminister Ayrault: »*Je savais qu'on pouvait y arriver!*« (Ich wusste doch, dass wir es schaffen können.) Antwortet Ayrault: »*La vache! Tu t'y connais plus qu'en économie!*« (Hammerhart, du kennst dich beim Fußball wohl besser aus als in der Wirtschaft!). Die Kuh im Munde des Premierministers auf dem Fußballfeld. Eine gewisse bildhafte Poesie kann man meiner Meinung nach auch dieser sprachlichen Blüte nicht absprechen. *(DK)*

70. GRUND

Weil man einen neuen Namen bekommt …

Mein Name ist Seibert. In Frankreich hört sich das so an : Sseeeehbäähr. Ich bin also sozusagen Madame Seebär.

Mit dem Vornamen Evi können die Franzosen leider überhaupt nichts anfangen. Da das am Telefon anfangs zu Dauerbuchstabiererei geführt hat, habe ich auf Evelyn zurückgegriffen, also Ev-liiiin – das klappt wunderbar. Mit der Zeit lernt man auch, was die Franzosen meinen, wenn sie internationale Namen aussprechen. »Oh, Back, *formidable*«, schwärmen sie im Bach-Konzert, und wenn Herr Gook was sagt, war es der deutsche Bundespräsident. Den kennt in Frankreich aber kaum jemand, weil ja alle *chère* Ondschela, die liebe Angela, mögen, die im Übrigen einen für Franzosen echt locker auszusprechenden Nachnamen hat. »Merkel« flutscht ihnen nur so über die Lippen, natürlich auf der letzten Silbe betont, also »Merkell«. Klingt noch einen Tick eleganter, oder?

Ab und zu kommt dann eine echte Herausforderung. Zum Beispiel als der französische Radiokorrespondent aus Dühbläh berichtete. Nachdem ich alle aktuellen Ereignisse im Kopf durchgegangen war, kam ich drauf: Dublin, Irland, klar. Oder als sich ein anderer aus »Deetroah« meldete. Die Lösung war der Automobilsalon, also Detroit.

Mit größter Nonchalance wird so die ganze Welt französisch – jeder Name, jede Stadt. Und manchmal auch ein ausländischer Begriff. Am längsten habe ich übrigens gebraucht, das Wort *pipol* herauszufinden. Das Wort gibt's eigentlich gar nicht im Französischen. Das heißt – inzwischen schon. Es ist das französisierte englische Wort *people* und wird mittlerweile in Frankreich für Klatsch und Tratsch verwendet – und tatsächlich oft als *la presse pipol* geschrieben. *(ES)*

71. GRUND

Weil sie die schönsten Vornamen haben

Wenn Sie sich dann an Ihren eigenen neuen Namen gewöhnt haben, begegnen Sie auch bald der Vielfalt der französischen Vornamen. »*Oui allô*, hier ist Océane«, zirpt es aus dem Telefonhörer. Océane geht in die Parallelklasse meines Sohnes und hat bei ihrer Geburt bei ihren Eltern offenbar Erinnerungen ans Meer ausgelöst. Sie sieht auch ein bisschen aus wie eine Nixe – keine Ahnung, ob das was mit dem Namen zu tun hat. Ihre Freundin Jade ist jedenfalls nicht grün, trotz des hübschen Steinnamens. Franzosen lieben es, ihren Kindern klang- oder bedeutungsvolle Namen zu geben.

1950 noch hörte fast jeder Zehnte auf simple Namen wie Jean oder Marie. In den Siebzigern kamen dann lauter Valéries, drei pro Klasse. Heute ist es wichtig, den Kindern individuelle und ausgefallene Namen zu verpassen. Gerne auch die aus den guten alten Zeiten – es gibt jetzt wieder viele Hugos –, wobei das im Frankreich des beginnenden 19. Jahrhunderts eigentlich ein gängiger Name für den Familienhund war. Ähnlich beliebt sind Marcel, Louis oder Gaspard.

Ein anderer Trend ist, seine Herkunft zu betonen: In der Bretagne laufen plötzlich lauter kleine Erwanns, Maelys und Gwenaëlles rum, die kleinen Korsen hören auf Ghiulia und Lisandru. Und natürlich gibt es immer noch die Hitlisten der beliebtesten Vornamen. In den Top Ten finden sich zurzeit viele Zoës, Camilles, Manons und Juliettes. In deutschen Ohren klingt das wie Musik. Völlig out für Neugeborene sind dagegen Thierry und Pascal – das wäre etwa das Pendant zu unserem Joachim …(Sorry, Joachim! Ich schätze mal, darauf werden gerade relativ wenige Babys getauft.)

Wenn man sich ein bisschen damit beschäftigt, kann man anhand des Vornamens in Frankreich ganz zuverlässig tippen, wo jemand herkommt, ob er ein eher konservativ-bürgerliches Elternhaus hat und aus welcher Generation er stammt. Bei einem Namen könnten Sie übrigens auch ohne Französischkenntnisse mittippen: »Kevin«. Der hat in Frankreich dasselbe Image wie in Deutschland. Und meistens auch die gleiche Frisur …. *(ES)*

72. GRUND

Weil Franzosen einer Verabschiedungspoesie huldigen

Französische Mails und Briefe sind sozusagen vokuhila. Vorne kurz und hinten lang. »Liebe Frau XY« gibt's nicht, als Anrede steht da nur: Madame. Punkt. Ohne Namen. Das ist nicht unhöflich, sondern ganz normal.

Dafür benötigt die Verabschiedung in der Regel drei volle Zeilen. Das liest sich dann zum Beispiel so:

»Ich bin entzückt darüber, in den Genuss der Vorfreude auf unser baldiges Treffen zu kommen, und bitte Sie, mit dem Ausdruck meiner vorzüglichsten Hochachtung, meine tief und von Herzen empfundenen Grüße annehmen zu wollen …«

Um das auszudrücken, gibt es mindestens 20 unterschiedliche Standardformulierungen, die auch gern noch persönlich ausgeschmückt werden. Egal ob Versicherungsbrief, Steuererklärung oder Einladung – diese Verabschiedungspoesie muss sein.

Einfach nur LG, also »liebe Grüße«, zu schreiben, wäre schnöde und unkultiviert. Mit einer Ausnahme: Wenn man sich besser kennt, darf man auch schon mal nur »cordialement« schreiben, und wenn man befreundet ist, schickt man sich Küsschen, *bises.* *(ES)*

73. GRUND

W.d.F.s.v.A.h.: weil die Franzosen so viele Abkürzungen haben

Die Franzosen sind alle dem Abkürzungswahnsinn verfallen. Bei Gesetzen werden einfach die Anfangsbuchstaben des Gesetzes aneinandergereiht. Das ergibt völlig sinnfreie neue Worte, wie *Tepa* (so wird beispielsweise die *Loi en faveur du Travail, de l'Emploi et du Pouvoir d' Achat* abgekürzt, also das Gesetz für Arbeit, Beschäftigung und Kaufkraft), *Hadopi* oder *Lolf.* Die werden dann ganz selbstverständlich und ohne Erklärung benutzt und geschrieben, sodass man anfangs von französischen Zeitungsartikeln nur die Hälfte versteht. Gerne werden auch internationale Abkürzungen umgestellt. Aids heißt hier SIDA, und die UNO heißt genau andersrum, nämlich ONU. Auch Namen werden so behandelt. Der Franzose verdoppelt einfach die erste Silbe. Gérard heißt Gégé, Miriam heißt Mimi und Dominique Dodo. Um in diesem Abkürzungsdschungel noch durchzublicken, gibt es extra Internetseiten, in denen zumindest die offiziellen Buchstabenmonster erklärt werden. *(ES)*

74. GRUND

Weil Unsterbliche die Sprache schützen

Frankreich ist wohl das einzige Land der Welt, in dem man für die Unsterblichkeit kandidieren kann. Als Hüter der französischen Sprache in der legendären Académie française. Ihre Mitglieder heißen in Frankreich »Die Unsterblichen«. 300 Jahre lang konnten das nur Männer tun. Bis zum 6. März 1980. Da erbebten die heiligen Hallen der Académie française. Die Unsterblichen wählten tatsächlich zum ersten Mal eine Frau in ihre illustre Runde: die Schriftstellerin Marguerite Yourcenar.

Die bedankte sich damals höflich und schockte die beteiligten Herren umgehend mit ihrem Kostüm. Schlicht und schwarz statt grün und bestickt mit Schwert und Spitzhut, wie für die Männer bis heute vorgeschrieben. Viele konnten diesen Traditionsbruch nur schwer verkraften und hatten gegen sie gestimmt.

Aber der Dammbruch war erfolgt, und heute sind immerhin eine Handvoll von 40 Mitgliedern weiblich. Ansonsten hat sich so gut wie nichts verändert, seit Kardinal Richelieu die Académie im Jahr 1635 gegründet hat. Jeder kann sich mit einem einfachen Brief um die Aufnahme bewerben. Was nicht heißt, dass er auch genommen wird, so Verwaltungsdirektor Pasqualini, der gern die Story des Grafen von Venelle erzählt, eines unbedeutenden Schriftstellers. Der wackere Franzose hat sich 37 mal vergeblich beworben.

Wer als Kandidat akzeptiert wird, muss die übrigen Mitglieder aufsuchen und umwerben. Das muss man sich ungefähr so vorstellen wie den Besuch bei 39 schwerhörigen 80-jährigen Großonkeln. Das Aufnahmeritual ist genau festgelegt: In dem Saal mit den taubenblauen Vorhängen und Stofftapeten erheben sich die Mitglieder von ihren roten Samtsesseln.

Sie begrüßen ihn und erklären ihm, dass sie sich hiermit nur noch ein einziges weiteres Mal für ihn erheben werden – wenn sie die Nachricht von seinem Tod erhalten. Anschließend muss er über einen Begriff aus dem Wörterbuch meditieren – »und zwar in einer ganz genau festgelegten Ecke«, sagt der Direktor und öffnet einen Wandschrank. Dahinter verbirgt sich das Bild von Richelieu auf dem Totenbett. Ein bisschen makaber, findet auch Monsieur Pasqualini, aber es geht hier ja immerhin um die Unsterblichkeit …

Wobei die Mitgliedschaft im Club der Unsterblichen häufig nur von kurzer Dauer ist, angesichts des betagten Alters der Akademiker. Auf dem Sessel Nummer 32 lastete lange Zeit sogar ein Fluch, so die Legende. Wer auch immer auf diesen Platz gewählt wurde, verstarb kurz darauf, wurde ermordet oder erlitt einen Unfall. Wer überlebt, muss sich jeden Donnerstag Punkt 15 Uhr in der Académie am linken Seine-Ufer einfinden. Zum Sitzungsbeginn läutet eine Glocke.

Sie kommt häufig zum Einsatz, plaudert der Saaldiener aus dem Nähkästchen, die alten Herrschaften bleiben gern in den Gängen hängen und hören auch nicht mehr so gut. Hauptaufgabe der Akademiker ist es, ein Wörterbuch herauszugeben. In den letzten drei Jahrhunderten gab es davon neun Editionen. Die aktuelle, auf Lebenszeit gewählte Vorsitzende Hélène Carrèr d'Encausse sieht die Funktion der Académie française aber auch darin, den Franzosen Identifikationshilfe zu geben:

Ihre Devise: Eine Gesellschaft braucht einen gemeinsamen Bezugspunkt, fast alle diese Gemeinsamkeiten sind aber in den modernen Zeiten verschwunden, sogar das Geld – die eigene Währung – existiert nicht mehr. Bleibt nur die Reinheit der französischen Sprache

Und was sagen die Franzosen selbst dazu?

Viele schätzen die Tradition mit den alten Kostümen und ihre Träger, die Gralshüter der französischen Sprache. Manche fänden es sinnvoller, wenn die Académie ein modernes Wörterbuch herausgeben würde statt der alten Formeln. Und einige sagen sogar:

»Die Académie ist eine total verstaubte Institution – so verstaubt wie ganz Frankreich.«

Aber immerhin: unsterblich. *(ES)*

75. GRUND

Weil *Le Monde* Legende ist

Noch heute ist *Le Monde* eine außergewöhnliche Zeitung: Die einzige, die nicht morgens, sondern erst am frühen Nachmittag erscheint. Und zwar mit dem Datum des nächsten Tages. Zeitungshändler Patrick Moreau, der seit 15 Jahren an der Pariser Bastille einen Kiosk führt, erwartet dann seine Stammkunden: »Wenn die Zeitung um kurz nach eins noch nicht da ist, drehen sie hier ihre Runden und können es kaum erwarten. Mir geht es aber genauso: Wenn ich nicht meine *Monde* gelesen habe, fehlt mir etwas. Nur hier finde ich Geschichten, die über die gewöhnliche Berichterstattung hinausgehen.«

Le Monde ist eine Institution. Als die Zeitung am 18. Dezember 1944 zum ersten Mal erschien, umfasste sie gerade mal zwei eng bedruckte Seiten. Papier war knapp, für Fotos fehlte das Geld. General de Gaulle hatte *Le Monde* gründen lassen. Von Journalisten, die während des Krieges nicht mit dem Vichy Regime kollaboriert hatten. An ihrer Spitze Herausgeber Hubert Beuve-Méry. Er formulierte die Leitsätze der Zeitung. »Vor allem muss *Le Monde* eine unabhängige Zeitung sein, die niemandem verpflichtet ist. Weder dem Staat noch der Wirtschaft oder den Kirchen – wir lassen uns nichts vorschreiben, von niemandem.«

Das nahm er so ernst, dass er sich ständig mit Präsident de Gaulle anlegte, erzählt Alain Beuve-Méry, der Enkel des Zeitungsgründers, der heute ebenfalls bei *Le Monde* arbeitet: »Mein Großvater hat de Gaulle bekämpft und gleichzeitig bewundert. Umgekehrt war das genauso. De Gaulle hatte *Le Monde* immer auf seinem Schreibtisch liegen, bekam aber häufig Zornesausbrüche, wenn er sie las.«

Nicht nur de Gaulle war Stammleser. *Le Monde* war Pflichtlektüre für Diplomaten in der ganzen Welt, für alle, die zum Kreis der Eingeweihten zählen wollten. *Le Monde* zu lesen bedeutete, einen sozialen Status zu bekommen. Es war die Zeitung der Eliten und Führungspersönlichkeiten, Wirtschaftsbosse lasen sie genauso wie die Chefs der Gewerkschaften. Man konnte den wirtschaftlichen Aufschwung des damaligen Frankreichs an den steigenden Verkaufszahlen der Zeitung sehen.

Dabei sah das Blatt eher trist aus. Jahrzehntelang gab es kein einziges Foto im redaktionellen Teil. »Das haben wir nicht nötig«, befand Gründer Beuve-Méry, das lenkt nur von den Inhalten ab.

Er selbst schrieb gepfefferte Analysen unter dem Pseudonym Sirius. Sein Team bestand aus hoch qualifizierten Fachjournalisten. Sogar Richter orientierten sich damals bei ihrer Urteilsfindung an den Bewertungen der *Le Monde*-Experten, so die Legende.

In den folgenden Jahrzehnten machten einige Zeitungskrisen auch dem Flaggschiff *Le Monde* schwer zu schaffen. Das Blatt stand mehrmals kurz vor der Pleite. Die Redakteure haben ein eigenes Statut. Ihnen gehören wichtige Anteile der Zeitung. Sie wählen andere Teilhaber, aber auch ihren Herausgeber selbst. Das machte es Investoren nicht einfach. Einmal versuchte Expräsident Nicolas Sarkozy, das Blatt handzahm zu machen und es von konservativen Unternehmern aufkaufen zu lassen. Der Coup misslang. Stattdessen hat dann ein Investoren-Trio rund um den linken Geschäftsmann Pierre Bergé die rettenden Millionen bereitgestellt. Der frühere Lebensgefährte von Yves Saint Laurent hat den Redakteuren dabei ihre Unabhängigkeit garantiert. Er hat es auch aus Nostalgie getan. »Es ist die Zeitung meiner Jugend, ich habe gleich nach dem Krieg schon *Le Monde* gelesen – und ich will, dass diese Legende bleibt, was sie ist: Eine der wichtigsten und besten Zeitungen der Welt«, so begründete er sein Engagement.

Und dann machte *Le Monde* vor einigen Jahren plötzlich allen etwas vor. Es war so, als würde eine weise, alte Großmutter plötzlich auf dem neuesten Inliner-Modell allen davonfahren. Ausgerechnet *Le Monde*, Frankreichs altehrwürdiger Prestigetitel, war weltweit als Erster am Start, als es ins iPad-Zeitalter ging.

Mit diesem Abenteuer wurde gleich alles umgekrempelt: Die Zeitung der Zukunft sollte entstehen. *Le Monde* als globale Marke.

Dabei bekam auch die Papierzeitung einen neuen Look verpasst. Seite zwei wurde eine Art Inhaltsverzeichnis für die diversen Online-Ausgaben, auch optisch einer Website angepasst – man war versucht draufzudrücken, um etwas aufzurufen. Der Rest der Zeitung wurde zu einem Hintergrundblatt – mit aufwendigen Recherchen und Schwerpunkten. *(ES)*

KAPITEL 8

ALL- UND FEIERTAGE MUSS MAN LIEBEN

76. GRUND

Weil die Glocken die Ostereier bringen

Wer sich ein bisschen intensiver mit Frankreich beschäftigt und im Land unterwegs ist, merkt schnell: In vielen Dingen ticken die Uhren im Nachbarland oftmals einen entscheidenden kleinen Tick anders. Das gilt zum Teil sogar für die Kirchenglocken! Denn zwischen Gründonnerstag und Ostersonntag verstummen diese in Frankreich. Kein Wunder, schließlich müssen sie sich der französischen Osterauffassung zufolge auf den Weg nach Rom machen, um sich dort jedes Jahr aufs Neue segnen zu lassen. Auf dem Rückweg, am Ostersonntag, fliegen die Glocken dann mit Ostereiern beladen übers Land zurück in ihren Kirchturm. Praktischerweise lassen sie dabei Ostereier, kleine Schokoladenglocken mit Flügeln oder kleine Schokoladenküken vom Himmel herabregnen. Wer zu Ostern in Frankreich Urlaub macht, braucht also nicht nach dem Osterhasen Ausschau zu halten, denn den gibt es hier eigentlich nicht. Stattdessen lieber mal den Blick gen Himmel richten, vielleicht entdeckt man ja eine fliegende Glocke. Komischerweise ist es mir allerdings bisher noch nicht gelungen, ein Exemplar der gemeinen französischen Osterflugglocke in Aktion zu beobachten. Dabei hab ich als Deutsche dafür sogar mehr Zeit als die Franzosen, denn für die ist der Karfreitag ein ganz normaler Arbeitstag und nicht wie bei uns ein gesetzlicher Feiertag. *(DK)*

77. GRUND

Weil Weihnachten bunt, kurz und lecker ist

Die Franzosen feiern keinen besinnlichen Advent. Weihnachtsplätzchen backen, jeden Tag ein Türchen öffnen, jede Woche eine

Kerze anzünden – all das hat hier keine Tradition. Die Franzosen finden diese fremden Bräuche trotzdem ungeheuer spannend, so ähnlich wie die Deutschen Halloween – also wird fleißig importiert.

Jedes Jahr entstehen mehr Weihnachtsmärkte. Meistens sind das Ansammlungen von quietschbunten Plastikhütten, in denen T-Shirts und Kitsch verkauft werden, Hamburger und Hotdogs. Nur im grenznahen Elsass gibt's romantischere Märkte. Vor wenigen Jahren tauchten auch erstmals in einigen Designer-Blumenläden Adventskränze auf. Die hängten sich die Franzosen als neue Deko-Idee dann an die Wand.

Der 24. Dezember ist in Frankreich ein ganz normaler Arbeitstag, abends beginnt der *réveillon* – das Warten auf die Geschenke. Zeit genug, viel und ausgiebig zu essen. Im Schnitt werden Lebensmittel für 170 Euro verputzt: Gänsestopfleber, *Foie gras*, Meeresfrüchte, Austern, Hummer, Truthahn, und am Schluss steht auf jedem französischen Esstisch: eine *Bûche de Noël*, Kuchen oder Eis in der Form eines Holzscheits. Das erinnert an eine alte Tradition: Bauern haben früher Holzscheite verbrannt und die Asche auf dem Feld verstreut – das sollte Glück zum Jahreswechsel bringen. Angestoßen wird selbstverständlich mit Champagner.

Der Weihnachtsbaum steht dann übrigens schon seit Wochen im Zimmer und leuchtet – vorzugsweise bunt. Was die Deko betrifft, sind die Franzosen eher nicht stilprägend. Es gibt tatsächlich Bäume, die sind vom Stamm bis zur Spitze mit rosa Glitzer-Plastikspray luftdicht verschweißt. Wer weniger farbenfroh feiern möchte, kann sich diesen Plastikbaum auch in Tiefschwarz ins Wohnzimmer stellen. Das ist dann eher was für Existenzialisten. Viel Zeit verbringen die Franzosen sowieso nicht vor dem Weihnachtsbaum: Französische Weihnachten sind kürzer als die deutschen. Nur der 25. Dezember ist frei, am 2. Weihnachtsfeiertag sitzen alle wieder im Büro.

Glanzstück des Kinder-Weihnachtsmarkts an der Bastille ist übrigens eine Geisterbahn mit einem großen King Kong oben drauf. Das gruselt selbst den Weihnachtsmann. *(ES)*

78. GRUND

Weil Silvester nur die Champagnerkorken knallen

Nicht nur Ostern, auch den Jahreswechsel feiern die Franzosen anders als wir. Wie groß war unsere Überraschung, als bei unserem ersten Silvesterfest in Paris alles still blieb! Es waren extra Freunde aus Deutschland angereist, weil wir uns alle gemeinsam ein Silvester in Paris glitzernd und rauschend vorstellten. Doch Pustekuchen, das eine Jahr glitt still und heimlich ins nächste über. Einzig das Knallen unserer Champagnerkorken, das Klirren der Gläser und die Sondersendung im deutschen Fernsehen von der Silvesterfeier am Brandenburger Tor ließen ein bisschen Jahreswechselstimmung aufkommen. Wieder einmal war ich fälschlicherweise davon ausgegangen, dass die Dinge in Frankreich ja wohl so ähnlich laufen würden wie bei uns. Dabei muss ich sagen, dass ich gar kein Silvesterböllerfan bin und es eigentlich absurd finde, so viel Geld in die Luft zu jagen. Doch wenn dann kein einziger Knall zu hören ist, ist es seltsamerweise auch wieder komisch.

Dabei hätte ein bisschen Recherche uns und unseren Freunden die Silvesterenttäuschung erspart. Denn schon seit Jahren ist die Silvesterknallerei in den meisten französischen Städten verboten! Hintergrund ist, dass die benachteiligten Jugendlichen in den Vororten der großen Städte zum Jahreswechsel eine eigene Tradition der Silvesterböllerei entwickelt haben. Regelmäßig setzten sie in der Silvesternacht Hunderte Autos in Brand, zum Teil auch mithilfe von Silvesterböllern, tausende Polizisten waren im ganzen Land im Einsatz, es gab Verletzte und unzählige Festnahmen. Deshalb sind also das Abfackeln, der Verkauf und auch die Einfuhr von Silvesterknallern nach Frankreich strengstens verboten.

Im Jahr darauf setzten wir uns darüber jedoch einfach hinweg und importierten verbotenes Knallwerkzeug aus Deutschland nach Frankreich. Zum Glück sind wir nicht an der Grenze kontrolliert worden, das ist einem Freund von mir passiert, der musste dann unter Aufsicht der Polizei alles Feuerwerk an der Grenze abfackeln. Wir hatten jedoch unsere Packung summende Bienen, Knallerbsen und auch einige Leuchtraketen erfolgreich bis nach Paris schmuggeln können. Dieses Silvester feierten wir mit französischen Freunden, und wie groß war deren Freude und Überraschung, als wir es um Mitternacht dann knallen lassen konnten. So etwas hatten die Franzosen noch nie erlebt! Wir alle hatten ein bisschen Sorge, dass die Polizei bei uns vor der Tür stehen würde und wir Strafe zahlen müssten, doch davon blieben wir warum auch immer verschont. Auf jeden Fall ließen wir nach diesem eingedeutschten Start ins neue Jahr dann trotzdem noch zusätzlich die Champagnerkorken knallen, dieses Knallen gehört schließlich zu einem Silvester in Frankreich. *(DK)*

79. GRUND

Weil am 14. Juli keine Parade groß genug ist

Aber auch die Franzosen sind nur Menschen und wollen wenigstens einmal im Jahr buntes Glitzerzeug durch die Luft fliegen lassen. Silvester darf das aus Staatsräson also nicht stattfinden, dafür aber umso geballter rund ein halbes Jahr später, am Nationalfeiertag. Der 3. Oktober in Deutschland ist ein Witz im Vergleich dagegen, wie die Franzosen ihren 14. Juli feiern. Vielleicht liegt das daran, dass der 3. Oktober noch ein recht junger Feiertag ist, während der 14. Juli in Frankreich schon seit 1880 gesetzlicher Feiertag ist? Der

Sturm auf die Bastille, an den erinnert wird, liegt ja auch schon einige Jahre zurück … Oder aber der durchaus ausgeprägte Nationalstolz der Franzosen nutzt einfach gerne das Ventil, das der Nationalfeiertag bietet.

Wie auch immer: Das große halbstündige Feuerwerk, das in Paris am Trocadéro abgefackelt wird und das den Eiffelturm farbenprächtig in Szene setzt, ist ebenso wie die unzähligen Feuerwerke, die die Städte und Kommunen im ganzen Land organisieren (wohlgemerkt: hier ballert der Staat und keine Privatpersonen!), nur ein Teil der Feierlichkeiten zum 14. Juli. Ganz wichtig ist auch die Militärparade auf und über den Pariser Champs-Élysées, die natürlich live von mehreren Fernsehsendern übertragen wird. Wer zu dieser Zeit in Frankreich ist, sollte sich dieses Schauspiel zumindest einmal im Leben anschauen, auch wenn er kein Militärfan ist. Diese Parade ist auf ihre Art sehr französisch, das erschließt sich einem jedoch nur, wenn man es einmal selbst erlebt hat. In jedem Fall präsentieren sich alle Regimente des französischen Militärs, sie marschieren vom Triumphbogen bis zur Place de la Concorde hin zur Ehrentribüne, auf der immer der französische Präsident sitzt, oftmals begleitet von der gesamten Regierung, Diplomaten und eingeladenen ausländischen Staatschefs. Alle müssen stundenlang Geduld haben, bis alle 4.000 Soldaten, 240 Pferde und 460 Fahrzeuge (einschließlich Panzer) ihren Ehrengruß erwiesen haben. Dabei ist natürlich die gesamte Formation strengstens organisiert, so laufen die normalen Fußtruppen beispielsweise mit einer durchschnittlichen Geschwindigkeit von 122 Schritten pro Minute, während die Fremdenlegion ihre Sonderrolle mit einer Geschwindigkeit von nur 88 Schritten pro Minute präsentieren darf. Fehlen darf natürlich auch nicht die Luftwaffe, die mit allen Maschinentypen, die sie im Einsatz hat, über die Champs-Élysées hinwegdonnert. Die Parade gleicht bei allem militärischen Ernst einem großen Volksfest, Zehntausende kommen, um das Spektakel live zu erleben.

Doch auch damit haben die Franzosen natürlich nicht genug gefeiert. Am Abend steht ein weiteres Highlight an, das man sich als Frankreichliebhaber ebenfalls nicht entgehen lassen sollte: die Feuerwehrbälle! Überall im ganzen Land finden diese Bälle statt, auf denen Besucher und Feuerwehrmänner von 21 Uhr bis 4 Uhr morgens ausgelassen miteinander tanzen und feiern. Wie beliebt diese Bälle sind, mag vielleicht eine schlichte Zahl verdeutlichen: Allein im Großraum Paris finden am 14.Juli mehr als 40 Feuerwehrbälle statt. Als Besucher hat man also die Qual der Wahl. *(DK)*

80. GRUND

Weil sie manchmal schrullige Sitten haben

Es gibt Bräuche in Frankreich, die würde man eigentlich eher in England vermuten, so schrullig sind sie. Zum Beispiel der 25. November. Das ist in Frankreich der Tag der »Catherinettes«. Nie gehört? Der Tag ist so eine Art »Achtung: Vorsicht an der Schwelle zur alten Jungfer«. Gefeiert wird er von jungen Frauen, die ihren 25. Geburtstag gefeiert haben und immer noch nicht verheiratet sind. Sie setzen sich dann einen lustigen bunten Hut auf, laden ihre Kolleginnen ein und machen eine Sause. Oder sie bekommen eine Überraschungsparty von der großen Schwester oder der Kollegin organisiert. Manche finden das übrigens auch überhaupt nicht komisch und reagieren verschnupft.

Da die Französinnen, wie die anderen Europäerinnen auch, immer älter werden, bevor sie heiraten und eine Familie gründen, fällt der Brauch so langsam natürlich ein bisschen aus der Zeit. Aber manche mögen diese »Retro«-Sitten ja gerade deswegen. Der Mythos geht übrigens zurück auf den griechischen Begriff *katharos*, was so viel wie »rein« bedeutet. Catherine soll die Tochter des Königs von Zypern gewesen sein, die zum Christentum konvertierte und als

Märtyrerin starb. Im Mittelalter wurde die Sitte eingeführt, dass das älteste der jungen unverheirateten Mädchen die Statue der heiligen Catherine am 25. November mit einer Krone schmücken durfte.

Als Tag der Kopfbedeckung hat sich das Datum gehalten. Mittlerweile ist das Fest deswegen ein Happening der Hutmacher geworden. Sie werden in vielen Rathäusern am 25. November eingeladen, um ihre neuen Kreationen zu zeigen. Und Hüte sind in den letzten Jahren bei jungen Französinnen definitiv wieder angesagt. Ob mit oder ohne Ehering. *(ES)*

81. GRUND

Weil sie rauschend Hochzeit feiern

Bei einem echten französischen Hochzeitsessen steigt die Braut auf den Tisch und hebt Zentimeter für Zentimeter ihr langes Brautkleid. Jedes Stückchen Bein kostet natürlich – die Hochzeitsgesellschaft steigert so lange, bis das Strumpfband erreicht ist. Das bekommt dann der Meistbietende. Für das Brautpaar ist dieses Geld der symbolische erste Grundstock für die gemeinsame Haushaltskasse. Am Ende des Festmahls kracht es dann – bei der Hochzeitstorte. Die heißt *croquembouche* und ist traditionell eine Pyramide aus Windbeuteln, übergossen mit Karamellsoße. Wenn die hart geworden ist, kracht es beim Zubeißen. Während der Hochzeitszeremonie bleibt die Braut immer an der linken Seite des Bräutigams. In früheren Jahrhunderten musste er die rechte Hand nämlich für seinen Degen freihaben, damit er seine Liebste verteidigen konnte, falls jemand sie entführen wollte. *Très romantique*, aber manchmal wird die Braut auch heute noch entführt – allerdings von Freunden aus der Festgesellschaft …

Früher war es wohl ziemlich mühselig für die französischen Männer, eine Braut zu bekommen. Die alten Werberituale sind zwar im modernen Frankreich größtenteils passé, aber auf dem Land haben sich einige Traditionen gehalten. So gibt es geheime Codes, die dem Verliebten zeigen, ob die Angebetete ihn überhaupt leiden kann. Ist zum Beispiel auf der Suppe, die dem Freier beim Vorstellungsgespräch angeboten wird, zu wenig geriebener Käse, hat er schlechte Karten. Die Menge des Käses galt lange als Gradmesser für die Zuneigung der Umworbenen. Auch für die Braut galten früher genaue Vorschriften. Sie hatte einen Schrank, in dem die Aussteuer gesammelt wurde, Betttücher, Hemden, Kleider. In der Bretagne war es Tradition, am Tag vor der Hochzeit das ganze Dorf einzuladen, diesen Schrank zu bewundern. Die Nachbarn packten dann den Schrank und ein Bett auf einen Karren und fuhren ihn ins neue Heim der Brautleute. Heutzutage wird die Aussteuer ganz profan mit sogenannten *listes de mariage* geregelt: Listen, auf denen die gewünschten Haushaltsartikel notiert sind und die in den entsprechenden Läden ausliegen. Hat das Paar dann den ganzen Hochzeitszirkus überstanden, wartet nach einer Tradition aus dem Aveyron der sogenannte *pot de chambre*. Ein gefüllter Nachttopf, der sie wieder zu Kräften bringen soll. Die Hochzeitsgesellschaft macht sich dabei oft einen großen Jux aus den Zutaten. Nach einem überlieferten Rezept besteht ein echter *pot de chambre* aus zwei Bananen mit Schokoladensauce, übergossen mit Champagner und dekoriert mit Toilettenpapier. *(ES)*

82. GRUND

Weil Blumen keinen Müll machen

Zumindest dieses Problem haben Sie in Frankreich nicht: Wohin mit dem Blumenpapier? Kennt man ja, vor der Tür des Gastgebers noch schnell das Einwickelpapier abreißen und dann notgedrungen in die Manteltasche stopfen. In Frankreich ist die Verpackung

– mindestens – so wichtig wie die Blumen. Oft ist eine einzelne Blume in eine regelrechte Orgie aus durchsichtiger Folie, buntem Seidenpapier und Schleifen gewickelt. Und genau so sollten Sie es auch überreichen. *(ES)*

83. GRUND

Weil Neujahrswünsche bis Februar Zeit haben

Über die Franzosen und ihre Jahreszeitenrituale gibt es so einiges zu erzählen. Praktisch, weil entspannter als bei uns, ist zum Beispiel die Sache mit den Neujahrswünschen. Das gehen die Franzosen nämlich ziemlich locker an. Von wegen Brief-Stress in der Vorweihnachtszeit wie in Deutschland, wo spätestens zwei Tage vor Weihnachten alle Weihnachts- und Neujahrskarten im Briefkasten sein müssen. *Mais non*, mit einer Karte, die dem Geschäftspartner oder entfernt lebenden Verwandten oder Freunden ein *bonne et heureuse année* wünscht, kann man sich durchaus auch bis Februar Zeit lassen!

Dazu passt, dass meist der gesamte Januar *vœux*-Veranstaltungen, wörtlich Wunsch-Veranstaltungen, dient. Es ist eine seltsame Sitte in Frankreich, dass vor allem Politiker (solche in Amt und Würden, aber auch solche, die diese gerne erlangen wollen) jede denkbare Interessengruppe zu einem *vœux* à la XY einladen. Ich selbst hatte einmal als Korrespondentin das Vergnügen, vom Premierminister zum *vœux à la presse* in seinen schlossähnlichen Amtssitz Matignon eingeladen zu werden. Da hielt dann der Gastgeber eine kurze, im besten Falle etwas launige, aber eigentlich inhaltsleere Rede, und schwups gab es Häppchen und Getränke zum Anstoßen. Früher floss bei diesen Gelegenheiten oft der Champagner, aber unter der sozialistischen Regierung von Präsident Hollande sind andere Sitten eingezogen, da wurde nur noch profaner Wein ausgeschenkt.

Kostspielig sind die Veranstaltungen trotzdem, denn auch Kulturschaffende, Gewerkschaften, die Vertreter der Überseedepartements, Vertreter der Kirchen, Vertreter des Lehrpersonals und so weiter und so fort werden zu eigenen *vœux*-Veranstaltungen eingeladen. Manch ein Politiker reist im Januar sogar durchs gesamte Land, um bloß auch genügend Wünsche unters Volk zu bringen. Nicolas Sarkozy hatte in seiner Amtszeit übrigens den Vogel abgeschossen, er hielt 2012 so viele *vœux*-Veranstaltungen ab, wie noch kein Präsident vor ihm. Doch dass er heldenhaft jeden Abend bei einer anderen Interessengruppe das Glas hob (und den Steuerzahler dafür insgesamt 6,5 Millionen Euro zahlen ließ), hat ihm auch nichts genutzt. Er hat die Präsidentschaftswahl einige Monate später trotzdem verloren.

Nicht nur angesichts dieses Beispieles mag man sich schon nach dem Sinn beziehungsweise Unsinn der *vœux*-Veranstaltungen fragen. Aber auf so eine Frage kann man auch nur als Deutsche kommen. Für die meisten Franzosen gehören die *vœux* einfach fest und unhinterfragt zum Jahreszeitenablauf. *(DK)*

84. GRUND

Weil in Frankreich zweimal im Jahr Neujahr ist

Ende August gibt es in ganz Frankreich nur noch ein Thema: die bevorstehende *rentrée*, was übersetzt so viel wie »Rückkehr« heißt. Tatsächlich macht ja das ganze Land kollektiv Sommerpause, im August herrscht der totale Stillstand. Je näher nun der September rückt, desto aufgeregter werden alle. Eigentlich geht nur die Schule wieder los nach zwei Monaten Ferien – aber das bedeutet für die Familien Dauereinsatz. Das Bohei um Erstklässler, das in Deutschland gemacht wird, findet hier jedes Schuljahr statt. Millionen völlig genervter Mütter stehen mit ihren Sprösslingen an der Hand in den Schreibwarenabteilungen der großen Kaufhäuser und arbeiten lange Listen ab. Alles ist ganz genau vorgeschrieben, jedes Heft, jedes Lineal, jeder Bleistift. Zwei Hefte mit großen Karos, drei mit kleinen, eins in Rot, eins in Blau, diverse Schnellhefter in Lila, Grün und Schwarz, dazu jeweils Blöcke mit liniertem Papier in unterschiedlichen Größen. Vierfarben-Kulis mit grüner, roter, blauer und roter Mine, eine bestimmte Sorte Filzstifte – und so geht das weiter. In den Gängen der Kaufhäuser stapeln sich die Papierblöcke, und der, den man braucht, liegt natürlich unten. Ebenso wie die Tatsache, dass der grüne Schnellhefter in allen Kaufhäusern ausverkauft ist. Vor den Kassen stehen endlose Schlangen. Als praktische deutsche Mutter schickte ich in unserem zweiten Jahr in Frankreich meinen Sohn mit den übrig gebliebenen Sachen vom letzten Jahr in die Schule. Das war ein großer Fehler, wie mir mein etwas deprimiertes Kind danach erklärte. Bei der *rentrée* wird grundsätzlich alles neu gekauft. Manchmal sogar inclusive Federmäppchen. Das geht bei den Preisen in Paris ordentlich ins Geld. So eine *rentrée* kann schon mal ein paar Hundert Euro kosten, nur für Schreibwaren. Deswegen wird jedes Jahr aufs Neue in allen Talkshows die Diskussion geführt, ob dieser Zirkus nicht etwas übertrieben ist. Sozialhilfeempfänger bekommen sogar extra *rentrée*-Zuschüsse, damit sie ihren Kindern jedes Jahr die benötigten Sachen neu kaufen können. Wenn der Schreibkram erledigt ist, geht es an die Pflichtlektüre. Da in Frankreich das Schulsystem zentral gesteuert wird, lesen alle zur gleichen Zeit dieselben Bücher. Das heißt: Millionen anderer Sechstklässler brauchen jetzt auch Victor Hugo in der Schülerausgabe. Alle Buchhändler in Paris sind selbstverständlich ausverkauft – und auch online ist nichts zu machen. Da das allen so geht, wird der nationale Starttermin der Lektüre in den Klassen klammheimlich verschoben. Nach den Schulsachen sind die Klamotten dran. Jedes Kaufhaus hat neue Herbst- und Wintersachen in der Auslage – und alle Mamas statten ihre Kinder mit den neuen Größen aus. Im Büro werden die neuen Dienstpläne verteilt, alle Theater starten in die neue Spielsaison, und Museen zeigen die neuen Ausstellungen. Muss man sich alles ansehen, damit man mitreden kann, bei den vielen Einladungen, die zur *rentrée* verschickt werden. Es ist der kollektive Wahnsinn. Deswegen sind sechs Wochen später zum Glück auch schon Herbstferien – um sich vom Stress der *rentrée* wieder zu erholen. *(ES)*

85. GRUND

Weil so viel geküsst wird

Küsschen, Küsschen – die rituellen französischen *bises* (sprich »biii-ihs«) als Begrüßung kennt jeder. Aber wer küsst wen? Und wie oft? Das ist manchmal von Stadt zu Stadt verschieden. In Paris hält man in der Regel zuerst die rechte Wange hin und dann die linke. In Südfrankreich ist es manchmal umgekehrt, so dass es passieren kann, dass Uneingeweihte mit der Nase aneinanderrumpeln, weil sie sich mit der Seite vertun. In manchen Gegenden sind auch drei Küsschen fällig. Warum das so ist, kann einem keiner erklären. »Das ist halt so«, bekommt man zur Antwort. Wichtig ist nur: Geküsst wird immer. Jede Kollegin, jeden Morgen. Im Prinzip muss man sich also erst mal quer durch den Fahrstuhl und das Büro küssen, bevor man mit der Arbeit beginnt. Einfach nur »Guten Morgen« in die Runde zu rufen, geht gar nicht. Dasselbe auch bei der Verabschiedung – alle werden noch mal durchgebusselt. Wenn das bei einem großen Treffen oder einem vollen Tisch im Restaurant stattfindet, hat man eine Menge zu tun. Geküsst wird auch schriftlich – »bises« steht als Verabschiedung in Briefen und Mails an Freunde. Und weil es elektronisch oder per SMS immer schnell gehen muss, hat sich hier die Abkürzung »biz« durchgesetzt. *(ES)*

Weil Trinkgeld liegen bleibt

Wenn Sie einem Kellner in Frankreich beim Abkassieren locker »Machen Sie 30« zurufen, wird er Ihnen trotzdem die drei Euro Trinkgeld, die sie ihm gerade aufgerundet haben, wieder auf den Tisch legen.

Trinkgeld wird erst nach dem Bezahlen liegen gelassen. Das hat für den Kellner den Vorteil, dass er nicht lange rumrechnen muss, welcher Teil der Summe ihm gehört. Und für den Kunden, dass er ganz frei in seiner Entscheidung ist – keiner rümpft in seiner Gegenwart über die Höhe des Trinkgeldes die Nase. Eine sehr stilvolle Art, diese Sache zu regeln.

Auch wenn Freunde zusammen essen gehen, gelten andere Regeln als in Deutschland. Fein säuberlich ausrechnen, wer welches Gericht hatte, und dann getrennt zu zahlen macht keiner. Entweder lädt einer ein und zahlt alles, oder man teilt die Endsumme einfach durch die Zahl der Personen – egal wer was und wie viel gegessen hat. Natürlich kann es passieren, dass man dann mit seinem kleinen Salätchen auch die exquisite und dementsprechend teure Fasanenpastete des Gegenübers mit bezahlt. Aber solche Gedanken machen sich in der Regel nur Deutsche.

Die sorgen auch immer wieder für betretene Blicke im Restaurant, wenn sie fragen, ob am Tisch noch Plätze frei sind. Das ist ein absolutes No-go in Frankreich. Man setzt sich nicht dazu. Der Tisch ist Privatsphäre, auch wenn man in vielen Bistros auf den typischen roten Lederbänken dem Unbekannten vom Nachbartisch fast auf dem Schoß sitzt, weil es so eng ist.

Die besondere Herausforderung besteht für mich immer noch darin, mich aus der Bankreihe wieder herauszuwinden. In der Regel stehen alle Tische in einer langen Reihe aneinander. Auf der einen Seite sitzt man auf Stühlen, auf der anderen auf langen Bänken.

Wer da rein und raus will, muss seinen Tisch also aus der Reihe ein Stück vorziehen und sich durch den dadurch entstehenden Spalt quetschen. Je nachdem, wie man gebaut ist und was alles grade auf dem Nachbartisch steht, ist das ein ziemlich akrobatischer Akt, denn man möchte ja nicht mit seiner Kehrseite dem Nachbarn die Rotweinflasche umstoßen. Zum Glück sind die Franzosen fast alle schlank – sonst würde es im Restaurant ständig zu solch kleinen Pannen kommen. *(ES)*

87. GRUND

Weil Boulespielen noch schöner als das Klischee ist

Es ist wie im Klischee, wie im Film – nur noch viel schöner. Eine Partie *Pétanque*, also eine Partie Boule, macht einfach Spaß.

Traditionell gehört dazu der Bouleplatz in der Dorfmitte, die Platanen und das Grillenzirpen. Und natürlich die Spieler. Jeder kann mitspielen, ob alt oder jung, Mann oder Frau. In der Regel läuft es aber doch immer darauf hinaus, dass sich eine Runde älterer Herren am Nachmittag trifft.

So ist es auch in dem kleinen bretonischen Örtchen Carantec. Rémy, Paul, Roger und John stehen jeden Mittag, Punkt drei auf dem Bouleplatz, bis 5 wird gespielt. Sie lassen das Spiel nur ausfallen, wenn es stark regnet, friert oder schneit – aber das passiert hier ja so gut wie nie.

In ihrem früheren Leben waren sie Mathelehrer, Lkw-Fahrer, Mechaniker und Postbeamter. Und – wer spielt am besten? »Ach, das kommt auf den Tag an – wie bei den Fußballern, gestern war Rémy eine echte Null, er war schlecht gelaunt und wollte zuerst sogar nicht mal spielen.« Letzten Endes hat er aber doch mitgemacht. Es geht hier ja nur ums Vergnügen.

Pétanque spielen ist eine nette Art, Zeit miteinander zu verbringen, an der frischen Luft, ohne körperliche Hochleistung. Natürlich gibt's auch Leute in Vereinen, die das komplett abstreiten würden, die jeden Tag zehn Stunden spielen und Wettkämpfe ausrichten. Bei den meisten Grüppchen, die man in französischen Dörfern sieht, ist das aber eher eine entspannte Sache.

Da wird ein bisschen über den Tag und die neuesten Ereignisse in den Nachrichten geredet, ein bisschen Dorfklatsch weitergegeben – und natürlich gespielt. Zwei gegen zwei in wechselnden Mannschaften. Die kleine Kugel, das sogenannte Schweinchen, wird geworfen – dann müssen die anderen mit den großen Metallkugeln versuchen, so nah wie möglich dran zu kommen. Das ist Präzisionsarbeit – und manchmal kann man mit bloßem Auge nicht erkennen, wer näher dran ist.

Da das häufig vorkommt, haben die meisten ein Maßband dabei.

Dann knien die älteren Herrschaften auf dem Boden und nesteln an ihren Brillen, um millimetergenau die Siegermannschaft festlegen zu können. In beiden Teams gibt es Leger und Werfer, *Pointeurs* und *Tireurs*. Die einen rollen die Kugeln mit unterschiedlichen Techniken an die Zielkugel ran, die anderen schießen gegnerische Kugeln ins Abseits.

Oft wechseln sie sich auch mit der Taktik ab. Vielen Spielern sind ihre Kugeln heilig, sie geben sie von Generation zu Generation weiter.

So wie den Altherrenclub in der Bretagne oder jüngere Mannschaften in Paris trifft man überall in Frankreich auf *Pétanque*-Spieler. Erfunden wurde es aber in Südfrankreich, in La Ciotat. Und die Leute in der Provence beanspruchen natürlich für sich, die einzig echten *Pétanque*-Spieler Frankreichs zu sein, nach dem Motto: »Alle anderen sind Nordlichter, die haben keine Ahnung« Und hier spricht sich *Pétanque* natürlich auch »Petanngkwe«. *(ES)*

88. GRUND

Weil die Franzosen ihren Frust mit allen teilen

VDM – diese Abkürzung sollten Sie sich merken, wenn Sie in Frankreich unterwegs sind. VDM steht für *Vie de Merde* (wörtlich: »Leben voll Scheiße«, sinngemäß »so ein Mist«) und ist ein hervorragendes Beispiel für französischen Humor. Seit einigen Jahren gibt es nämlich die Internetseite viedemerde.fr, die sich zum absoluten Renner entwickelt hat. Auf dieser Seite kann jeder kleine Alltagsepisoden veröffentlichen, die zum Schmunzeln oder Haareraufen sind. Ihren Frust können die Franzosen so mit der ganzen französischsprachigen Welt teilen, die dann wiederum in Kommentaren Beileid wünscht oder aufmunternde Worte findet. Der Gefrustete fühlt sich dann weniger allein, und der Leser kann sich trösten mit dem Gedanken, dass nicht nur ihm Blödes passiert. Nur einige Beispiele für die VDM-Geschichten: »Heute und seit einem Monat kann ich mein Auto wegen eines Schlüsselproblems nicht mehr abschließen. Es wäre schön gewesen, der Einbrecher hätte das heute Nacht überprüft, bevor er meine Scheibe eingeschlagen hat.« Oder auch nett: »Heute Nacht habe ich mein Fenster offen gelassen. Da hat eine Elster meinen String-Tanga geklaut. Das weiß ich, weil ich das Nest der Elster sehen kann, aus der mein Tanga herausschaut.« Jeden Tag kommen Dutzende neue solche VDM-Episoden dazu, natürlich kann man dem mittlerweile auch auf Facebook oder Twitter folgen. Und offenbar haben die Franzosen viele VDM-Geschichten zum Besten zu geben, laut den Machern der Seite erreichen sie täglich mehr als 1.000 VDM-Nachrichten, aus denen sie versuchen, die besten auszuwählen. Kein Wunder, dass es mittlerweile eine richtige VDM-Boutique gibt, in der man VDM-Spiele, VDM-T-Shirts oder VDM-Handyschutzhüllen kaufen kann. *(DK)*

KAPITEL 9

DIE LIEBE ZWISCHEN DEUTSCHEN UND FRANZOSEN IST SO BESONDERS

Weil auch Tränen nicht tabu sind

Manchmal können einen bewegende deutsch-französische Erlebnisse ganz unverhofft am Gartenzaun ereilen – was wiederum zeigt, wie präsent die deutsch-französische Geschichte eigentlich nach wie vor ist. Ein einschneidendes Erlebnis dieser Art hatten wir in unserem Pariser Vorort Saint Cloud eines schönen Sommertages. Das Nachbarhaus samt Grundstück lag eigentlich brach, weil der Besitzer wohl im Pflegeheim war, wie man uns erzählte. Rund zwei Mal im Jahr jedoch kam eine ganze Horde von Verwandten zusammen, um den Garten auf Vordermann zu bringen und anschließend gemeinsam ein schönes Picknick zu veranstalten. Normalerweise haben wir die rasenmähenden Menschen im benachbarten Garten einfach gegrüßt, und das war's. An diesem einen Tag jedoch kamen wir aus irgendeinem Grund über den Gartenzaun hinweg mit einem älteren Mann der Familienarbeitsgruppe ins Gespräch. Dieser Mann fragte uns ganz neugierig, woher wir denn kämen, und nickte bedeutungsschwer, als er erfuhr, dass wir Deutsche sind. Ja, im Zweiten Weltkrieg habe er auch einmal einen Deutschen kennengelernt, erzählte er uns dann. Für ihn als Pariser sei es furchtbar gewesen im Krieg, denn er hätte als kleiner Junge an einem Kinderlandverschickungsprogramm teilnehmen müssen, erinnerte sich der Mann. Ganz alleine wäre er irgendwo auf einem Bauernhof untergebracht gewesen, wo er alles andere als willkommen gewesen sei. Eine schlimme Zeit, die er den Deutschen zu verdanken hatte, auf die er deshalb eigentlich gar nicht gut zu sprechen gewesen sei. Dann habe er jedoch auf dem Bauernhof, als dieser zur deutschen Besatzungszone gehörte, einen deutschen Soldaten kennengelernt. Dieser habe ihn eines Tages auf den Schoß genommen und ihn nach seiner Geschichte und seiner Familie befragt. Als der kleine Junge von seinem Kummer erzählte, holte der Soldat ein Foto aus der Tasche. Darauf war auch ein kleiner Junge mit seiner Mutter abgebildet. Bewegt habe der Soldat erzählt, dass dies sein Sohn sei, den er schon seit Monaten nicht gesehen habe und von dem er gar nicht wisse, wie es ihm gehe und ob er überhaupt noch lebe. In diesem Moment habe er begriffen, sagte der alte Mann am Gartenzaun, dem plötzlich, rund 70 Jahre nach dieser Begegnung mit dem deutschen Soldaten, die Tränen in den Augen standen, dass unter dem Krieg alle Menschen zu leiden hätten, ob es nun Deutsche oder Franzosen waren. Nie wieder dürfe deshalb so etwas passieren, und deshalb sei es so gut, dass wir als junge Deutsche nun die Nachbarn seines Bruders seien. Er reichte seine knorrigen Hände über den Gartenzaun, und natürlich waren auch wir ganz gerührt von dieser so überraschenden wie bewegenden Situation. Den Kindern und Enkeln des alten Mannes schien die Rührseligkeit des Seniors allerdings peinlich, sie riefen: *»Papi, viens boire ton verre!«* Diese Aufforderung, doch zu seinem Glas Wein zu kommen, mussten die jungen Familienmitglieder nicht ein zweites Mal wiederholen. Es sind auch solche Erlebnisse, die es so viele Jahrzehnte nach dem Krieg besonders machen, als Deutsche in Frankreich zu leben oder unterwegs zu sein! *(DK)*

90. GRUND

Weil das Schimpfwort »sale Boche« fast gar nicht mehr benutzt wird

Für uns Deutsche gibt es im Ausland viele wenig nette Spitznamen: *Krauts* bei den Engländern, *Fritz* in Russland oder eben *Boche* oder sogar *sale Boche* (dreckiger Deutscher) in Frankreich. Angesichts der unrühmlichen Rolle in der Geschichte, die wir Deutschen in diesen Ländern jeweils gespielt haben, keine Überraschung. Umso überraschender ist es für mich jedoch, dass mir in all den Jahren in Frankreich das Schimpfwort *sale Boche* nicht ein einziges Mal persönlich entgegengebracht worden ist. Im Gegenteil. In den vergangenen Jahren ist in puncto deutsch-französischer Versöhnung auch im Kleinen offenbar wirklich viel passiert.

Ein besonders bewegendes Erlebnis dieser Art hatte ich im September 2013 in Oradour-sur-Glane. Zum ersten Mal seit dem Ende des Zweiten Weltkrieges hat da nämlich mit Joachim Gauck ein deutscher Präsident diesen Ort eines schrecklichen deutschen Kriegsverbrechens im tiefen Südwesten Frankreichs besucht. Ich sollte für die ARD über diesen historischen Besuch berichten. Ehrlich gesagt graute mir etwas vor diesem Einsatz. Denn aus einem vorherigen, privaten Besuch wusste ich: Oradour-sur-Glane ist einer dieser Orte, die einen nicht mehr loslassen. Auf einem Hügel, umgeben von idyllischen Wäldern und Wiesen, stehen da diese zerfallenen Ruinen. Die Mauern von einfachen Steinhäusern, ein ausgebranntes Auto und die Dorfkirche ohne Dach. In dieser Kirche haben SS-Soldaten vor 70 Jahren mehrere Hundert Frauen und Kinder eingesperrt und diese dann angezündet. Noch heute sieht man auf ein Meter Höhe Einschusslöcher, hier haben die deutschen Soldaten auf Kinder geschossen, die aus der Flammenhölle fliehen wollten. Die Männer des Dorfes hatten die SS-Leute in Scheunen zusammengetrieben, dort erschossen und anschließend angezündet. Es ist ein Grauen, für das es keine Worte gibt. Auch heute noch mit den Händen zu greifen, in diesen Ruinen, die von saftigem Grün umgeben sind. Nur eine Handvoll Menschen überlebte das Massaker, das die Deutschen hier verübt haben. 642 unschuldige Menschen haben die SS-Soldaten an einem Nachmittag umgebracht. Ein ganzes Dorf ausgelöscht. Warum, das weiß man bis heute nicht. Oradour-sur-Glane war kein Dorf der Résistance, Waffen gab es auch nicht.

Nach dem Krieg trafen die Franzosen die schwierige und dennoch für uns nachfolgende Generationen so wichtige Entscheidung, die Ruinen des Dorfes als Mahnmal und Gedenkort stehen zu lassen. Einen Steinwurf entfernt, in Sichtweite, wurde ein neues Oradour-sur-Glane gebaut, mit einem kleinen Rathaus, einer Dorfstraße, einem Marktplatz, einem einfachen Hotel und einer Bar. Und hier also sollte ich nun mit einer Journalistenhorde einfallen, mit dem ganzen Tross, den so ein Staatsbesuch mit sich bringt? Noch dazu als Deutsche? Ich fürchtete sehr, dass wir so diesen Ort »entweihen« könnten, so pathetisch das klingen mag. Aber Gott sei Dank sollten sich meine Bedenken als unbegründet herausstellen.

Das fand ich schon am Abend vor dem Besuch von Bundespräsident Gauck in der Dorfkneipe heraus. Gemeinsam mit den Kollegen vom Fernsehen saß ich an einem der vier Tische, die der Wirt angesichts der hochsommerlichen Temperaturen auf dem Gehweg aufgebaut hatte. Drinnen lief irgendeine Fußballübertragung, und wir saßen draußen und plauderten ein wenig, natürlich auf Deutsch. Das wurde am Nachbartisch sofort registriert, und kontaktfreudig wie die Franzosen nun mal sind, wurden wir gleich angesprochen, woher wir denn kämen und was wir denn in Oradour-sur-Glane machen würden. Es dauerte nicht lange, und die beiden Männer saßen mit uns am Tisch. Einer von beiden, der örtliche Fleischer, stammte aus dem Norden Frankreichs und hatte eine deutsche Mutter. Er erzählte mir davon, wie schwer das noch vor 20 Jahren für ihn in Oradour-sur-Glane gewesen sei, als er wegen der Liebe in den Süden gezogen sei. Bei ihm, dem *Boche*, wollten die Dorfbewohner nicht einkaufen. Lange hatte er mit solchen Vorbehalten zu kämpfen, doch mittlerweile sei auch er in Oradour-sur-Glane akzeptiert. Jetzt, 70 Jahre nach dem Krieg, sei die Zeit deshalb auch reif für den Besuch des deutschen Präsidenten. Vor zehn Jahren hätte das noch ganz anders ausgesehen, sagte der Fleischer und hob sein Glas Bier, aber heute seien auch wir willkommen, wir Journalisten sollten die Deutschen nur daran erinnern, was hier passiert sei. Diese spontane Begegnung, abends in der Kneipe, war für mich fast bewegender als der eigentliche Staatsakt, als Bundespräsident Gauck und Frankreichs Präsident François Hollande sich in den Ruinen der Kirche gemeinsam mit einem der letzten beiden Überlebenden des Massakers in die Arme fielen.

Man kann das vielleicht profan mit den Worten abtun, dass die Zeit eben alle Wunden heilt. Aber ich kann nicht umhin, den Franzosen für ihre – Achtung, wieder ein pathetisches Wort – Vergebung, die ich erlebt habe, dankbar zu sein. *(DK)*

91. GRUND

Weil es so schöne deutsch-französische Liebesgeschichten gibt

Einen nicht zu verachtenden Anteil bei der deutsch-französischen Versöhnung spielen sicherlich auch all die schönen deutsch-französischen Liebesgeschichten. Wenn man sich einmal umhört, staunt man, wie viele deutsch-französische Paare es gibt. Jedes für sich genommen erzählt viel über die kulturellen Unterschiede zwischen Deutschen und Franzosen und über die Annäherung und Anziehung zwischen beiden Nationalitäten. Aber eine Geschichte, die ich von den Beteiligten erzählt bekam, finde ich besonders schön und will sie deshalb auch hier wiedergeben. Es ist die Geschichte von Detlef aus Thüringen und Claudine aus Nordfrankreich.

Die Geschichte der beiden fing vor 40 Jahren in Gotha an, in der tiefsten DDR also. Claudine hat damals als junge Studentin französische Schüler zu Ferienaufenthalten in die DDR begleitet. Wie es der Zufall oder das Schicksal wollte, lernten sich Detlef und Claudine kennen und verliebten sich ineinander. Doch bei den DDR-Funktionären und auch bei den Verantwortlichen in Frankreich stieß die junge Liebe auf keine Begeisterung. Beide fürchteten, dass die deutsch-französische Liebschaft zur Republikflucht und zu diplomatischen Verwicklungen führen könnte. Und so sorgten sie dafür, dass Detlef und Claudine sich nicht mehr sehen konnten, erzählt Claudine: »Als der Verantwortliche des Ferienlagers gemerkt hat, dass wir mehr als nur eine normale Freundschaft pflegten, hat er sich gesagt, das wird schlimm enden. Und so hat er Detlef abgefangen und ihm gesagt, dass ich ihn nicht mehr sehen wolle.« Die Mauer und der Kalte Krieg standen nun zwischen den beiden. Für Detlef blieb Claudine eine schmerzhafte Erinnerung, die er aber nie ganz begraben konnte, weil er direkt am Bahnhof in Gotha wohnte: »Bis 1984 fuhr auch noch dieser Zug, mit dem sie damals gekommen war, der Zug Warschau–Paris, an unserem Haus vorbei. Ich bin in dem Haus direkt am Bahnhof aufgewachsen und sah den Zug eigentlich immer vorbeifahren.« Doch Claudine und Frankreich waren für Detlef nun trotzdem unerreichbar. So lebte er sein Leben in der DDR, arbeitete zunächst als Lehrer, dann bei Robotron. Als die Wende kam, stieg Detlef dann eines Tages endlich in den Zug nach Paris. Doch dort verstand er kein Wort, er fühlte sich fremd, sein französischer Traum schien ausgeträumt. Er sagte sich: »Du hast deine Chance vertan, du bist zu spät, und die Verspätung kann kein Lokführer mehr aufholen.« Also kehrte Detlef enttäuscht nach Thüringen zurück. Doch 26 Jahre nachdem er Claudine kennengelernt hatte, fasste er sich erneut ein Herz und suchte den Kontakt zu seiner alten Liebe – mit einem Brief auf Englisch an die Stadtverwaltung von Claudines Heimatort. Dort arbeitete Claudine mittlerweile in der Verwaltung. Zufall, Schicksal? Und so trafen die beiden sich – und fanden wieder zueinander! Diesmal machte Detlef schnell Nägel mit Köpfen – und keiner konnte ihn daran hindern: »Alles aufzugeben, eine neue berufliche Existenz zu wählen, also das war mir schon klar, das wird ein Gewaltritt.« Aber Detlef wagte es trotzdem. Mittlerweile spricht Detlef fließend französisch und ist Beamter im Kommunalverband vom Großraum Lille. Außerdem hat er die französische Staatsbürgerschaft angenommen und heißt in seinem neuen Leben nun Didier, weil die Franzosen so Schwierigkeiten damit haben, das deutsche »Detlef« auszusprechen. Für Claudine bleibt Didier allerdings immer Detlef: »Auf jeden Fall, wenn meine Kollegen mich fragen, wie geht es Didier, hab ich immer das Gefühl, zwei Ehemänner zu haben. Dann fällt mir ein, ach ja, das ist ja mein Mann. Für mich bleibt er immer Detlef.« Das Leben der beiden zeigt, welche Hürden einer ostdeutsch-französischen Freundschaft im Wege stehen konnten. Hürden, die Didier und Claudine allerdings überwunden haben. Und heute sagt Detlef alias Didier, wenn er in Dunkerque am Strand in seiner neuen Heimat steht: »Manchmal, wenn ich mir alte Fotos anschaue, dann wird mir tatsächlich regelrecht schwindelig.«

Allein schon beim Zuhören kann einem vor lauter Geschichte, die hier greifbar wird und die das Leben zweier Menschen so beeinflusst hat, schwindelig werden, finde ich. *(DK)*

KAPITEL 10

DIE MITTE UND LA FRANCE PROFONDE MUSS MAN LIEBEN

92. GRUND

Weil man den Weltuntergang nur in Bugarach überlebt

Selbst mitten in der französischen Einöde, weit von weg von größeren Städten, kann man herrlich schräge Erlebnisse haben. Beispielsweise in dem 200-Seelen-Dorf Bugarach, in den felsigen Höhen des Languedoc. Schroffe Felswände, grüne Gipfel, Wälder, Kühe und Weltuntergangsjünger, die sich Helme aus Alufolie basteln, kann man hier sehen. Diese Weltuntergangsjünger sind auch gerne per Anhalter unterwegs, so kam auch ich in den Genuss, eine Zeit lang mit Alexandre zu plauschen, der durch seine Erleuchtung von einer Energie durchflossen wurde, die so stark wie 10.000 Orgasmen gewesen sein soll. Seit diesem Erlebnis spielt Alexandre Panflöte, auch in meinem Auto. Alexandre war zu einem Auserwähltentreffen in Bugarach unterwegs. Aus demselben Grund wie ich. Denn am 21. Dezember 2012 sollte laut Maya-Kalender die Welt untergehen. Nur in Bugarach, und hier genau auf dem Gipfel Pic de Bugarach, sollte man von diesem Weltuntergang verschont werden. Warum auch immer genau hier, doch in Esoteriker-Kreisen hatte sich dieser magische Ort herumgesprochen, und so herrschte hier in der Vorweihnachtszeit 2012 bunter Trubel. Mindestens genauso viele Journalisten aus aller Welt wie Esoteriker machten aus dem vermeintlichen Weltuntergang das reinste Happening.

Und die Dorfbewohner nahmen es gelassen. Der Bürgermeister, der sonst wohl vor allem Schafe zählt, organisierte täglich eine Pressekonferenz, in Garagen wurde Musik gespielt und Wein verkauft, ein findiger Toilettenunternehmer aus dem Nachbardorf hatte seine Öko-Toilettenhäuschen mit Sägespänen auf dem Marktplatz aufgebaut. Die Polizei probte unter der Begleitung von Kamerateams die Bergrettung und sperrte den Pic de Bugarach, um befürchtete Massenselbstmorde oder Orgien auf dem Gipfel zu verhindern.

Ich glaube, in Brandenburg oder in der Uckermark wäre ein Weltuntergang, der ja dann doch keiner war, bestimmt nicht so lustig gewesen. Aber die Franzosen, auch die, die in der tiefsten Provinz leben, haben eben einen ganz eigenen Sinn für Humor: *Fin du monde? Alors on danse!* (Das Ende der Welt steht bevor? Dann lasst uns tanzen!) *(DK)*

93. GRUND

Weil in den Pyrenäen so viele Aussteiger leben

Dass sich die Weltuntergangsjünger ausgerechnet ein Dorf in den Ausläufern der Pyrenäen als Pilgerziel ausgesucht haben, ist sicherlich kein Zufall. Denn hier, in diesem Gebirge zwischen der französischen und der spanischen Grenze, befindet sich das geheime Mekka der französischen und sogar europäischen Aussteiger! Gerade die im Landesinneren gelegenen Gegenden Ariège und Couserans sind wild, steil und im Vergleich zu den Alpen menschenleer. Landflucht war in dieser grünen, aber trotzdem kargen Gebirgsregion schon früh ein Thema – mit der Folge, dass Land extrem billig zu haben war. Das hat sich damals bei den 68ern herumgesprochen, von denen einige in die Abgeschiedenheit der Pyrenäen zogen, um dort als Familien auf kleinen Bauernhöfen oder in Gemeinschaften von der Landwirtschaft oder dem Kunstgewerbe zu leben. Auch François und seine Frau Christine sind als junges Paar in den Süden gezogen, als ihre Pariser Kommune sich auflöste und sie eine preiswerte Möglichkeit zu leben suchten. Heute sind die beiden ein altes Ehepaar, das vom harten Landleben durchaus gezeichnet ist und das mittlerweile von der Eselszucht und der Vermietung von Eseln für Wanderurlaube lebt. Ursprünglich einmal hatten sie es mit der Ziegenzucht und der Herstellung von Käse versucht, doch das sei auf Dauer zu hart gewesen, erzählen die beiden uns bei einem Glas Wein in ihrem einfachen Steinhaus, das sie natürlich selbst renoviert haben. Wir haben eine von ihnen organisierte einwöchige Eselsrundwanderung gebucht, nicht ahnend, dass wir dabei auf so sympathische Althippies treffen würden. Und François und Christine sind längst nicht die einzigen Aussteiger, auf die wir treffen. Fast alle *gîtes* (Hütten oder Unterkünfte), die wir als Stationen von unserer Eselswanderung anlaufen, werden von Aussteigern betrieben! Allesamt liegen diese Häuser mitten in den Bergen, zum Teil entfernt von befestigten Straßen, das nächste Dorf ist meist kilometerweit enfernt. Genau diese Wildheit haben die aussteigewilligen Holländer, Deutschen, Spanier und natürlich Franzosen gesucht – und hier in den Pyrenäen gefunden. Aber auch wenn sie die Einsamkeit suchen, ein bisschen soziales Leben soll ja trotzdem sein. Und so sind die samstäglichen Märkte in diesem ländlichen Ariège, wie beispielsweise in Saint-Girons, ein einziges Zurschaustellen von alternativen Lebensformen! Selten habe ich so eine Dichte von Menschen mit Rastahaaren, wilden Bärten, wallenden Röcken über hornhautschwieligen, nackten Füßen und Horden von ausgewilderten Kindern gesehen. Entweder verkaufen sie ihre selbst gemachten Traumfänger, Töpferwaren, Solarzellen, Käse, Gemüse oder Brot, oder sie decken sich selbst mit dem Nötigen ein. An den Ständen daneben stehen die alteingesessenen Bauern mit ihren Waren und tolerieren das bunte Treiben. So weit, dass auch sie sich in die aufgebauten Zelte aus buntem Stoff setzen und hier einen Tee oder Kaffee oder Galettes (herzhafte Crêpes) mit frischem Ziegenkäse natürlich aus Biohaltung essen, geht die Liebe dann aber doch nicht. Aber offenbar scheint das Zusammenleben zwischen alter Landbevölkerung und Aussteigern immerhin so gut zu funktionieren, dass auch heute noch die Pyrenäen in Aussteigerforen im Internet als heißes Ziel gehandelt werden. Vielleicht liegt das aber auch einfach daran, dass trotz der Öko-Zuzüge die Bevölkerungsdichte extrem niedrig ist und man stundenlang unterwegs sein kann, ohne einem Menschen oder einem Haus zu begegnen. *(DK)*

Weil in Guédelon eine mittelalterliche Burg gebaut wird

Guédelon ist wie eine Zeitmaschine. Man verlässt am Eingang das 21. Jahrhundert, lässt Auto und Handygeräusche hinter sich – und landet ohne Übergang im 13. Jahrhundert. Überall stehen Handwerker, klopfen und hämmern, tragen Dachziegel zum Brennofen, spalten in vielen Stunden Arbeit riesige Felsbrocken, transportieren Steine und Mörtel mit dem Pferdekarren zur Burg, die aussieht wie eine Ruine. Tatsächlich ist es aber genau das Gegenteil, nämlich ein Neubau. Allerdings mit den Methoden und dem Werkzeug des Mittelalters. Ein einzigartiges architektonisches und archäologisches Experiment. Projektleiterin Marilyn Martin hat dafür ihren Managerjob gegen diese Baustelle getauscht. Für sie ist es die Verwirklichung eines Traums: »Jedes Jahr gibt es hier ganz unterschiedliche Bauphasen zu sehen – mal bauen wir die Grundmauern, dann ein Kreuzgewölbe, dann ein Dach aus selbst gebrannten Ziegeln, das ist jedes Mal eine einmalige Sache.«

Die Idee hatte ursprünglich ein Architekt, der in der Nachbarschaft ein Schloss restaurierte. In den Grundmauern fand er die Überreste einer alten Burg. Wie wäre es, so etwas zu bauen?, fragte er sich und gewann Marilyn für das historische Abenteuer. Zusammen mit einem Team aus Wissenschaftlern hat sie dann vor mehr als einem Jahrzehnt das Projekt gestartet. Zuerst mussten sie anhand von anderen Burgen, alten Schriften und Kirchenfenstern herausfinden, wie und womit damals genau im Einzelnen gebaut wurde. Dann haben sie Handwerker verpflichtet. Alle zusammen lernten sie bei jedem Arbeitsschritt dazu.

Der Schmied, ein junger Mann aus der Gegend, hängt mit beiden Armen an einem riesigen ächzenden Blasebalg, um das Feuer anzufachen – solche Bewegungen machen die meisten Leute heute nur noch im Fitnessstudio. Aber in Guédelon gibt's keinen

Strom – hier wird alles selbst gemacht, und zwar von morgens bis abends.

Jedes Werkzeug der Steinmetze, aber auch jeden einzelnen der 700 Nägel an der Zugbrücke hat er selbst gemacht, und ständig muss er ausbessern.

Nebenan wird gerade der Wohnturm der Burg hochgebaut. Zwei Stockwerke stehen schon. Einen Kran, um die Tonnen von Stein und Mörtel zu hieven, gibt es nicht. Dafür das sogenannte Hamsterrad. Auf den ersten Blick sieht es aus wie ein Folterinstrument, funktioniert aber wie ein Kran. Im Rad laufen die Arbeiter, dadurch spannt sich das Seil eines riesigen Flaschenzugs.

Im Mittelalter haben sie für eine solche Burg ein gutes Jahrzehnt gebraucht. In Guédelon wird 25 Jahre lang gebaut. Auch um den Besuchern zu erklären, wie es geht. Wie dieses historische Abenteuer funktioniert.

Viele sind so begeistert von dem Projekt, dass sie selbst mit bauen wollen. Jedes Jahr beteiligen sich bis zu 700 Freiwillige an dem Burgbau. Mediziner und Manager genauso wie Leute vom Fach.

Besonders begeistert sind natürlich die Kinder. Hunderte von Schulklassen waren schon hier. In speziellen Werkstätten können sie selbst als Steinmetz arbeiten.

Steinmetz Clément, der seit vielen Jahren dabei ist, hat dazu seine eigene Philosophie entwickelt: »Hier wird nicht nur eine Burg gebaut, hier werden auch Menschen geformt. Ich bin hier ernsthafter und ruhiger geworden.«

Trotzdem ist die Guédelon-Truppe kein Mittelalter-Traditionsverein. Wenn abends die Baustelle für die Nacht dicht macht, fahren sie in ihre eigenen, neuen Häuser – mit Fernsehern und Computern. Willkommen zurück im 21. Jahrhundert. *(ES)*

Weil die Ardèche das Paradies der Esskastanien ist

Wenn man im Herbst durch die Ardèche fährt oder wandert, dann muss man schon aufpassen. Denn überall wachsen Esskastanienbäume, es ist die vorherrschende Baumart. Und innerhalb einiger Wochen im Oktober und November lassen all diese Bäume ihre reifen Esskastanien fallen, inklusive ihrer stacheligen Hüllen. In den Wäldern, auf den Straßen und Wegen der Ardèche hört man deshalb in dieser Jahreszeit vor allem eines: ein lautes Ploppen. Oft weiß man gar nicht, wo man sich zum Schutz hinstellen soll, denn ein bisschen Vorsicht ist durchaus ratsam, sagt einer, der es wissen muss, der Kastanienbauer Arnaud Misset: »Die Hüllen sind jetzt alle trocken, und wenn wir die auf den Kopf bekommen, dann kann das schon sehr wehtun.« Der Mann mit den großen Händen und den freundlichen braunen Augen lacht, für ihn als Kastanienbauern ist das Herunterfallen der Kastanien, die Ernte, natürlich trotzdem in erster Linie Musik in den Ohren. Arnaud Misset ist einer von rund 500 Kastanienbauern in der Ardèche. Seit dem 14. Jahrhundert nutzen die Menschen in diesem südfranzösischen Mittelgebirge das milde Klima zur Pflege der Kastanienbäume. Im Laufe der Zeit haben sich so mehr als 65 verschiedene Esskastanienarten entwickelt, die auch heute noch alle in der Ardèche wachsen. Um die Unterschiede zwischen den verschiedenen Arten zu erkennen, muss man schon ziemlich genau hinschauen: Sind die Früchte beispielsweise durchgehend braun, oder gibt es einen Stich ins Rötliche mit leichten Streifen? Diese Frage nach der Sorte ist ähnlich wie bei den Kartoffeln für die Nutzung der Esskastanien ziemlich wichtig. Bei dem Hersteller Sabaton, dessen Fabrik sich natürlich auch in der Ardèche, genauer gesagt in Aubenas, befindet, arbeitet man schon seit mehr als 100 Jahren tagtäglich mit den Feinheiten der verschiedenen Esskastaniensorten. Hier im Herzen der Ardèche stellt Christophe

Sabaton Maronenpüree, Maronencreme, Maronenkonfitüre und das edelste Kastanienprodukt, die kandierten Maronen, her. In Frankreich werden diese *marrons glacés* traditionell zu Weihnachten gegessen, aber auch im Rest der Welt verkaufen sich die verschiedenen Kastanienprodukte. Christophe Sabaton hat deshalb Etiketten in vielen Sprachen vorrätig: »Für die Maronencreme, die unser geläufigstes Produkt ist, haben wir 17 verschiedene Etiketten. Zunächst einmal japanisch, denn die Japaner sind unsere wichtigsten Kunden. Aber auch arabisch etikettieren wir viel, denn im gesamten mittleren Orient werden die kandierten Maronen sehr geschätzt.«

Aber man muss natürlich nicht nur in die Ferne schauen, um Liebhaber der Esskastanie zu finden. In der Ardèche gibt es immer mehr Menschen, die diese alte Tradition wiederentdeckt haben und kulinarisch modernisieren. Ein Paradebeispiel dafür ist der junge, talentierte Koch Claude Brioude aus Neyrac-les-Bains. Er führt sein kleines Restaurant in der Ardèche mittlerweile in der fünften Generation. Esskastanien gehören das ganze Jahr über zu seiner Küche, vor Kurzem hat Claude Brioude sogar ein Esskastanien-Kochbuch mit dem Titel *Die ungekrönte Königin der Küche* veröffentlicht. Dass die Esskastanie auch in den Kochtöpfen der gehobenen Gastronomie Einzug hält, ist allerdings ein recht neues Phänomen, so Claude Brioude. Früher war das Brot der Bäume vor allem ein Nahrungsmittel für die Armen: »Damals hatte man eben nur die Kastanie, deshalb war es kein nobles Produkt. Erst in unserer Generation haben die Küchenchefs angefangen, das Produkt vielfältiger zu nutzen und wirklich zu schätzen. Vorher wurde die Kastanie nur als schlichtes Nahrungsmittel gesehen.« Bei Claude Brioude ist das natürlich anders. Während der Erntezeit, also im Herbst, hat der sympathische Mittdreißiger sogar ein ganzes Kastanienmenü auf der Speisekarte stehen. Es beginnt mit einem Crémant mit Kastanienlikör als Apéritif, als Vorspeise gibt es beispielsweise Entenstopfleber mit glasierten Kastanien, als Hauptgericht Petersfisch mit Kastanienbutter, Fenchel und

Dampf-Maronen und als Dessert vielleicht ein Kastaniensoufflé mit Himbeerkompott und Eis. Mmh!

Kein Wunder, dass die Esskastanie heutzutage in der Ardèche sogar regelrecht gefeiert wird. In der Erntezeit finden überall in den malerischen Orten an den Wochenenden Kastanienfeste statt, sogenannte *castagnades*. Im Internet kann man sich rechtzeitig durch den jährlichen *castagnades*-Feierkalender informieren, wo und wann die Esskastanie ganz rustikal gefeiert wird. Bei diesen Dorffesten gibt es Kastanien in allen Variationen zu genießen, Straßenmusik und organisierte Wanderungen in den Kastanienhainen.

Als Besucher kann man also ganz leicht in die Welt der *châtaignes* eintauchen. Manche Kastanienbauern, die zusätzlich noch Fremdenzimmer vermieten, bieten in der Erntezeit sogar auch Ardèche-Spezialwochenenden an. Da wird dann gemeinsam geerntet, anschließend verraten die Profis, wie man die Maronen am besten schält, und es wird gemeinsam Maronencreme hergestellt. Ein solches Herbstwochenende kann man wohl nur in der Ardèche genießen, denn nirgendwo sonst in Frankreich wachsen schlicht und ergreifend so viele Esskastanien. *(DK)*

96. GRUND

Weil Lyon leuchtet

Lyon ist die drittgrößte Stadt Frankreichs, nach Paris und Marseille. Aber im Gegensatz zu den beiden anderen, der Hauptstadt an der Seine und der schillernden Metropole am Mittelmeer, gehört Lyon eher weniger zum Standardrepertoire der Touristen. Auch bei vielen Franzosen hat die Stadt den Ruf, dass die Einwohner lieber unter sich bleiben und es nicht ganz einfach ist, dort in die Gesellschaft aufgenommen zu werden. Aber es ist ein sehr schön gelegenes Städtchen, mit Spitzengastronomie. Hier betreibt Paul Bocuse seine Restaurants und Kochschulen. In Lyon wurden früher die schönsten Stoffe für die europäischen Königshäuser gewebt, viele alte Webstühle erinnern an diese Zeit.

Eine andere Tradition verzaubert die Stadt noch heute, im Dezember.

Dann verwandelt Lyon sich in ein Märchen aus Licht. Jeder stellt eine Kerze ins Fenster, die Straßenbeleuchtung wird in schummriges Rot gedimmt. Vor diesem Hintergrund strahlen unzählige Lichtinstallationen bekannter Künstler.

Auf Kirchen liefern sich Engel und Dämonen bei donnernder Orgelmusik eine Schlacht, das Gebäude strahlt abwechselnd in Gold und Rot – die Kirche wird zur dreidimensionalen Videoleinwand.

Auf einem anderen Platz tanzen haushohe Riesen auf der Fassade HipHop und öffnen mit ihren Händen scheinbar das Dach – das Gebäude scheint mitzutanzen.

Nebenan steht die Brücke in Flammen – Hunderte rote Flaggen züngeln im Wind. Im nächsten Augenblick wird die ganze Szenerie eisblau – alle Fahnen haben die Beleuchtungsfarbe gewechselt, der Fluss reflektiert das bunte Licht. Darüber schweben riesige leuchtende Fische aus Papier am Himmel.

Die Künstler, die die Stadt so verwandeln, kommen mittlerweile aus vielen Disziplinen. Vor zehn Jahren waren es nur Stadtbeleuchter, die hier etwas Neues ausprobierten. Inzwischen entwerfen internationale Lichtdesigner extra für das Festival in Lyon neue Projekte. Theater und Filmbeleuchter sind dabei, Architekten, 3-D-Videoprogrammierer und sogar Modedesigner.

Rund 90 Lichtkunstwerke strahlen in der Stadt, manche sind auch mobil: Fauchende und rauchende bunte Drachen, Fantasietiere und andere geheimnisvolle Lichtgeschöpfe ziehen lärmend und klingelnd durch die Fußgängerzone.

Das Spektakel soll an eine alte Tradition erinnern, auf die das Lichterfest zurückgeht. Ursprünglich war es eine Prozession zu Ehren der Marienstatue auf dem Hügel über der Stadt.

Als die Lyoner Behörden am 8. Dezember 1852 diese Prozession wegen eines heranziehenden Sturms verbieten wollten, stellten die Lyoner ihre Kerzen einfach in die Fenster und zogen trotzdem los. So wurde das Lichterfest geboren. Heute kommen jedes Jahr an die drei Millionen Besucher, um sich von der glitzernden Stadt verzaubern zu lassen. *(ES)*

KAPITEL 11

DEN SÜDEN MUSS MAN LIEBEN

97. GRUND

Weil Saint-Tropez immer noch die Hauptstadt von Schickimicki ist

Brigitte Bardot und Saint-Tropez – das sind zwei untrennbar miteinander verbundene Namen. Die Frage ist nur: Wie hängen sie zusammen? Für die Ureinwohner von Saint-Tropez ist die Sache klar: Die Alten hier sagen, dass es nicht die Bardot war, die Saint-Tropez bekannt gemacht hat, sondern umgekehrt. Saint-Tropez hat sie zum Star gemacht, weil es mit seiner Schönheit ihrem ersten Film diese einzigartige Magie verliehen hat.

Wie auch immer – der Moment, in dem das kleine Fischerdorf und die Schauspielerin vor der Kamera zusammenkommen, besiegelt für beide ihr Schicksal. In dem Film *... und immer lockt das Weib* spielt sie unverschämt sexy ein junges Mädchen aus Saint-Tropez, das die Männer um den Verstand bringt und sich amüsiert.

Brigitte Bardot wird damit zum Weltstar. Danach hat sie zu Hause in Paris kein Privatleben mehr – wo immer sie auftaucht, bilden sich Menschenaufläufe, sie wird von Paparazzi gejagt. Da erinnert sie sich an Saint-Tropez. Schon ihre Eltern hatten dort ein kleines Fischerhäuschen. Ihre Mutter ist es dann auch, die 1958 ein Haus am Meer für sie entdeckt: La Madrague.

Ein kleines Anwesen, ohne fließend Wasser, ganz einfach – aber Brigitte Bardot verliebt sich in das Haus und richtet es mit großem Geschmack her.

Aus dem Traum vom beschaulichen Leben im Fischerdorf ist dann leider doch nichts geworden. Es gab schnell extra BB-Bootstouren, von früh bis spät wurden Touristen am Haus der Bardot vorbeigefahren – immer in der Hoffnung, einen Blick auf die Schauspielerin zu erhaschen.

Das hat letztlich das ganze Dorf verändert. Ein unglaublicher Rummel brach plötzlich über Saint-Tropez herein.

Für die Reichen und Schönen, für die großen und kleinen Filmstars wurde Saint-Tropez zum Pflichtprogramm im Sommer. Edelboutiquen verdrängten die kleinen Läden, exklusive Nachtclubs die kleinen Kneipen. Der Hafen, in dem bis dahin ein paar Dutzend Fischerboote vor sich hin dümpelten, wurde zum Anlegeplatz für Luxusjachten – bis heute. Der Hafenmanager bekommt 17.000 Reservierungsanfragen pro Jahr.

Er managt den Hafen wie ein Hotel. Boote bis zu 70 Metern Länge können hier anlegen. Reservieren muss man aber erst ab 22 Metern Länge.

Die Fischer wohnen längst nicht mehr in ihren kleinen Häuschen, sie haben an reiche Ausländer verkauft und sind selbst in Vororte gezogen. Die paar, die noch als Fischer arbeiten, müssen sich zwischen Hunderten von Jachten durchmanövrieren. Auf denen ruhen sich die Superreichen vom Rummel an Land aus, denn im Sommer kommen pro Tag zigtausend Besucher nach Saint-Tropez.

»Wenn wir dann mit unseren Booten anlegen«, erzählt ein Fischer, »werden wir unablässig fotografiert. An manchen Tagen ist es wie eine Invasion, dann kommen wir kaum durch.«

Brigitte Bardot findet das übrigens alles entsetzlich und schimpft gern über den Hype, den sie selbst unfreiwillig vor vielen Jahrzehnten ausgelöst hat. »Saint-Tropez ist nur noch Kirmes, ein großer Supermarkt – die Leute kommen nur, um Stars zu sehen. Und auf den Jachten sitzen lauter arrogante Snobs. Bei alldem geht die Schönheit dieses Ortes völlig verloren«, klagt sie. Sie selbst wohnt immer noch in ihrem legendären Haus La Madrague.

Morgens füttert sie wilde Katzen, die im ehemaligen Garten der Schriftstellerin Colette wohnen, einer anderen berühmten Bewohnerin von Saint-Tropez.

Erst wenn der Sommerrummel vorbei ist, kommt auch Brigitte Bardot wieder raus. »Wir haben die gleiche Lebenseinstellung hier, die Leute aus dem Dorf und ich«, erzählt sie, »wir arbeiten nicht gern, lieben die Sonne und den Süden.« Dummerweise geht das Millionen Touristen genauso … *(ES)*

98. GRUND

Weil Hollywood eigentlich in Cannes ist

Die letzten zwei Wochen im Mai verwandelt sich die 70.000-Einwohner-Stadt Cannes an der Côte d'Azur in einen riesigen Zirkus der Extraklasse. Es ist ein einmaliges Spektakel, das sich während des Filmfestivals abspielt. Viele Bewohner von Cannes fliehen in dieser Zeit, in der Filmstars, Produzenten, Promis, Möchtegern-Promis und über 5.000 Journalisten aus aller Welt in die Kleinstadt einfallen und sogar auf dem Bürgersteig der Uferpromenade, der Croisette, Stau verursachen. Die pfiffigen Bewohner von Cannes vermieten in dieser Zeit ihre Wohnungen unter und machen den Gewinn des Jahres, denn für eine gut gelegene 3-Raum-Wohnung muss man während der 14 Tage Filmfestival schon mal 10.000 Euro auf den Tisch legen. Kein Wunder, dass manche Festivalbesucher in den allerletzten Absteigen hausen, die zum Teil offenbar nicht einmal eine Dusche haben. Anders konnte ich mir zumindest nicht erklären, dass die Körperausdünstungen, denen man in der Enge der Vorführsäle nicht entfliehen kann, gegen Ende des Festivals zum Teil einen sehr scharfen Ton bekamen …

Manche Bewohner von Cannes jedoch widerstehen der Versuchung, ihre Wohnung für viel Geld zu räumen, bleiben und wollen sich diese fünfte Jahreszeit in der eigentlich nicht besonders hübschen Stadt am Mittelmeer nicht entgehen lassen. Ob es ihnen allerdings gelingt, wirklich in den Filmtrubel einzutauchen, ist fraglich. Denn allein in die Vorführungen der rund 300 gezeigten Filme zu kommen, ist schon eine Wissenschaft für sich. Einfach ein Ticket an der Tageskasse kaufen, das kann man getrost vergessen. Denn die

Filme während des Festivals dürfen nur Ausgewählte anschauen, man braucht dafür eine Akkreditierung und einen sogenannten *badge* (sprich Batsch). Die Farbe des *badges* entscheidet dann, in welche der mehr oder wenigen langen Schlangen man sich vor dem Festivalpalast am alten Hafen einreihen muss. Wenn man Pech und einen schlechten *badge* hat, dann bekommt man trotz Akkreditierung keinen Platz im Vorführungssaal mehr.

Anderes wichtiges Thema, vielleicht sogar noch wichtiger als die Filme selbst, sind die Partys und Empfänge. Hier geht es ums Sehen und Gesehenwerden – und ums Geschäftemachen. Allein mitzubekommen, wo wann welche Party steigt und wo vielleicht noch Promis unterwegs sein werden, ist nicht einfach. Auch wenn man es weiß: Zutritt bekommt man natürlich sowieso nur mit Einladung. Besonders putzig fand ich die Jachtpartys im alten Hafen. Während des Filmfestivals liegt hier natürlich eine Megajacht neben der anderen vertäut. Manche gehören den Stars, wie beispielsweise Steven Spielberg, der 2012 als Jurypräsident mit seiner eigenen Jacht angereist war, andere werden für schlappe 40.000 bis 150.000 Euro pro Woche vermietet. Mir ist es gelungen, einen der Jachtverleiher zu interviewen, und der erzählte mir, dass er für seine exklusiven Kunden natürlich alle Extras parat hat: Kaviar im Überfluss, 24-Karat-Gold-Champagner und *bien sûr* eine lange Liste von Models, die als Partygäste dazugebucht werden können. Doch wenn so eine Jachtparty steigt, heißt es auch für die Schicken und Reichen: »Schuhe ausziehen!« Denn Stöckelschuhe machen sich auf einem Teakholz-Deck eben nicht so gut. Deshalb befinden sich vor jeder Jacht im Hafen auf dem Quai große überdachte Schuhregale, in denen sich oft die Schuhe stapeln, die dann wiederum von der distinguierten Besatzung bewacht werden. Ein lustiges Bild! Auch der deutsch-französische TV-Sender ARTE mietet seit Jahren während des Festivals eine Jacht und organisiert hier zahlreiche Empfänge, um den Austausch mit den Geschäftspartnern zu fördern. In einem Jahr jedoch lag direkt neben der ARTE-Jacht die Jacht einer Porno-

Produktionsfirma vertäut. Während also auf der ARTE-Jacht über Autorenfilme diskutiert wurde, saßen die Porno-Produzenten mit ihren Gästen im Whirlpool auf dem Deck und ließen eine Whiskey-Flasche in Penis-Form kreisen! Auch in Cannes kann man sich seine Nachbarn nicht immer aussuchen …

Kein Wunder, dass im Hafen viele Schaulustige entlangflanieren und darauf hoffen, hier einen Blick auf einen Promi zu erhaschen. Mir ist das tatsächlich einmal zufällig gelungen. Vor einer metallicgrün lackierten Jacht stand nämlich eine Traube von Menschen und Fotografen und wirkte ganz aufgeregt. Ich schaute hin, und tatsächlich stolzierte gerade Sharon Stone über den Bootssteg! Wie ich im Nachhinein feststellte, war sie zu Besuch auf der Jacht des amerikanischen Produzenten Jerry Weintraub gewesen. Ansonsten aber ist es während des Filmfestivals nicht leicht, Promi-Zufallstreffer zu landen. Für Normalsterbliche ist an den roten Teppich beispielsweise kein Rankommen. Schon Tage vor Beginn des Festivals stellen die Fotografen hier ihre Alu-Klappleitern auf, die sie mit ihren Namen beschriften. Abwechselnd wird dann Wache gehalten, dass bloß auch niemand es wagt, die Leiter zu verrücken. Und wenn dann die Stars vorfahren, herrscht natürlich hektisches Gedränge – mit Dresscode. Denn man darf am roten Teppich nur fotografieren oder filmen, wenn man einen Smoking oder ein schwarzes Kleid anhat. Die übliche praktische Outdoorkleidung, die Fotografen und Kameramänner so gerne tragen, ist in Cannes natürlich tabu.

Mit anderen Worten: Wenn man einmal ein bisschen internationale Filmluft schnuppern und eine Vorstellung von der glamourösen Film-Parallelwelt bekommen will, dann sollte man sich einmal Cannes in den letzten zwei Maiwochen geben. Allerdings braucht man das nötige Kleingeld und sollte sich darauf einstellen, dass man als Normalsterblicher ohnehin nur Zaungast sein wird. *(DK)*

99. GRUND

Weil im Stadtgebiet von Marseille Fjorde sind

Marseille ist der zweitgrößte Ballungsraum in Frankreich. Über eine Million Menschen leben hier. Gleichzeitig gehört zum Stadtgebiet von Marseille ein kleines Naturwunder. Mit dem normalen Linienbus kann man vom alten Hafen aus nämlich die Calanques erreichen. Malerische Kalksteinbuchten, die bei Naturliebhabern das Herz höher schlagen lassen. Immerhin bestehen die Calanques aus nicht weniger als 21 lang gezogenen, fjordähnlichen Buchten – von Marseille bis Cassis. Steil und karg ist diese Küstenlandschaft, Hunderte von Metern ragen die weißen Felswände über dem türkisblauen Meer auf. Kletterer, Wanderer, Kajakfahrer oder einfach Sonnenanbeter – vor allem im Sommer strömen sie alle in die Calanques. In den schmalen Buchten liegt dann Handtuch an Handtuch. Und trotzdem: Der Zauber der Calanques wirkt immer noch. Liebhaber dieses nur 20 Kilometer langen Felsmassives wie Olivier Durand von der öffentlichen Fördergesellschaft der Calanques finden fast poetische Worte: »Wir haben hier mit den Calanques wirklich eine außergewöhnliche Landschaft. Dieses Felsmassiv, das sich ins Meer ergießt, diese zerklüftete Küste aus weißem Stein, in die das Wasser eindringt und andersherum. Diese Schönheit ist in der ganzen Welt bekannt, diese Kathedrale aus unbeflecktem weißen Stein, die ins Meer eintaucht.«

Diese wilde Natur gehört zu großen Teilen zu Marseille, auch wenn das nur schwer vorstellbar ist. Etwas Vergleichbares gibt es nirgendwo sonst in Europa. Auch die Leiterin der Touristinformation in Marseille, Sylvie Allemand, weist Besucher immer wieder auf diese Besonderheit hin: »Das überrascht die Besucher, wenn man ihnen sagt, dass die Calanques zu Marseille gehören, dass sie ein Stadtteil sind und man mit einem Busticket hinfahren kann. Es ist vor allem erstaunlich, wenn man bedenkt, dass Marseille die zweitgrößte Stadt von Frankreich ist, die vor allem für ihre industrielle Vergangenheit und den Hafen bekannt ist. Man kann sich da kaum vorstellen, dass dieses Felsmassiv, diese grüne Lunge in Wirklichkeit zu Marseille gehört.«

Die Calanques sind vor Kurzem zum ersten peri-urbanen Nationalpark Europas erklärt worden, zu einem Nationalpark also, der zum Teil in einem Stadtgebiet liegt. Das Projekt war und ist umstritten. Beispielsweise bei den Wanderern, wie diesen zwei Männern aus Marseille. Sie stehen verschwitzt in der Port d'En Vau und können der Idee eines Nationalparks nicht viel abgewinnen: »Wir sind eher dagegen, weil es doch noch mehr Touristen anziehen wird. Schon jetzt ist es hier ziemlich voll. Außerdem wird es Verbote geben. Für uns sind die Calanques ein Ort der Freiheit, und wir haben Angst, das zu verlieren.«

Tatsächlich gibt es Untersuchungen, wonach die Besucherzahl um mehr als ein Drittel ansteigen könnte. Das Label Nationalpark zieht. Eigentlich sollte es zusätzliches Geld geben, um die Besucherströme besser zu lenken. Doch angesichts einer Regierung unter Sparzwang konnte bisher kein Ranger zusätzlich eingestellt werden. Ein Umstand, der die Beschäftigten des Nationalparks sogar in einen Streik getrieben hat. Francis Tallin vom Nationalpark Calanques fasst den Unmut kurz und bündig zusammen: »Wir haben das Gefühl, nur ein Nationalpark auf dem Papier zu sein. Es ist nur ein Etikett ohne Inhalt.«

Und doch hat der neue Nationalpark an Südfrankreichs Küste auch wirtschaftliche Folgen für die Region. Zum Beispiel bei den Fischern. Im maritimen Teil des Nationalparks ist nämlich in einigen Gebieten der Fischfang verboten. Am Hafenbecken in Marseille, wo die kleinen Fischer jeden Morgen ihre Fischstände aufbauen und erst so richtig für das Hafenflair sorgen, ist das das absolute Reizthema. Viele der kleinen Fischer fürchten um ihre Existenz. Es wird schnell deutlich: Wenn ein Naturwunder wie die Calanques zu einer Großstadt gehört, dann ist das gleichzeitig ein Geschenk und eine Last. *(DK)*

Weil Le Corbusier wieder in ist in Marseille

Von außen macht der achtstöckige Wohnklotz nicht viel her. Als Tourist würde man sicher vorbeilaufen – und in den Reiseführern wird er selten erwähnt. Ein paar bunte Farbflächen an den Balkonfronten, ansonsten grauer Beton. Die Atmosphäre verändert sich schlagartig, wenn man das Gebäude betritt: Man landet in einem Zwischending aus Hotelhalle und Luxusdampfer, mit einem Empfangsdesk, Ausstellungsplakaten und Sitzecken.

»Meine Kathedrale«, nennt es Monique. Mit ihrer Familie ist sie vor einigen Jahren hierhergezogen. Ins »Le Corbü«- wie das Gebäude mittlerweile von den Marseillern genannt wird. Davor hatte es einen anderen Namen. *Le truc du fada*, das Ding des Bekloppten. Der Bekloppte, das war Le Corbusier, der legendäre Architekt. Er wollte bezahlbaren Wohnraum schaffen, der trotzdem den Bewohner und seine Bedürfnisse in den Mittelpunkt stellt. Dazu baute er in einem brach liegenden Feld ein achtstöckiges Gebäude, in dem es alles gab: Wohnungen, Geschäfte und einen Kindergarten. Ein vertikales Viertel, das aus sich heraus strahlen sollte, *La Cité radieuse*, die leuchtende Stadt. Anfangs konnten die Marseiller damit nicht viel anfangen. Jetzt, 60 Jahre später, ist das Betonschiff schick und angesagt, bei Anwälten, Professoren und Künstlern.

Dazu hat sich Le Corbusier schon damals einige Überraschungen einfallen lassen. Wenn man aus dem Aufzug steigt, tut sich ein langer, dunkler Gang auf. Nur die Türen sind beleuchtet, jede hat eine andere Farbe: Knallrot, Grün, Tiefblau, Hellgelb – das Ganze wirkt ein bisschen wie eine Theaterkulisse, die Gänge heißen »Straßen«.

Hinter den Wohnungstüren kommt zuerst ein weiterer fensterloser kleiner Raum, zur Schall-Isolierung, und dann trifft einen das Licht, die Sonne und der Blick aufs Meer. Breite Fensterfronten, eine Holztreppe in den oberen Teil der Wohnungen und eine Einbauküche. Für damalige Zeiten extrem avantgardistisch. Das Konzept von Corbusier war, dass ein junges Paar hier einziehen konnte, nur mit einem Tisch, einem Bett und ein paar Stühlen. Alles andere war da. Einbauschränke und vor allem eine offene voll ausgestattete Küche. Hier musste die Hausfrau nicht in der Küche verschwinden, sondern nahm auch beim Kochen am Familienleben teil.

Oben auf dem Dach gibt es eine kleine Bühne und einen Kindergarten. Es ist wahrscheinlich der Kindergarten mit dem schönsten Blick Marseilles – oberhalb der Stadt und des Meers, mit einem kleinen Planschbecken. In der dritten Etage war früher die Einkaufsmeile, mit Friseur und Lebensmittelläden. Überlebt hat nur der Bäcker. Denn die Stadt und damit die großen Supermärkte haben sich um das Corbusierhaus herum ausgebreitet. Trotzdem, meint Architekturprofessor Jacques Sbriglio, ist Le Corbusier noch immer wegweisend: »Das Problem der Großstädte wird sicher nicht dadurch gelöst, sich flächenmäßig immer weiter auszubreiten, horizontal in endlose Suburbs. Das vertikale Wohnviertel, leben und arbeiten nach oben – darin liegt die Zukunft der Megacitys«

Das Vorbild in Marseille hat das, mehr als 60 Jahre nach seinem Bau, schon eingelöst. *(ES)*

101. GRUND

Weil man mit Knoblauchbauern so hervorragend zu Abend isst

In ganz Frankreich gibt es für Urlauber eine wunderbare Tradition: die sogenannten *tables d'hôtes*. Dieser Begriff lässt sich nur schwer direkt übersetzen, meint jedoch, dass man bei ganz normalen Franzosen mit zu Abend isst. Meist wird *tables d'hôtes* in Zusammenhang mit *chambres d'hôtes* angeboten, also Gästezimmern, die von

Privatpersonen vermietet werden. Überall in Frankreich kann man herrliche Begegnungen haben und viel über Land und Leute und regionale Spezialitäten lernen, wenn man auf diese Art und Weise nächtigt und speist. Wir hatten jedoch in Südfrankreich ganz besondere Erlebnisse, als Knoblauchbauern aus der Gascogne mit uns ihren Tisch und ihr Essen geteilt haben. Bis dato wusste ich nicht einmal, dass es auf Knoblauch spezialisierte Bauern in Frankreich gibt. Aber ein leckeres Abendessen begleitet von der ein oder anderen Flasche einfachen Rotweins hat uns aufgeklärt, dass es in Frankreich sogar eine Knoblauchbruderschaft gibt! In der Gegend rund um Toulouse wird nämlich der besondere rosa Knoblauch angebaut, mehr als 160 Bauern haben sich dieser traditionellen Knolle verpflichtet. Und da sie nun mal Franzosen sind, haben sie sich zur Vermarktung und Pflege ihres besonderen Produktes in einer Gewerkschaft, dem *Syndicat de l'ail rose de Lautrec*, und einer Bruderschaft, der *Confrérie de l'ail rose de Lautrec*, zusammengeschlossen. Tapfer wehren sich diese gallischen Knoblauchbauern gegen die Billigkonkurrenz aus China, woher mittlerweile der meiste Knoblauch kommt, der zumindest bei uns in Deutschland in den Supermärkten zu haben ist. Sie organisieren jährlich Anfang August ein großes Knoblauchfest, wo auf dem Marktplatz von Lautrec natürlich unter anderem ein riesiger Topf Knoblauchsuppe gekocht wird. Außerdem wird jedes Jahr gemeinsam ein riesig langer Knoblauchzopf geflochten, oft ist er mehr als 20 Meter lang. Damit jedoch die besondere rosa Färbung dieses Knoblauches so richtig zur Geltung kommt, wird vorher gemeinsam Knoblauch geschält, auch das kann – man glaubt es kaum – eine Wissenschaft für sich sein. Wer wissen will, worauf es beim Knoblauchschälen ankommt, und wer neugierig auf noch viel mehr Geschichten vom Landleben in Frankreich ist, der sollte sich bei seiner nächsten Frankreichreise ein *table d'hôtes* nicht entgehen lassen. Wählerisch bei seinen Speisen sollte man allerdings nicht sein, denn es kommt nur ein Menü auf den Tisch, auswählen kann man da nicht. So bin ich bei besagten Knoblauchbauern auch in den Genuss gekommen, *gésiers* auf Salat zu essen. Wie ich nachher herausfand, ist das gebratener Geflügelmagen. Im Restaurant hätte ich das wahrscheinlich nie bestellt, geschmeckt hat es trotzdem. *(DK)*

102. GRUND

Weil das Périgord ein deutscher Bestseller ist

Mittags gut essen und trinken, abends gut essen und trinken und ansonsten das Leben genießen. In einer Gegend, die für jeden Ritterfilm sofort als Kulisse herhalten kann. Dafür steht das Périgord. Eingeweihte meinen, dass hier der Spruch »Leben wie Gott in Frankreich« erfunden worden ist. Mittendrin Bestsellerautor Martin Walker, der das ganz einfach umschreibt: »Das ist mein Schlaraffenland.«

Walker ist eigentlich Schotte und berät in Washington hochrangige Politiker. Buchautor ist er eher aus Zufall geworden. Vor mehr als einem Jahrzehnt verliebte er sich in die Gegend, kaufte ein Haus und fing an nebenbei seine »Bruno«-Krimis zu schreiben.

Schauplatz ist das Dorf Saint-Denis, das in Wirklichkeit Le Bugue heißt. Die Leute hier lieben ihren schottischen Buchautor. Wegen seiner Romane hat sich vor allem die Zahl der deutschen Touristen im letzten Jahr vervielfacht. Im Hotel fallen ihm die Empfangsdamen fast um den Hals. Sie erzählen ihm von den vielen Deutschen, die sich ansehen wollen, wo sich die Romangeschichten wirklich abspielen.

Bisher war das Périgord eher bekannt für Gänsepastete, Ritterburgen und prähistorische Höhlen. Die berühmteste, Lascaux, gehört zum Weltkulturerbe. Aber es gibt noch rund 150 andere. Manche, so Buchautor Martin Walker, sind noch heute geheim.

Er hat seit seinem Hauskauf viele Freunde gefunden. Allen voran Francette und Raymond, die Nachbarn. Hier läuft Martin Walker jeden Nachmittag zum traditionellen *petit apéro* auf, dem kleinen Apéritif.

Fast alle Storys, die Walker in seinen Büchern erzählt, haben hier am Küchentisch ihren Ursprung genommen. Die Nachbarn im Dorf sind unglaublich trinkfest und haben einen schier unerschöpflichen Vorrat an Anekdoten.

Nachbarin Francette liefert Martin Walker zusätzlich das Knowhow für Tierhaltung, Gemüseanbau und überlieferte Rezepte, die traditionell in allen Bruno-Romanen auftauchen. Martin Walkers Hühner heißen übrigens wie Politiker. Angela Merkel als Henne ist auch dabei. Der französische Präsident ist natürlich der Hahn.

Abgesehen von der kreativen Namensgebung fürs Federvieh ist der Buchautor in Sachen Hof und Garten aber ziemlich beratungsresistent, so Nachbarin Francette: »Wenn die Karotten in seinem Garten reif sind, sage ich: ›Martin, die Rüben müssen aus der Erde.‹ – ›Jajaja‹, sagt er dann – und kauft Karotten auf dem Markt.«

Der Markt, ohne den wären die Bruno-Romane nicht denkbar: der zentrale Punkt, an dem die Fäden zusammenlaufen, an dem sich das ganze Dorf versammelt. Im Sommer ist er dreimal so groß. Dann gibt es alles, was Touristen so mögen. In den übrigen Monaten ist es ein typisch ländlicher Markt, so wie Martin Walker ihn in seinen Krimis beschreibt.

Hier gibt es auch die geblümten Schürzenkleider für die Bäuerinnen. Und man findet wohl die größte Unterwäsche, die Sie je gesehen haben. Mit manchen BHs könnte man wahrscheinlich Fallschirm springen.

Auf dem Markt gibt es auch einen englischen Stand. Seit dem Hundertjährigen Krieg haben sich Engländer und Franzosen hier immer wieder vermischt. Eine englische Universität hat die Gene der Leute hier im Südwesten Frankreichs und die der Engländer verglichen. Ergebnis: kein Unterschied.

Viele Ausländer haben sich mittlerweile Zweitwohnsitze im Périgord zugelegt. Das hat die Grundstückspreise nach oben getrieben und ärgert die Bauern. Aber es hat auch Vorteile, sagt Trüffelproduzent Édouard:

»Sonst wäre der ganze Landstrich verkommen. Überall standen verwahrloste Häuser herum. Jetzt sind sie schön renoviert worden. Die Leute bringen ja auch Kaufkraft in die Region.«

Davon profitiert er natürlich auch. Trüffelgeschichten und -rezepte seines Freundes Édouard kann man bei Martin Walker in seinen Krimis nachlesen. Und was ist mit der Hauperson, mit Kommissar Bruno selbst? Gibt's den auch im wirklichen Leben?

»Ja, das bin ich«, sagt Pierre, genannt Pierrot, der Dorfpolizist von Le Bugue. Ein netter runder Mann in Uniform. Er erinnert sich gut daran, wie alles begann: »Eines Tages hat Martin gesagt: ›Pierrot, ich schreibe einen Krimi, und du bist die Hauptfigur.‹ Erst war ich mir nicht sicher, ob er mich nur auf den Arm nimmt, aber dann hat er mir das erste Manuskript gezeigt – das war mal eine wirklich schöne Überraschung.«

Mittlerweile muss er häufig für Fotos mit Bruno-Fans posieren und Autogramme unterschreiben. »Das mache ich gern«, sagt er, »das ist mal 'ne Abwechslung.«

Martin Walker steht neben seinem Freund und strahlt. Dass er diesem kleinen französischen Dorf zu Weltruhm verhelfen würde, stand eigentlich nicht auf dem Plan: »Ich dachte nie, dass so was passieren würde. Aber es ist wie in meinem Lieblingsspruch. Der heißt: ›Unerwartete Richtungswechsel im Leben sind wie Tanzstunden vom lieben Gott.‹ Genau so ist es.« *(ES)*

103. GRUND

Weil es weibliche Schlösser gibt

Schon von Weitem hört man die Erkennungsmelodie des Schlösschens: Die Lieder von Josephine Baker tönen bis hinab ins Dorf.

Dazu krächzen die schwarzen Dohlen, die in großen Scharen um die Türme fliegen. Es ist ein helles, freundliches Schloss, mit bunten Gärten und Palmen vor dem Haupteingang. Am linken Ufer der Dordogne. Eine Frau hat es bauen lassen, eine andere hat es berühmt gemacht, und noch heute noch ist es fest in weiblicher Hand: in der von Angélique de Saint-Exupéry.

Alle Besitzerinnen haben ihre Spuren hinterlassen. Natürlich Madame de Cardaillac, die es 1498 errichten ließ. Sie hatte damals die Nase voll von all den martialischen Festungsburgen und wünschte sich ein sonniges, lichtdurchflutetes Heim. Daraus wurde das Château des Milandes.

Die jetzige Besitzerin und ihre Mutter stammen aus einer französischen Weindynastie, die den legendären roten Saint-Émilion produziert. Beide Frauen haben sich Hals über Kopf in das Schloss verliebt, als sie vor einigen Jahren hörten, dass es wieder zum Verkauf stand, erzählt die junge Schlossherrin: »Als Mama hier auf dem Balkon stand, hat sie gesagt: ›Wir müssen das Schloss retten und kaufen.‹ Das Witzige ist ja: Wir wohnten genau gegenüber und haben es jeden Tag gesehen, sind aber nie auf den Gedanken gekommen, mal reinzugehen.«

In der Schlossküche, die als Museumsrestaurant dient, hat sich an diesem Tag die ganze Familie versammelt, zum gemeinsamen Mittagessen. Angéliques Mann hat den berühmten Namen in die Familie gebracht, Saint-Exupéry. Der bekannte Dichter Antoine de Saint-Exupéry war sein Urururgroßonkel.

Papa Henry musste Mutter und Tochter erst mal die Flausen aus dem Kopf jagen, erzählt er: »Die beiden sahen sich natürlich schon als Prinzessinnen in einem Schloss wohnen. Da habe ich zu meiner Frau gesagt: ›Du kannst es gern kaufen – aber wir werden da auf keinen Fall einziehen.‹«

Tochter Angélique versuchte es trotzdem. Ein Jahr lang. Als Mutter zweier kleiner Kinder wurde es dann aber doch zu mühselig – und vor allem zu kalt. Also wandelte sie das ganze Schloss in ein lebendiges Museum um – für die berühmteste Besitzerin, für den amerikanischen Showstar Josephine Baker.

Überall im Schloss wird ihre Geschichte erzählt. Ihre schönsten Kostüme schillern in allen Farben, selbstverständlich ist auch der berühmte Bananenrock dabei. Ein anderes Zimmer ist ihrem Kampf für Frankreich gewidmet. Während des Krieges war Josephine Baker für die französische Résistance im Untergrund tätig gewesen. General de Gaulle nahm sie dafür in die Ehrenlegion auf.

Josephine Baker hatte das Schloss nach dem Zweiten Weltkrieg gekauft und aufwendig restaurieren lassen: Strom und fließend Wasser, eine moderne Küche und sechs Luxus-Badezimmer, erklärt die heutige Besitzerin, Angélique de Saint-Exupéry. »Diese Badzimmer waren teils im Art-déco-Stil gehalten, andere hat sie nach ihren Lieblingsparfums designen lassen. Ein lachsfarbenes im Stil von Dior und ein schwarz-goldenes, nach dem legendären Parfum ›Arpège‹ von Jeanne Lanvin.«

Ganz oben sind die Kinderzimmer. Josephine Baker hat in der ganzen Welt Kinder adoptiert und ins Schloss gebracht. In alten Filmaufnahmen erzählt die schwarze Sängerin von ihrer sogenannten Regenbogenfamilie: »Ich hatte diese Idee, weil ich immer entsetzt darüber war, wie viel Unverständnis und Intoleranz es gibt auf der Welt. Vor allem zwischen Erwachsenen. Das können nur Kinder ändern, dachte ich. Und habe sie alle hierher nach Frankreich gebracht, wo sie wie Brüder und Schwestern aufwachsen.«

Das alles kostete Unsummen von Geld. Aber damals war Josephine Baker noch vermögend. In ihrem Schloss eröffnete sie sogar einen kleinen Varietépark, ein Hotel und einen Nachtclub, erinnert sich der Vater der heutigen Besitzerin: »Wenn sie da war, ließ sie wissen, dass sie runter ins Dorf kommen und auftreten würde. Ich habe sie ein paar Mal hier singen gehört, es war einfach wunderbar. Aber die Leute aus dem Dorf haben sich nicht immer anständig ihr gegenüber verhalten und oft hinter ihrem Rücken getuschelt.«

Die Geschichte hatte auch kein Happy End. Ein aufsehenerregender Hilferuf von Brigitte Bardot im Juni 1964 brachte das Schloss und seine Besitzerin noch einmal in die Schlagzeilen. Die Bardot hatte selbst um diesen Termin vor den Fernsehkameras gebeten, der in den TV-Programmen ausgestrahlt wurde: »Ich möchte Ihnen erzählen, was gerade mit Josephine Baker passiert. Ich mache mir große Sorgen um sie. Diese Frau hat in ihrem Leben viel Mut bewiesen und war immer großzügig. Wir dürfen sie jetzt in dieser Situation nicht alleine lassen.«

Brigitte Bardot erklärte den Zuschauern, dass Josephine Baker gerade mitsamt ihrer Kinderschar auf die Straße gesetzt werden sollte. Auch Monacos Fürstin Gracia Patricia engagierte sich für die Regenbogenfamilie im Château les Milandes. Vergebens. Das Schloss wurde im Mai 1968 zwangsversteigert. Josephine Baker kämpfte noch fast ein Jahr um ihr Heim und verbarrikadierte sich in der Küche. Dann musste sie das Schloss endgültig räumen.

In der Küche hängt heute noch das Bild, das damals um die Welt ging: Josephine Baker, in Kopftuch und Bademantel vor der Tür, inmitten ihrer letzten Habseligkeiten.

Angélique de Saint-Exupéry und ihre Mutter haben ihr im Schloss ein Denkmal errichtet. Überall erklingen ihre Lieder auf dem Gelände. Und so ist Josephine Baker bis heute im Château des Milandes zu Hause, eine von vielen Frauen, die dieses freundliche Schlösschen geprägt haben. *(ES)*

104. GRUND

Weil in La Ciotat das älteste Kino der Welt steht

»Ankunft im Bahnhof von La Ciotat«. 1895 filmten die Gebrüder Lumière dieses Ereignis. Ganze 50 Sekunden dauerte das Spektakel mit der Dampflok auf der Leinwand – und wurde eine Weltsensation. In diesem kleinen Badeort am Mittelmeer, in La Ciotat, begann die Geschichte des Films.

Davon merkt man heute relativ wenig. Vor allem, wenn man im Winter anreist. Aus der historischen Dampflok wurde ein zweistöckiger Vorortzug aus Marseille. Die meisten fahren durch. Manchmal stoppt zwei Stunden lang kein einziger Zug in La Ciotat. Der Taxistand vor dem Bahnhof ist im Winter verwaist, der Zeitungsladen hat außerhalb der Saison zu. Und auch die Sonne scheint nur müde vor sich hin. Der Ort hält Winterschlaf. Aber nicht überall:

Im Eden, dem ältesten Kino der Welt, strahlen die Scheinwerfer, das Foyer ist pickepackevoll. Küsschen links, Küsschen rechts, »Allô Antoinette«, »Salut François, na wie geht's« – alle glühen vor Vorfreude. Sie haben gemeinsam eins der vielen kleinen Dokumentarfilm-Festivals organisiert, für die La Ciotat mittlerweile steht. Jeder hilft mit. Die einen spielen Platzanweiser, die anderen kontrollieren die Tickets oder begrüßen die Leute an der Tür.

Fast jeden Abend ist im Eden was los. Mehrere Clubs und Vereine von Filmliebhabern machen sich ihr eigenes Kinoprogramm, mit Festivals und Events. Das Eden ist aus seinem Dornröschenschlaf wieder erwacht. Mehr als 30 Jahre lang war das legendäre Filmhaus am Strandboulevard geschlossen. Die roten Samtsessel verstaubt und zerrissen, die Wände verschimmelt, der Balkon kurz vorm Zusammenbruch. Dem ältesten Kino der Welt drohte das Schicksal so vieler alter Gebäude an der Côte d'Azur: Abriss, um Platz zu machen für neue Luxus-Ferienappartements. Dabei haben hier viele der ganz großen Stars angefangen. Édith Piaf ist im Eden aufgetreten, zusammen mit ihrem Akkordeonisten – der übrigens der Sohn des Kinobesitzers war. Aber auch Yves Montand und Jean Gabin standen hier auf der Bühne. Das Eden war damals der angesagteste Ort in der Gegend. Nicht nur Kino, auch Cabaret, Theater, Gewinnspiele und Boxkämpfe fanden hier statt. Das pralle Leben. Jeder in La Ciotat traf sich im Eden. Für die Jugend war der wichtigste Termin der Sonntagnachmittag. Guy und seine Schwester France saßen dann im Hühnerkäfig, so nannte man den Balkon. Da oben gab's keine Kinosessel, sondern nur lange Holzbänke, quer zur Leinwand. Die billigen Plätze eben. Da saß die versammelte Jugend von La Ciotat und wartete darauf, dass es endlich dunkel wurde – und dann hörte man von oben nur noch schmatzende Kussgeräusche …

Die rüstige Rentnerin France weiß noch genau, wo sie von ihrem späteren Ehemann den ersten Kuss bekommen hat. Da oben sagt sie, an diesem Pfeiler:

»Er ist mit einem Kreuzchen markiert«, kichert ihr Bruder. Auch er hat sich seine Kusskünste im Eden von der Leinwand abgeguckt: »Wir haben Filme mit Gregory Peck und Burt Lancaster gesehen. Die wussten, wie das geht. Wir wollten alle so küssen wie die. Unsere Eltern zu Hause waren ja viel zu prüde, die haben sich nie richtig geküsst. Also haben wir das im Kino gelernt – und auch gleich ausprobiert.«

Einen Franc kostete damals die Kinokarte. Für den Balkon, wohlgemerkt. Unten war's teurer – und an manchen Plätzen auch gefährlicher. Man nannte sie die verfluchten Plätze, direkt unterm Balkon. Die Jugendlichen warfen von oben Kaugummis und Bonbonpapiere runter – oder schossen im Dunkeln mit der Zwille auf ihre Feinde. Einmal saß eine Dame mit einem Federhut unterm Balkon. Der ging plötzlich in Flammen auf, weil jemand von oben eine Zigarette darauf geworfen hatte.

Das Eden war im Leben der Menschen von La Ciotat fest verwurzelt. Und natürlich waren sie auch ein klein bisschen stolz darauf, das älteste Kino der Welt zu besitzen.

Die Erfinder der Filmkamera, die Gebrüder Lumière, hatten Ende des 19. Jahrhunderts jeden Sommer hier in ihrem Ferienhaus verbracht. Sie experimentierten mit ihrer neuen Kamera und drehten viele der allerersten Filme im Ort. Dafür musste die gesamte Familie als Statisten anrücken, erinnert sich Urenkel Gilles Trarieux Lumière, der heute als Arzt in La Ciotat arbeitet. Seine Oma war sozusagen der erste Filmstar, sie stand dauernd vor der Kamera. Ihr Vater, der Filmpionier Louis Lumière, hatte ein unglaubliches Talent. Die Kamera, mit der er seine Filme gedreht hat, hatte nicht mal einen Sucher, er musste sich die Bilder beim Drehen alle innerlich vorstellen.

Natürlich wurden diese Filme nebenan, im Eden, präsentiert. Der bekannteste ist wohl der mit dieser riesigen Lokomotive. Dazu wird folgende Geschichte erzählt: Die Leute kannten das ja nicht, dass sich Bilder auf der Leinwand bewegen. Und dann raste plötzlich so ein Ungetüm auf sie zu. Panik brach aus, die Zuschauer schrien auf und zuckten zurück, weil sie dachten, der Zug rast in den Zuschauerraum. So gesehen war der Lokomotivfilm auch der erste Horrorfilm …

Das Eden hat viel durchgemacht in seinem Kinoleben. Die Dampflok und die Stars, die küssenden Teenager und kurz vor der Schließung noch eine demütigende Phase als Pornokino, bevor schlussendlich auch noch der Besitzer ermordet wurde. Aber nun strahlt es wieder, mit seinen 166 roten Samtsesseln. Und auch der Balkon wird wieder eröffnet. Leider eher Kuss-untauglich: als Museumsgalerie. *(ES)*

105. GRUND

Weil man gar nicht weiß, welchen Felsen man zuerst hochklettern soll

Wer bei Südfrankreich zuallererst an Lavendelfelder, malerische Märkte in kleinen mittelalterlichen Dörfern, Boule-spielende Männer unter Platanen oder schicke Hafencafés in mondänen Côte d'Azur-Städten denkt, der liegt natürlich nicht falsch. All das ist gelebte Realität im Süden Frankreichs und sicherlich ein Grund dafür, warum der Süden nicht nur uns Deutsche zum Träumen bringt.

Allerdings fehlt bei dieser Aufzählung ein ganz wichtiges Alleinstellungsmerkmal, das den Süden Frankreichs zu einem einzigen riesigen Abenteuerspielplatz macht: der wunderbare Kalkstein, der Schluchten und Berghänge in der Region schon seit Jahrzehnten in ein Mekka der Felskletterer verwandelt hat. Es gibt wohl kaum eine andere Gegend in Europa, die auf relativ überschaubarem Raum so gespickt ist von Kalksteinklettergebieten verschiedenster Ausprägung. Wieso betone ich den Kalk so? Weil er für eine vielfältige und in den meisten Fällen genussvolle Kletterei steht: Da gibt es Wände, die löchrig wie ein Schweizer Käse sind, in diesen natürlichen Löchern und Rissen findet man hervorragend Halt. Andere Wände sind leicht bis stark überhängend, Sintersäulen haben sich gebildet, an denen sich hochzuhangeln für die harten Jungs und Mädels ein besonderes Vergnügen ist. Oder aber aus dem Kalk haben sich relativ glatte Platten mit einer feinen Felsstruktur gebildet, die von den Kletterern viel Körpergefühl und Balance erfordert, manch einem geht gerade bei einer solchen Platten- und Reibungskletterei das Herz auf. Auf jeden Fall ist bei Kletterübersichtskarten von Frankreich der untere Kartenteil nur so übersät von dicken roten Punkten, die jeweils für ein einzelnes Klettergebiet stehen. Da sind beispielsweise die bereits erwähnten Calanques bei Marseille, die mit über 2.000 eingebohrten Routen das größte Sportklettergebiet Europas sind. Hier kann man sich am Fels in den Buchten austoben, unter den Füßen und im Rücken das türkisblaue Mittelmeer, das nach der körperlichen Herausforderung umso erfrischender ist. Allein in den Calanques könnte man sich nur kletternd monatelang aufhalten. Doch natürlich gibt es auch noch zahlreiche andere Mega-Klettergebiete, wie beispielsweise die Verdonschlucht. Hier seilt man sich von der Felsklippe zum Fuße des Felsens in die Wildnis ab und muss die manchmal 200 Meter hohe Felswand einfach wieder hochkommen, während Adler und Geier hinter einem durch die Luft gleiten. Besser, man hat sich vorher informiert, wie schwierig der Weg ist, den man bezwingen will, und kann realistisch einschätzen, ob man dieser Schwierigkeit auch gewachsen ist. Um das herauszufinden, gibt es eine ganze Bibliothek von Kletterführern für Südfrankreich, in der die sogenannten Topos (Übersichten) des jeweiligen Klettergebietes entweder aufgezeichnet oder abfotografiert und die einzelnen Kletterwege detailliert eingetragen sind. Da kann man dann beispielsweise ersehen, dass der Weg Colibri im Sektor Débutant (Anfänger) eine 5b+ ist, während der Weg Champagne Supernova eine 7c+ ist. In verschiedenen Ländern oder sogar Regionen gibt es jeweils eigene Skalen, um die Schwierigkeiten einer Kletterroute zu beschreiben. Die französische Kletterskala reicht von 1 (supereinfach) bis 9b+ (extrem schwer). Kinder oder absolute Anfänger klettern meist im Bereich 3 oder 4, mit ein bisschen Training wird man auch die Routen im 5er-Bereich meistern, für den 6er-Bereich braucht es dann schon mehr Training und Kraft, und ab dem 7er-Bereich sind die Cracks unterwegs. Die manchmal lustigen Namen der Kletterwege denken sich übrigens jeweils die Erstbegeher aus, das sind diejenigen, die einen Kletterweg erschließen, das heißt mit Bohrhaken versehen, um für die Sicherung zu sorgen und den Wegverlauf zu markieren.

Man sieht schon: Das mit dem Sportklettern ist auch im besonders gut abgesicherten Kalkstein in Südfrankreich (das heißt, die Bohrhaken sind hier in relativ kurzen Abständen eingebohrt, sodass ein Sturz meist keine schlimmen Folgen hat) eine Wissenschaft und eine Welt für sich. Als Anfänger sollte man sich nur in kundiger Begleitung oder mit einem Kletterlehrer an den Fels begeben, aber das versteht sich wahrscheinlich ohnehin von selbst, da man ja nicht sofort Klettergurt, Seil, Schuhe, Expressschlingen und Abseilgeräte besitzen wird. Wenn man jedoch beginnt, diese Felsenwelt zu erkunden, wird man sehen, dass der Süden Frankreichs noch viel mehr als Lavendelfelder und Pastis-Trinken zu bieten hat! *(DK)*

12. KAPITEL

DEN WESTEN MUSS MAN LIEBEN

106. GRUND

Weil die Ostsee im Vergleich zum Atlantik die reinste Badewanne ist

Von der Bretagne bis nach Hendaye an der spanischen Grenze brechen sich auf Hunderten Kilometern an den Bilderbuchstränden des Atlantiks Tag für Tag Traumwellen. Nicht ein sanftes Gedümpel wie an der Ostsee, sondern richtige Brecher türmen sich mit einem tiefen Grollen auf und fallen dann mit einem lauten Zischen und Gurgeln in sich zusammen. Ein Naturschauspiel, an dem man sich nicht sattsehen oder -hören kann. So muss Meer klingen! Dabei sind die Atlantikwellen im Sommer eher kleiner, viel höher als drei Meter werden sie da nicht, im Frühling und Herbst sind sie wirklich wild und stürmisch. Die berühmte Welle La Nord in Hossegor türmt sich da beispielsweise auf bis zu acht Meter auf und gilt trotzdem noch als surfbar – für die Profis natürlich. Es liegt also auf der Hand, dass die Hotspots an der französischen Atlantikküste wie Hossegor, Lacanau oder Biarritz wichtige Pilgerorte für Surfer aus ganz Europa sind. Im Herbst machen hier auch regelmäßig wichtige Turniere Station, wie die ASP Worldtour, auf der die Weltmeister der Surfer ermittelt werden. Zugegeben: Für den Badeurlaub mit Kleinkindern ist der Atlantik deshalb nicht ungefährlich, zumal die berüchtigten Strömungen auch erfahrene Schwimmer unversehens in Lebensgefahr bringen können. Aber nur wenn man sich zumindest einmal im Leben den Wellen des Atlantiks gestellt hat, weiß man die Naturgewalt der Meere wirklich einzuschätzen!

Im Idealfall kann man sich sogar daranmachen, die Wellen des Atlantiks zu bezwingen: als Wellenreiter. Überall an der Atlantikküste werden dafür Kurse angeboten, wahlweise kann man an einem halben Tag angeleitet erste Schritte beziehungsweise Paddelversuche unternehmen oder man kann sich gleich in einem der unzähligen Surfcamps einmieten und so am Ende einer Woche wahrscheinlich das Erfolgserlebnis einheimsen, zum ersten Mal auf dem Surfbrett zu stehen. Strandauf, strandab gibt es deshalb immer ähnliche Bilder zu sehen: Ein durchtrainierter Surflehrer oder eine nicht minder gestählte Surflehrerin, denen das jahrelange Leben am und im Wasser nicht nur die Haare ausgebleicht, sondern auch jedes Gramm Fett am Körper eliminiert hat, steht mit einem bis auf die Hüfte abgelassenen Neoprenanzug vor rund zehn Surfnovizen, die in ihren schwarzen Neoprenanzügen im Sand sitzen. Mein Surflehrer hieß Nicolas. Er hat uns zunächst mit einer Kuhle im Sand und zwei Sandhaufen versucht näherzubringen, was sich da draußen auf dem Meer abspielt, das Zusammenspiel von Strömung, Gezeiten und Wellen. Nur wenn man das verstanden hat, kann man sich auch mit viel Übung die Kraft des Meeres zunutze machen. Dann geht es ab ins Wasser – allerdings ohne Surfbrett. Denn zum Aufwärmen ist eine Runde Bodysurfen angesagt. Da muss man versuchen, seinen Körper im richtigen Moment ganz steif zu machen und so die Welle zu erwischen. Allein dabei spürt man, dass man wie ein Stein sinkt, wenn man den richtigen Moment verpasst hat, sich in die Welle zu werfen. Danach geht es wieder an den Strand, weitere Trockenübungen, diesmal mit Surfbrett. Wo muss man sich aufs Brett legen, um heftig paddelnd den Schwung der Welle mitzunehmen? Wie stellt man sich dann idealerweise in einem Sprung aufs Brett, welcher Fuß zeigt nach vorne, wo ist der Körpermittelpunkt? Dann noch einige Ermahnungen von Nicolas: »Haltet das Brett nie vor euren Körper, wenn ihr hinauslauft, sonst bekommt ihr es vor den Kopf. Und denkt daran, nicht zu weit vorne auf dem Brett liegen beim Paddeln, sonst bohrt ihr die Spitze des Brettes nur in den Sand!«. Dann dürfen wir Surfneulinge endlich mit einem dicken Schaumstoff-Surfbrett ins Wasser, ins hüfttiefe versteht sich. Unsere Wellen, an denen wir üben sollen, sind die weiße Gischt. Doch auch diese Kraft der sanft auslaufenden Wellen und der darunter reißenden Strömung reicht aus. Nach nur einer Stunde sind die Beine durch das ständige

Hinauswaten gegen die Strömung wie Gummi, der Magen mit gefühlt einem Liter Salzwasser gefüllt und die Arme brennen vom Paddeln. Aber da ist auch dieses Kribbeln im Bauch, weil es doch einige Male gelungen ist, den Schwung der Gischtwelle im richtigen Moment zu erwischen und dann wie ein Pfeil auf dem Surfbrett (liegend natürlich) übers Wasser zu schießen. Wie erhebend muss es erst sein, auf dem Surfbrett stehend die Welle auszureiten? Nicolas meint, dass es im Durchschnitt drei Tage dauert, bis man steht, eine Woche, bis man rund zehn Meter fahren kann, und etwa drei Wochen, bis man es vielleicht zum ersten Line-up, der Linie, an der die Welle bricht, schafft.

Auf dem Surfbrett – und sei es nur ein dickes, schwerfälliges Anfängerbrett aus Styropor – wird man in jedem Falle von noch mehr Demut vor diesem gewaltigen Atlantischen Ozean erfüllt, der eine der französischen Küsten mit einem ewigen Zauber belegt.

Ein Zauber, der mittlerweile auch in Bahnen gelenkt wird, und das nicht nur durch die Anbieter der Surfcamps, das soll an dieser Stelle nicht verschwiegen werden. Hossegor beispielsweise hat sich durch das Surfen nämlich mittlerweile zu einer kleinen Surfmetropole entwickelt. In den 60er-Jahren kamen die ersten Wellenreiter in diesen kleinen verschlafenen Ort oberhalb von Biarritz mit damals knapp 1.000 Einwohnern. Kurz darauf wurden die ersten internationalen Wettbewerbe hier veranstaltet, und nach und nach haben die großen internationalen Surfmarken wie Billabong, Rip Curl oder Quiksilver hier ihre europäischen Hauptquartiere eingerichtet. Mittlerweile arbeiten in der Surfindustrie rund um Hossegor mehr als 1.000 Menschen, das ursprünglich kleine Dorf hat mehr als 4.000 Einwohner, die aus aller Welt stammen. Südafrikaner, Deutsche, Schweden, Amerikaner: Alle wollen sie hier sein – wegen der perfekten Atlantikwellen. *(DK)*

Weil Drachen im Sch'ti-Land am besten steigen

Jeder kennt Frankreich und hat seine französische Lieblingsregion. Die Provence, das Burgund, die Côte d'Azur, die Atlantikküste, die Hauptstadt Paris .... aber der Norden? Der Küstenabschnitt unterhalb von Belgien? Oye Plage, Grand-Fort-Philippe, Wissant, Audinghen, Wimereux, Fort Mahon-Plage, Outreau ...?

Dieser Teil Frankreichs ist immer noch eher unbekannt. Seit einigen Jahren weiß aber fast jeder, wie die Menschen heißen, die dort wohnen – und das liegt an einem Film: *Die Sch'tis*. Der Blockbuster über die Bewohner des Nordens. Wer glaubt, er könne Französisch, sollte mal dahin fahren – dann wird er eines Besseren belehrt. Man versteht wirklich so gut wie nichts, wenn jemand waschechtes Sch'ti palavert. Aber es sind reizende Leute, und sie haben ein phänomenales Festival, das sich wirklich lohnt: das große Drachensteigen in Berck-sur-Mer.

Das Dorf ähnelt holländischen oder belgischen Badeorten. Alte Häuser mit kleinen Erkern, dazwischen schnell hochgezogene Fertigbauten und Bauwagensilos.

Die kleine Fußgängerzone ist voller Cafés und Restaurants, überall gibt es Pommes. Viel mehr ist nicht los. Mit das Schönste am Ort ist der riesige Strand. Die Bühne für das alljährliche Drachenfestival zu Beginn des Frühlings. Während dieses einen Wochenendes sieht es dort aus, als ob gerade eine friedliche Invasion aus dem All stattfindet. Hunderte riesiger bunter Objekte schweben in der Luft – der Himmel ist voller Fantasiedrachen, so groß wie Häuser. Grüne Riesenkraken mit zehn Meter langen Fangarmen, daneben fliegen 27 lebensgroße Kühe. Und überall sausen unzählige bunte Kinderdrachen durch die Luft: eine grandiose Kulisse für die Meisterschaften, die hier ausgetragen werden.

Die Teams nutzen jede Minute zum Trainieren. Rechts eine Mannschaft aus Argentinien, deren vier Drachen sich vollkommen synchron bewegen – sie formen einen Kreis, drehen sich umeinander, gleiten wieder auseinander zu einer Diagonalen, sausen nach unten und treffen sich oben wieder zu einem Stern –, echtes Ballett am Himmel. So heißt diese Disziplin auch, Drachenballett. Bei dem starken Wind, der hier an der Ärmelkanalküste bläst, eine unglaubliche Leistung. Neben dem argentinischen Familienteam trainieren Amerikaner, mit Kopfhörern und Mikrofonen. Obwohl sie alle gegeneinander antreten, fühlen sich die Drachenfans wie eine große, etwas verrückte Familie, die sich an allen Ecken der Welt wiedertrifft. »Hauptsache, es ist windig«, ruft ein Kalifornier, »es sind ja nur sehr wenige Leute, die diesen Teamsport auf so hohem Niveau betreiben, die genauso viel Zeit mit Üben verbringen und einen nicht für völlig verrückt halten, wenn man stundenlang am Strand steht und Drachen fliegen lässt.« Bei der Weltmeisterschaft müssen sie exakt vorgegebene Choreografien am Himmel aufführen.

Wesentlich entspannter geht es bei den Fans der schwebenden Riesendrachen zu. Sie zaubern die Atmosphäre des Festivals in den Himmel, mit ihren oft 20 Meter langen fliegenden Figuren. Einige von ihnen haben sich auf Comic-Figuren spezialisiert. Logisch, dass auch die berühmtesten Gallier mit dabei sind: Asterix und Obelix. Hier in Berck-sur-Mer müssen die beiden Helden ausnahmsweise mal keine Angst haben, dass ihnen der Himmel auf den Kopf fällt – sie hängen ja selbst am Himmel über Frankreich. *(ES)*

108. GRUND

Weil die dickköpfigsten Franzosen in der Bretagne leben

Schon vor rund 200 Jahren hatten die Bretonen ihren Ruf weg. Victor Hugo, der große französische Schriftsteller, charakterisierte sie damals folgendermaßen: »Die Bretagne ist eine alte Rebellin. Jedes Mal seit 200 Jahren, wenn sie sich erhoben hat, hatte sie Grund dazu. Gegen die Revolution oder gegen die Monarchie, gegen die Repräsentanten der Republik oder gegen die Statthalter der Könige, es ist immer derselbe Kampf, den die Bretagne austrägt.« Und auch seit den Zeiten Victor Hugos haben die Bretonen alles dafür getan, diesem Ruf treu zu bleiben, zu opponieren liegt wohl irgendwie in den Genen der durch die Stürme der Jahrhunderte wettergestählten Westfranzosen. Wenn man so will, sind die Bretonen damit französischer als die restlichen Franzosen. Und so gibt es dank der protestierenden Bretonen bis heute keine Maut in der Bretagne, keine Atomkraftwerke, und es waren auch die Bretonen, die die von der Regierung Hollande geplante Öko-Steuer für Lkw beerdigt haben.

Doch der Reihe nach. Schon unter den ersten Fremdherrschern, den Römern, macht der Ostteil der gallischen Provinz den Legionären das Leben schwer. Mehrere Zehntausend Legionäre mühen sich über 200 Jahre lang ab, die rebellierenden Bewohner der kleinen Provinz Armorika unter Kontrolle zu halten. Asterix und Obelix lassen grüßen.

Ohne hier weiter auf die Details der bretonischen Geschichte einzugehen, sei noch eine weitere Rebellion erwähnt, die das Selbstverständnis der Bretonen bis heute prägt: der bretonische Bauernkrieg im 17. Jahrhundert. Damals beschloss der Finanzminister des Sonnenkönigs Ludwig XIV. eine neue Steuer für die abgelegene bretonische Provinz, um die immer aufwendigere Hofhaltung in Versailles zu finanzieren. Fortan sollten alle eine Steuer auf jede amtliche Beglaubigung (Stempelpapier) oder öffentliche Handlungen wie Trauungen oder Beerdigungen zahlen. Das entfachte jedoch den Zorn und den Aufstand der Bretonen, die sich als *Bonnets rouges*, Rotkappen, organisierten. Die Stempelpapierrevolte entwickelte sich zu einer flächendeckenden Erhebung des Landvolkes gegen den blutsaugerischen König und die Ständegesellschaft allgemein. Eine Bauernarmee von 20.000 Mann kämpfte gegen die Söldner des Königs und fackelte die Châteaux des einheimischen Adels ab. Doch so mutig die einfachen bretonischen Leute aufstanden, so brutal wurde die Revolte der *Bonnets rouges* niedergeschlagen. Die königlichen Heere eilten in die Bretagne und richteten unter den Bauern ein Gemetzel an, in den Armenviertel der Städte wurden wahllos Massenhinrichtungen durchgeführt. Nachdem Zehntausende Menschen jeden Alters und Geschlechts ihr Leben gelassen hatten, war die Revolte der *Bonnets rouges* niedergeschlagen – und die Bauern mussten die Stempelpapiersteuer zahlen.

Rund 400 Jahre später, im Herbst 2013 nämlich, erhob sich wieder eine *Bonnets rouges*-Bewegung in der Bretagne. Diesmal lief sie jedoch unblutig ab – und war trotzdem erfolgreicher. Auch diesmal holten Bauern, Unternehmer und Arbeiter die roten Mützen aus dem Schrank, um gegen die steigende Steuerlast und Massenentlassungen in der Lebensmittelindustrie zu protestieren. Für einige Monate war die Bretagne der Kristallisationspunkt der Proteste gegen die Regierung Hollande. Um ein Gefühl für die neue Protestbewegung der Bretonen zu bekommen, reisen wir in das kleine Örtchen Lampaul im Landesinneren. Hier verirrt sich fast nie ein Tourist hin. Die malerischen Fischerdörfer an der Küste sind weit weg. Das einzig Auffällige an der Häuseransammlung Lampaul ist eine große Fabrik am Ortseingang. Das ist der riesige Schlachthof der Firma GAD. Hier wird allerdings kein Schwein mehr geschlachtet, obwohl zumindest von außen alles tiptop aussieht. Die 900 Arbeiter wurden von einem Tag auf den anderen arbeitslos. Manche von ihnen treffen sich jetzt an der Theke der Dorfkneipe. Mit betroffenen Gesichtern tauschen sie Neuigkeiten aus. »Stimmt es, dass sich jemand umgebracht hat?«, flüstert beispielsweise eine blonde Frau Olivier Le Bras zu. Der 40-Jährige mit den großen braunen Augen nickt ernst. Olivier hat 20 Jahre lang Schweine im Schlachthof Lampaul zerlegt. Irgendwie ist er bei den Protesten gegen die Schließung des Schlachthofes dann zum Sprecher der Arbeiter geworden. Er ist ein *Bonnet rouge*, eine Rotkappe, also

Mitglied der neuen Protestbewegung in der Bretagne. Mit roten Mützen auf dem Kopf gehen sie für Arbeitsplätze in der Bretagne und gegen Steuererhöhungen auf die Straße, scheuen den Vergleich zur historischen Revolte nicht: »Wir dürfen nicht aufgeben, weil wir ein Rendez-vous mit der Geschichte haben. Wir wollen Geschichte schreiben und zeigen, dass Veränderungen auch von unten, vom Volk kommen können.«

Dabei haben die Rotkappen des 21. Jahrhunderts sich nicht zu einer einheitlichen Bewegung zusammenfinden können. Da sind Bürgermeister dabei, die für die Unabhängigkeit der Bretagne sind, Bauern und kleine Unternehmer hat vor allem die geplante Ökomaut auf die Barrikaden gebracht, Arbeiter aus der angeschlagenen Nahrungsmittelindustrie regen sich über Dumpinglöhne in anderen europäischen Ländern wie Deutschland auf. Doch trotz der Unterschiede haben die tapferen Bretonen versucht, etwas Gemeinsames auf die Beine zu stellen. Sie alle eint eben, dass die Wut auf diese Regierung in Frankreich mit all ihren Versprechungen und Steuererhöhungen zu groß geworden ist. Zum Teil sind die Rotkappen der Neuzeit dabei auch durchaus aggressiv vorgegangen. In Morlaix beispielsweise haben Arbeiter mit einem Bagger das Stahltor der Unterpräfektur niedergewalzt und ein paar Stunden lang das Symbol der Zentralmacht besetzt. Danach stand die Präfektur rund um die Uhr unter Polizeischutz. Außerdem haben die Rotkappen Dutzende Mautstellen für die geplante Ökosteuer für Lkw niedergerissen und mehrere emotionale Großdemonstrationen auf die Beine gestellt.

Doch anders als vor 400 Jahren griff die Regierung nicht hart durch, im Gegenteil kam sie den Bretonen mit mehr Fördermitteln und Versprechen auf mehr regionale Autonomie entgegen. Und vor allem: Sie legte zunächst die neue Ökosteuer auf Eis, um sie dann sang und klanglos ganz zu beerdigen.

Der Protest in der Bretagne ist seitdem abgeflaut, die *Bonnets rouges* seit 2014 kaum mehr öffentlich in Erscheinung getreten. Und doch ist sie natürlich immer noch da, die unbeugsame bretonische Seele, die *Breizh libre* (freie Bretagne) ruft und darauf wartet, bei nächster Gelegenheit wieder zu rebellieren. *(DK)*

109. GRUND

Weil die Impressionisten recht hatten

Mittags kommen die Busse, »*Oh how wonderful, lovely*«, rufen amerikanische Touristen. Massen von beschirmten Japanern fluten den Garten. Vor lauter Menschen sieht man kaum noch Pflanzen und Blumen. Aber frühmorgens ist es manchmal noch so, wie Monet es damals gesehen haben muss, sein schönes Haus in Giverny – da, wo die berühmten Seerosen wachsen.

Monet war noch ein unbekannter, armer Künstler, als er das Haus kaufte. Es war rosa, mit grünen Fensterläden, hellen Räumen und einer riesigen Baumwiese mit ein paar Tannen. Die ließ Monet fällen und begann, den Garten in ein lebendes Motiv für seine Bilder umzugestalten. Viele seiner bekanntesten Werke sind hier entstanden, wie die Familie im Garten oder die Seerosen im Teich. Nach Monets Tod verkam der Garten allerdings völlig – bis Ende des letzten Jahrhunderts mit einem Masterplan alles wieder hergerichtet wurde. Anhand der Bilder haben die Gärtner rekonstruiert, wie es zu Monets Zeiten hier ausgesehen hat.

Damit die Seerosen wirken wie auf den berühmten Gemälden, werden sie im Teich festgebunden. Über ihnen der Himmel der Normandie – auch er einer der Hauptdarsteller der impressionistischen Maler.

In der Region unterhalb des Ärmelkanals ist es oft sehr dunstig, dadurch entstehen ganz eigenartige Stimmungen, die ständig wechseln. So entstand auch Monets berühmte Serie der Kathedrale in Rouen. Er trug manchmal zehn verschiedene Leinwände mit sich herum – je nach Licht und Wetter malte er an der entsprechenden Version weiter.

Monet malte immer und zu jeder Zeit, im Schnee und Regen, im Morgengrauen und Abendrot – immer auf der Jagd nach diesem einzigartigen Augenblick.

Aber auch ohne Leinwand ist der Himmel und das Licht der Normandie noch heute ein Erlebnis. *(ES)*

110. GRUND

Weil man an der Loire so schnell zum Schlossherrn wird

Frankreich ist das Schlossland par excellence. Schätzungen gehen davon aus, dass es bis zu 45.000 Schlösser, Burgen und Landsitze gibt! Die sind natürlich im ganzen Land verteilt, aber wenn es eine Region gibt, die für die geballte Schlosspracht à la française steht, dann ist es wohl das Tal der Loire. Allein hier gibt es auf relativ engem Raum an der Loire und ihren Nebenflüssen mehr als 400 Schlösser. Bekannte wie Chambord, Chenonceau, Blois oder Amboise, die weltweite Touristenmagnete sind und das Tal der Loire zu einer der beliebtesten Urlaubsregionen des Landes machen. Aber es gibt auch unzählige Schlösser, deren Namen keine Assoziationen wecken und die in kleinen Dörfern ihren Dornröschenschlaf schlummern oder die von engagierten Schlossherrn, *châtelains*, in mühevoller Arbeit wieder zum Leben erweckt werden. Denn Schlossherr kann man in Frankreich schnell werden, jedes Jahr wechseln Hunderte Schlösser den Besitzer, in den Immobilienanzeigen kann man ständig Angebote sehen, die zum Träumen anregen. Manche Schlösser in entlegenen Gegenden werden einem regelrecht hinterhergeworfen, zu Preisen, für die man in vielen Regionen Deutschlands gerade mal ein Einfamilienhaus bekommt. Doch die niedrigen Verkaufspreise sind kein Wunder, denn ein

Schloss zu besitzen und zu sanieren ist ein kostspieliges und nervenaufreibendes Unterfangen.

Beispiel Château de Chémery, irgendwo im Niemandsland zwischen Chambord und Loire gelegen. Schloss Chémery wurde im Mittelalter gebaut, im 13. und 14. Jahrhundert. Die Mauern, die sich über dem kleinen Wassergraben erheben, sind meterdick, die alte Steintreppe, die in die Turmzimmer führt, ausgetreten von der Geschichte. Die schweren Eichentüren knirschen, und in den Räumen hängt der Geruch der Kaminfeuer von vielen Jahren. Unter welchen durchaus harten Bedingungen die Menschen hier über Jahrhunderte lebten, spürt man mit jeder Pore. Denn auch heute noch ist es in den Räumen zum Teil recht frisch, die kleinen Ölradiatoren, die der neue *châtelain* aufgestellt hat, können die Kälte des Winters auch zu Ostern nicht wirklich vertreiben. Authentisch ist es eben in Schloss Chémery. Das ist Axel Fontaine, dem Schlossherrn, auch wichtig. Der 64-Jährige ist ein stämmiger Mann, mit Dreitagebart und Händen, denen man jahrelange Bauarbeiten ansieht. Der gelernte Architekt Fontaine hat Schloss Chémery vor 30 Jahren günstig gekauft und die Ruine seitdem mit seiner Hände Arbeit aufgebaut. Diese Arbeiten hat er als freischaffender Architekt finanziert, später dann mit den Einnahmen aus der Vermietung von Fremdenzimmern im Schloss. Reich wird man so natürlich nicht: »Dieses Klischee in Frankreich ist hartnäckig: Wenn man ein Schloss hat, dann ist man reich. Aber so ist es wirklich nicht.«

Fontaine behauptet eher von sich, dass er ein ehrenamtlicher Bewahrer eines historischen Monumentes ist. Denn Geld vom Staat für den Ausbau und den Erhalt des jahrhundertealten Schlosses hat er in all den Jahren nicht bekommen. Im Gegenteil, die Verantwortlichen in der Kommune haben ihm, wo es nur ging, Steine in den Weg gelegt: »Das Verhältnis war schlecht von Anfang an. Denn als ich angekommen bin, war da der Bürgermeister, der ein alter Kommunist war und dessen Ziel es war, das Schloss dem Erdboden gleichzumachen. Bevor ich gekauft habe, bin ich zu ihm hingegangen, und er hat mir gesagt, dass er alles dransetzen würde, das Schloss abzureißen. So war der Beginn – und das hat sich 25 Jahre durchgezogen.« Auch heutzutage sind Schlossherrn also nicht zwangsläufig beliebt, auch wenn sie anders als in früheren Zeiten nicht mehr bequem vom Ertrag ihrer Pächter leben, sondern fremden Übernachtungsgästen die Betten und das Frühstück machen.

Rund 40 Kilometer von Chémery entfernt hat sich eine Adlige entschieden, diesen Weg zu gehen und den Familienbesitz Fremden zu öffnen. Es ist die *châtelaine* Véronique de Caix. Wenn man in ihrem Schloss, dem Château de la Rue, die lange Kiesauffahrt vorfährt, kann man sich kaum vorstellen, dass hier leben und arbeiten schwierig sein soll. Die Klischees vom feudalen Landleben werden lebendig, denn das langgezogene, zweigeschossige Château de la Rue strahlt eine herrschaftliche Ruhe aus. Die 30 Zimmer und Salons wirken gediegen. Genauso wie die Schlossherrin Veronique de Caix. Die 55-Jährige ist Juristin und hat lange Jahre in Paris gelebt und gearbeitet, der unverkennbare Pariser Chic ist ihr in Fleisch und Blut übergegangen. Und dennoch hat sie vor mehr als zwei Jahrzehnten angefangen, den Landsitz der Familie in *chambres d'hôtes* zu verwandeln – zum Ärger ihrer adligen Freunde und Verwandten: »Ich war ja eine der Ersten, die Gästezimmer in einem Schloss angeboten haben. Meine Freunde, die alle Güter in der Region haben, konnten das nicht verstehen. Sie haben alle gesagt: ›Du wirst noch ausgeraubt, wie kannst du Fremde in deinen Möbeln wohnen lassen.‹ Ich aber hatte nie Zweifel und wollte das unbedingt.«

Und so lebt Véronique de Caix seit vielen Jahren mit ihren Übernachtungsgästen unter einem Dach. Auch ihr ermöglichen die Einnahmen aus der Vermietung, das Familienschloss zu renovieren und zu unterhalten. Ein kostspieliges Unterfangen. Allein die Heizkosten für das große freistehende Gebäude belaufen sich auf 16.000 Euro im Jahr. Doch trotz allem: Für Véronique de Caix ist das Château de la Rue wie ein Teil ihrer selbst: »Irgendwie habe ich das Gefühl, dass ich diesem Haus gehöre. Es ist seltsam, aber ich denke oft auch, dass dieses Haus mich antreibt.« Und genau das spürt man, wenn man als Urlauber in diesem Schloss zu Gast ist. Für einige Tage kann man die schöne Vorstellung leben, Schlossherr zu sein.

Doch als Urlauber nimmt man natürlich nur die Sonnenseite des Lebens im Schloss mit. Wirklich *châtelain* zu sein, das ist bei aller Romantik nichts weniger als eine Lebensaufgabe, der sich erstaunlich viele Franzosen mit Leidenschaft widmen. Es gibt einen Verein, in dem sich viele private *châtelains* organisiert haben, und der hat immerhin mehr als 3.000 Mitglieder. *(DK)*

111. GRUND

Weil es ein französisches Venedig im Sumpf gibt

Ein kleines, vielen unbekanntes Paradies versteckt sich oberhalb von La Rochelle. Früher war der Landstrich vom Meer überspült. Später wurde daraus ein riesiges Sumpfgebiet: das sogenannte »Marais Poitevin«. Viel besser beschreibt es allerdings sein Beiname: »Das grüne Venedig«. Eine Landschaft wie aus dem Märchen. Tausende Pappeln an den Ufern Hunderter kleiner Kanäle rauschen im Wind, dazu singen die Vögel. Sanft ziehen sich einzelne Sonnenstrahlen durch das dichte grüne Blätterdach. Man fühlt sich wie in einer anderen Welt.

Die Pappeln werden für die Papierherstellung genutzt. Auch für Streichhölzer und Camembert-Schachteln. Früher wurden auch viele Häuser damit ausgebaut. Und sie werden auch für die letzte Reise des Menschen verwendet – als Särge.

Die Pappellandschaft am Ufer der Kanäle ist allerdings bedroht. Von den Sumpfbibern. Größere Exemplare könne schon mal 14 Kilo wiegen.

Sie bauen riesige Höhlen ins Ufer und beschädigen die Wurzeln der Bäume und damit die Uferbefestigungen. Einst wurden sie wegen ihrer Felle aus Amerika importiert und gezüchtet – das wurde verboten und die Tiere wurden freigelassen. Für die Anwohner sind sie zu einer echten Plage geworden.

Heute haben viele von ihnen Touristen-Boote, mit denen sie fast lautlos durch die Kanäle staken. Im Frühjahr transportieren sie aber immer noch traditionell Kühe, erklärt Nicolas:

»Ende März bringen wir die Kühe mit den Booten auf die Weiden. Heute benutzen wir dazu Motorkähne, aber früher wurden die Kühe mit solchen Holzbooten gestakt. Es gibt hier ja keine Straßen, nur Wasser.«

Die Tiere bleiben dann bis Anfang November auf den Weiden, völlig frei und unabhängig, auf 32.000 Hektar Land. Die einzelnen Weiden sind durch Kanäle getrennt, da geht keine Kuh verloren.

Touristen dagegen schon. Das riesige Kanalsystem ist wie ein einsames Labyrinth. Große Kanäle münden in kleinere, diese wiederum werden gekreuzt von noch kleineren – wer sich nicht auskennt, hat keine Chance. Die Bootsvermieter bekommen immer wieder Anrufe von Leuten, die sich komplett verirrt haben und nicht mehr herausfinden. Bisher haben sie angeblich alle wiedergefunden …

Gebaut wurde das riesige Kanalsystem übrigens vor vielen Jahrhunderten von Mönchen. Die Mönche, die auch gegenüber, auf der traumschönen Insel Île de Ré die Salzfelder angelegt haben.

Diese Gegend an der französischen Atlantikküste übt offenbar schon sehr lange einen geheimnisvollen Zauber aus. Das glitzernde Licht auf den Wellen vor der Île de Ré genauso wie die 1.000 schimmernden Grüntöne der Kanäle im Marais Poitevin, dem grünen Venedig. *(ES)*

Dank

Ganz lieben Dank an Saskia Cordier, die uns in Paris unermüdlich unterstützt und auch jetzt beim Buchprojekt kräftig mitgeholfen hat. Merci, Saz!!

Quellen

Alle Zitate in diesem Buch stammen aus Gesprächen oder Interviews, die die Autorinnen dieses Buches für ihre jeweiligen Sender (SWR , MDR und die ARD) geführt haben.

DANIELA KAHLS, geb. 1975, durfte drei Jahre lang einen Traum leben: Sie hat bis 2014 als Frankreich-Korrespondentin für den ARD-Hörfunk in Paris gelebt und gearbeitet. Heute ist sie als politische Hörfunk- und Fernsehjournalistin für den MDR in Dresden tätig.

EVI SEIBERT, geb. 1961, war schon als Schülerin in Paris, hat dort ihr Abitur gemacht und ihren ersten Kuss bekommen. Sie arbeitete viele Jahre als Radio- und Fernsehmoderatorin, u.a. für den WDR und für SWR3. 2009 ging sie als Korrespondentin zurück nach Frankreich und hat dort zuletzt das ARD-Hörfunkstudio geleitet.

Daniela Kahls und Evi Seibert
111 GRÜNDE, FRANKREICH ZU LIEBEN
Eine Liebeserklärung an das schönste Land der Welt

ISBN 978-3-86265-560-1

KATALOG
Wir senden Ihnen gern kostenlos unseren Katalog.
Schwarzkopf & Schwarzkopf Verlag GmbH
Kastanienallee 32, 10435 Berlin
Telefon: 030 – 44 33 63 00 | Fax: 030 – 44 33 63 044

INTERNET | E-MAIL
www.schwarzkopf-schwarzkopf.de
info@schwarzkopf-schwarzkopf.de